스타의
서재

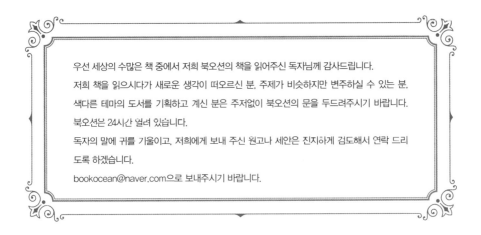

우선 세상의 수많은 책 중에서 저희 북오션의 책을 읽어주신 독자님께 감사드립니다.

저희 책을 읽으시다가 새로운 생각이 떠오르신 분, 주제가 비슷하지만 변주하실 수 있는 분,

색다른 테마의 도서를 기획하고 계신 분은 주저없이 북오션의 문을 두드려주시기 바랍니다.

북오션은 24시간 열려 있습니다.

독자의 말에 귀를 기울이고, 저희에게 보내 주신 원고나 세안은 진지하게 김도해서 연락 드리

도록 하겠습니다.

bookocean@naver.com으로 보내주시기 바랍니다.

★ ★
스타의 서재

초판 1쇄 인쇄 | 2019년 8월 30일
초판 1쇄 발행 | 2019년 9월 06일

지은이 | 연　승
펴낸이 | 박영욱
펴낸곳 | (주)북오션

편　집 | 이상모
마케팅 | 최석진
디자인 | 서정희·민영선

주　소 | 서울시 마포구 월드컵로 14길 62
이메일 | bookocean@naver.com
네이버포스트 | m.post.naver.com('북오션' 검색)
전　화 | 편집문의: 02-325-9172　　영업문의: 02-322-6709
팩　스 | 02-3143-3964

출판신고번호 | 제313-2007-000197호

ISBN 978-89-6799-494-5 (03190)

이 도서의 국립중앙도서관 출판예정도서목록(CIP)은 서지정보유통지원시스템
홈페이지(http://seoji.nl.go.kr)와 국가자료공농복톡시스템
(http://www.nl.go.kr/kolisnet)에서 이용하실 수 있습니다.
(CIP제어번호: CIP2019030701)

연 승 지음

스타의
서재

북오션
콘텐츠그룹

마음을 꽂아두는 책장

2018년 11월 첫 기사가 나간 '스타의 서재'는 원래 4회로 기획됐습니다. 독서율이 역대 최저치를 기록했다고 해, 독서율을 높이는 데 조금이나마 보탬이 되고자 하는 바람으로 시작했던 기사입니다.

그런데 스타들과 책 이야기를 나눠보니, 그들은 책 이야기를 통해 그동안 말하지 못한 고민들을 털어놓고 있었습니다. 모두 행복했을 때 읽은 책보다는 힘들었을 때 읽은 책에 대해 말하고 있었던 거죠. '악플'에 상처 받을 때, 대중의 관심에서 멀어질 때, 내가 아닌 모습으로 살아간다는 것을 느낄 때, 아무리 노력해도 '여기까지인가'라며 포기하고 싶을 때, 선택한 이 길이 맞는지 수없이 흔들리고 방황할 때, 철저하게 혼자가 됐을 때…. 우리가 책을 읽을 때랑 다르지 않았습니다. 특히 얼굴이 알려진 연예인은 고민을 털어 놓을 상대가 많지 않습니다. 어린 시절 데뷔한 스타들은 더더욱 그렇습니다. 스타들이 "힘들 때 어디에 털어 놓을 데가 없었어요" "털털해도 상처 받아요" "내가 뭐가 될까?"라는 말을 할 때 특히 마음이 아팠습니다. 만고에 쓸데없는 일이 연예인 걱정이라지만, '스타의 서재'를 통해 만난 '세상에서 가장 아름다운 저의 스타들'은 우리처럼 힘들어 하고 고민하는 '친구'였습니다.

그래서 그동안 하지 못한 이야기를 더 듣고 싶었습니다. 우리가 사랑하는 스타들이 무슨 생각을 하는지 무슨 고민을 하는지 독자들과 나누고 싶었습니다. 제가 이들을 만나서 느낀 '짠함', 안타까움 등 인간미를 독자들에게 전하고 싶었습니다. 4회에서 그칠 이야기가 여기까지 오게 된 이유입니다.

다만 저의 필력이 뛰어나지 않아 '아름다운 슈퍼스타'들의 마음을 보다 생생하고 절절하게 담지 못한 점은 안타깝고, 미안할 따름입니다. 할 말을 신중하게 골라 조심스럽게 꺼낸 사이의 공백, 숨결, 눈빛을 기억합니다. 원고를 정리하다 보니 글에는 담지 못한 '아름다운 스타'들의 음성과 눈빛이 증강현실처럼 제게는 펼쳐졌습니다. 글쓴이인 저보다 뛰어난 독자들이 스타들의 마음을 다 읽어내 주시기를 바랍니다.

이제 '아름다운 스타'들의 이름을 한 분 한 분 불러 보겠습니다.

이름만으로도 기사의 격을 올려 주신 이순재 선생님께 진심으로 감사드립니다. 수줍은 미소가 아름다운 감성 소녀 가수 공민지, 뭐든 열심히 하는 노력형 아이돌이라는 것을 인터뷰를 통해 다시 확인시켜준 인간미 넘치는 AOA 찬미, 인터뷰 자체가 힐링이던 옥상달빛, 보호해 주고 싶은 여리고 청초한 다이아 · 아이오아이 정채연, '진짜 멋지고 아름다운 여자'로 성장한 혜림, SOS를 청할 때마다 늘 도와주는 '의리의 리한' 저의 VIP K팝 최고의 걸그룹 마마무, 가장 지적이고 여전히 소년 같이 순수하며 가장 빛나는 뮤지컬 배우 카이, 꼭 한 번 보고 싶었던 '만찢남'을 실제로 본다는 것만으로도 영광이었는데 힘들었던 이야기까지 진솔하게 들려준 오종혁, 똑똑하고 현명하고 속 깊은 최고의 모델 한현민, '섹시한 뇌' 속에 담긴 자신의 진짜 이야기 들려준 배우 하연주, '스타의 서재' 첫 주자로 용감하게 나서준 사랑스러운 걸그룹 모모랜드, 마음속 깊은 곳의 이야기를 꺼내준 미소가 아름다운 보라, '다 가진 여자' 뮤지컬 배우 김소현, 가장 '아티스틱한' 아이돌 그룹 펜타곤의 키노, 앞으로 뜰 일만 남은 라이징 스타 원어스, 영원한 '오빠' 'K팝의 조상' H.O.T. 이재원, 엉뚱하면서도 진지함이 매력적인 한지상, '인생 만렙'의 똑똑하고 영리한 멘토 같은 김호영, 바쁜 일정에도 시간 내준 아스트로 그리고 이범수 님에게 진심으로 감사합니다. 그리고 독자들이 글과 함께 사진을 볼 수 있도록 아름다운 얼굴을 책에 싣게 허락해주셔서 감사합니다. '글'보다 여러분의 '얼굴'이 다 한 책이라고 생각합니다.

　도움을 주신 '소중한 분'들께도 감사의 인사를 전합니다. 존경하는 김진우 RBW 대표님, 나상천 MLD엔터테인먼트 이사님, 김상호 JYP엔터테인먼트 이사님, 유순호 FNC엔터테인먼트 부장님, 권미옥 화이브라더스 이사님, 김민경 씨제스엔터테인먼트 팀장님, 김정민 MBK 이사님, 윤범 SF엔터테인먼트 대표님, 허재옥 큐브엔터테인먼트 팀장님, 공인혜 뉴식웍스 딤징님, 고윤희 쇼온컴퍼니 팀장님, 이현진 판타지오 과장님, 최혜미 매직스트로베리 팀장님, 조하정 후크엔터테인먼트 팀장님,

나상민 님, 문준희 EMK엔터테인먼트 실장님, 김혜경 로네뜨 대표님, 변진호 아이오케이컴퍼니 본부장님께 감사드립니다.

기자가 되지 않았다면 《스타의 서재》를 출간할 일도 없었을 것입니다. 편집국장 시절 기자로 합격시켜주신 이종환 부회장께 감사드립니다. 최종 면접에서 '연 씨 시조가 누구냐'라는 질문에 '너무 오래 전의 일이라…'라고 얼버무리며 위기를 모면하려던 저의 가당치도 않은 농에 크게 웃어주셨던 것을 기억합니다.

기사를 쓰고 책을 쓸 수 있게 배려해주신 김영기 편집국장, 문성진 부장 그리고 최형욱 문화레저부 부장께 감사드립니다.

스타들이 가장 반짝 반짝 빛나는 순간을 포착해 사진에 담아준 사진부 이호재 차장, 권욱·성형주·오승현·송은석 기자, 감사합니다. 아름다운 사진이 모자란 글을 완벽하게 채워줬습니다.

'스타의 서재'를 응원해주고 관심 가져준 서울경제신문 선후배님들, 감사합니다.

한참 부족한 글에 감동적인 추천사를 써주신 김성규 세종문화회관 사장님, '우주 대배우' 김수로 오빠, 최고 한류 스타 박해진 님 감사합니다.

그리고 2006년 12월부터 2019년 7월 5일까지 함께 해준 반려견 별아, 고마워. 별이와 함께한 모든 순간이 행복했다. 원고 완성할 때까지 누나 곁에서 죽을 힘 다해 버텨준 마음이 너무 고맙다. 별이 덕에 무사히 원고 완성할 수 있었어. 별아 사랑해 그리고 영원히 기억할게.

마지막으로 늘 응원해주는 가족에게는 평생 감사합니다. 그리고 사랑합니다.

목
차

CHAPTER 3
활동의 영감을 얻는 사람들

CHAPTER 4
현재를 버티게 하는 힘

제목에 이끌려 선택한 '고슴도치의 소원'

제게 꼭 필요한 말 담겨 있었죠

'외롭지만 안전해'라는 문장 특히 기억에 남아요

CHAPTER 1

마음의 평화를 얻은 사람들

걸그룹 투애니원 출신
가수 공민지

뒤 돌아볼 여유도 없던 시절

책이 친구가 돼 줬고, 책 읽으며 마음 다독였죠

도전적이고 도발적인 눈빛과 표정으로 무대를 장악하던 걸그룹 투애니원(2NE1)의 막내 공민지.

"내가 제일 잘나가"라는 당돌한 가사를 노래할 때, 그는 누구도 반박할 수 없는 당대 톱 스타였다. 투애니원은 해체됐지만 공민지는 여전히 국내외에서 꾸준히 활동하고 있다. 서울경제 사옥에서 만난 그에게서는 '센 언니' 이미지가 온데간데없었다. 부드럽게 뜬 두 눈은 수줍게 미소를 지었고, 다소곳하게 두 손을 모으고 앉은 자태가 조신한 양갓집 규수를 떠올리게 했다. 그를 만나기 전에는 '미국 교포 느낌'이리고 생각했는데 막상 만나 보니 동양적이고 고전적인 분위기였다. 어떤 느낌이든 공민지에게 딱 맞게 소화해내는 것을 보니 역시 '스타는 스타'였다.

"무대에서 보여준 모습과 실제 모습이 너무나 다른 것 아니냐"며 웨스턴 스타일인데 고향이 광주네요"라고 하자, 수줍게 배시시 웃으며 "파워풀하게 무대를 장악하는 이미지가 각인된 것 같아요. 그런데 저는 굉장히 '집순이'이고, 책 읽는 것을 좋아하고, 십자수하고 뜨개질하는 것도 좋아해요"라며 '스물다섯 살 공민지의 이야기'를 시작했다.

"'제일 잘나가던' 시기에는 뒤돌아 볼 여유가 없었고, 너무 어린 나이에 데뷔를 해서 친구가 없었어요. 개인 시간에도 마주 앉아서 내 이야기를 할 친구가 없어서 혼자 삭이곤 했죠. 그럴 때마다 책을 읽었던 것 같아요. 읽은 책에 독후감을 쓰는데, 이 책들을 모아서 기증하고 싶어요. 그리고 커피랑 책을 팔면서 노후를 보낼 생각도 하고 있어요." 열다섯 살에 데뷔한 이후 줄곧 톱스타로서의 삶을 살았던 그에게서 말할 때마다 화려한 아름다움보다 수수한 소박미가 우러난다. 이제 스물다섯 살임에도 세상의 이치를 터득해 달관한 듯한 모습이 인상적이었다.

〈당신의 이름을 지어다가 며칠은 먹었다〉에
먹먹해져요

어린 시절 시인이 꿈이었던 공민지는 박준, 이훤, 윤동주 등 시인을 좋아한다고 했다. 그러면서 공민지는 우선 박준의 시집《당신의 이름을 지어다가 며칠은 먹었다》를 스타의 서재를 통해 첫 책으로 소개하고 싶다고 했다.

"광주에서 초등학교를 다녔는데, 담임선생님이 시인이셨어요. 시와 독후감 쓰는 숙제를 많이 내주셨죠. 자연스럽게 어렸을 때부터 문학을 좋아하게 된 것 같아요. 시집의 제목이자 수록 작품 중 하나인 〈당신의 이름을 지어다가 며칠은 먹었다〉는 박준 시인이 아내를 위해 특별히 썼대요. 박준 시인 특유의 위트 있는 문체가 뭉클하고, 감동적이었어요."

그러면서 공민지는 시의 마지막 부분을 그 특유의 허스키하지만 차분한 음성으로 나지막하게 읽어 줬다.

"'아픈 내가 당신의 이름을 지어다가 며칠은 먹었다'는 문장을 내 일기장에 이어 적었다. 우리는 그러지 못했지만 모든 글의 만남은 언제나 아름다워야 한다는 마음이었다."

시를 읽어주는 공민지의 음성은 나지막했지만 집중하게 하는 힘을 가졌다. 팬들이 어째서 그의 목소리를 투애니원의 '숨은 진주'라고 했는지 알 것 같았다.

공민지는 이 시집에 수록된 작품 중에서는 〈옷보다 못이 많았다〉도 기억에 남는다고 했다.

"사람 사는 냄새가 나는 분위기의 시였기 때문에 기억에 남았어요. 시를 보면 사람들이 방에 옷이 있는 것보다 못을 많이 박는다고 이야기해요. 가구를 놓는다든지 사진을 올려놓는다든지 하려고 못을 많이 박는다는 의미 같아요. 못이라는 표현이 살면서 힘든 애환을 은유하는 것 같았어요."

그는 이어 또 좋아한다는 이원 시인의 시에 대해서도 이야기를 이어 갔다.

"제목이 《너는 내가 버리지 못한 유일한 문장이다》라는 책이 있어요. 그중에서 핸드폰을 소재로 한 시가 있었는데, 육성으로 웃으면서 읽었어요. 사소한 소재를 가지고 이렇게도 시를 쓸 수 있구나 생각했죠."

공민지에게 시란 '무대 밖의 자아'와 만나는 자리이자, 자신을 표현하는 수단이자, 사랑하는 사람과 공유하고 싶은 대상이다. '유희열의 스케치북'에서 과거에 썼던 시를 소개한 적도 있고, 지금도 '센치'해질 때면 시를 쓰고 있으며, 연애할 때 남자친구에게 시를 써주기도 했고, 시집도 선물했다.

공민지는 '유희열의 스케치북'에 출연했던 이야기도 들려줬다.

"예전에 '유희열의 스케치북'에 출연해서 필통을 소재로 한 시를 공개

한 적이 있어요. 순수한 시였는데 그것 말고도 몇 개 더 있어요. 요즘에
도 시를 쓰기는 해요. 그냥 노트 같은 데다 '센치'할 때 끄적거려요. 비
올 때나 혼자 있을 때 음악과 시는 함께 나오는 것 같아요. 그러다 가사
로 갈 때도 있죠. 제 앨범에 수록된 '플래시 라이트' '슈퍼 우먼'이라는
노래가 '센치'하거나 할 때 시를 쓰다가 가사로 간 곡이예요. '센치'하기
도 하고 생각이 좀 많을 때. (시를) 많이 썼던 것 같아요."

시인을 꿈꾸던 공민지는 연애할 때도 시인이었다
"함께 생각을 공유하는 게 사랑이죠"

연애할 때 남자친구에게 시를 써준 적도 시집을 선물한 적도 있는 공
민지. 시와 함께 '달달'했던 공민지의 사랑 이야기를 들어봤다. "언제 연
애를 했는지 기억이 나지 않는다. 헤어짐과 함께 기억이 불태워진 걸로
하자"며 연애에 대한 질문을 웃어넘기려 했지만, 공개할 수 있는 범위
내에서 그의 사랑 이야기를 들려줬다.

"시도 써주고 윤동주, 나태주 시인의 시집도 선물했죠. 윤동주의 〈십
자가〉와 〈별 헤는 밤〉도 좋아요. 윤동주 시인의 삶이 경이롭고 놀라웠
고, 시를 읽으며 겸허해지는 저를 느껴요. 나태주의 〈오래 보아야 예쁘
다 너도 그렇다〉라는 시도 기억에 남네요."

남자친구에게 사랑을 이야기하는 시집이 아닌 윤동주 시집을 선물한
이유를 물었다.

"사랑은 생각을 공유하는 관계라고 생각해요. 사랑하는 사람과는 생

각을 공유하고 싶어요."

그가 연인 관계에 대해서 얼마나 진정성이 있었고, 관계에 대해서 고민했고, 따뜻하고 진실한 사람인지를 느낄 수 있는 대답이었다.

《고슴도치의 소원》에는 제게 꼭 필요한 말이 담겨 있어요

"외롭지만 안전해"

공민지는 주로 제목에 이끌려 책을 고른다고 한다. 박준의 시집도 '이름을 먹었다'라는 잘 쓰지 않지만 재미있고 특이한 표현에 끌려서 고른 책이다. 또 자신에게 필요한 말이 담겨 있을 것 같은 책에 눈길이 간다고 한다. 공민지가 자신에게 필요한 말이 있을 것이라고 생각해서 고른 책은 《고슴도치의 소원》이다.

"《고슴도치의 소원》이라는 제목을 보고 고슴도치가 저의 성격과 비슷하지 않을까라는 생각을 했어요. 제가 약간 고슴도치랑 비슷해요. 읽을수록 제 마음을 굉장히 잘 알고 있는 듯했죠. 집에만 있는 고슴도치는 내성적이에요. 밖에 나가서 사람들을 만나야 하는데 잘 만나지 못하는 고슴도치죠. 혼자 있는 게 좋기는 한데 한편으로는 되게 싫은 것도 저랑 비슷해요. 책에는 여러 동물들이 나와요. 그리고 고슴도치가 친구들을 초대하는 상상을 해요. 그런데 고슴도치는 이 친구는 이래서 안 되고 저 친구는 저래서 초대하면 안 된다고 스스로 합리화를 해요. 예를 들면 '코끼리는 너무 커서 우리 집이 폭발할 거야' 이런 식으로요. 결국 아무도 초대하지 못할 거예요, 아마. 하지만 제 소원은 고슴도치가

2017. 10. 20 (금) 아침.

우리 모두 다 외롭게 또는 외로움으로 빛나는 순간이 있다.
맘 속에 남겨진 수만가지 의문들과, 끝하고픈 이야기들을
묻어둔 채로, 나. 내 자신과 마주하는 순간이 있다.
그 순간조차도, 왜 이렇게 특별하고 소중한지, 다른 누군가
낯선 사람들과의 조우보다도, 그것이 더 이끌려 질 때가 있다.
혼자여서 좋지만, 혼자여서 두렵고, 외로워서 좋지만, 외로워서
슬픈 고슴도치의 이야기. 인생을 살아가는 우리들의 한 장면
같다.

친구를 다 초대하기를 바라요. (웃음)"

《고슴도치의 소원》 중 공민지의 마음을 사로잡은 문장은 바로 이것이다. "외롭지만 안전해."

"외롭더라도 상처를 받지 않는 '안전한 외로움'을 택한다는 의미로 읽혔어요."

'외롭지만 안전해' '마음을 때리는' 문장이다. 가장 반짝이던 순간의

공민지가 누군가에게 다가가려다 멈칫하는 모습에서 우리의 모습도 오버랩된다.

《모리와 함께 한 화요일》은 죽음의 의미
《인간실격》은 인생의 의미

투애니원은 '라라랜드'의 엠마 스톤이 가장 좋아하는 K팝 가수로 꼽을 정도로 미국에서의 팬덤이 여전히 확고하다. 미국뿐만 아니라 필리핀 등 영어권에서 인기가 많은 공민지는 영어를 공부하는 데 원서를 활용하고 있었다.

"《모리와 함께 한 화요일》은 영어 공부를 하면서 과외 선생님과 읽었어요. 죽기 전에 친한 사람들을 초대해 장례식을 치르면서 서로를 기억하는 모습이 흥미로웠어요. 저도 죽기 전에 그런 장례식을 해보고 싶다는 생각이 들 정도로요."

그렇다면 공민지는 죽기 전에 무엇을 해보고 싶을까?

"소박하게 저는 정말 책을 많이 읽어보고 싶어요. 그리고 여러 도시를 돌면서 여러 나라 세계 일주를 하는 게 꿈이죠. 거의 대부분 간 것 같기는 해요. 전 세계를 돌아다녀서요." 한류의 여전사로서의 인기를 과시하며 세계 곳곳을 방문해본 그는 가장 인상 깊은 곳으로 호주의 골드코스트를 꼽았다. "골드코스트는 정말 최고였어요. 날씨도 좋고 바다가 워낙 깨끗하고요. 그냥 책 보면서 커피 마시면서 바다를 보면서 평생을 살 수 있을 것 같은 '힐링 플레이스'였어요. 그리고 그곳에는 토르가 산다고 합니다. (웃음)"

다자이 오사무의 《인간실격》도 공민지가 독자들과 감상을 나누고 싶은 책이다. 《인간실격》의 저자 다자이 오사무는 20세기 일본 근대문학을 대표하는 작가다. 부잣집 아들로 태어났지만 바쁜 중의원 아버지와 몸이 아픈 어머니 때문에 어린 시절 유모 밑에서 자랐다. 명석한 두뇌로 도쿄제국대학교 불문과를 중퇴했다. 스무 살에 처음으로 자살 시도를 한 그는 인생에서 총 네 번의 자살 시도를 했다. 1948년, 불륜관계에 있던 여성과 함께 강에 투신하며 청춘을 술, 마약, 연애로 보낸 다자이 오사무는 생을 마감했다.

"책을 읽으면서 '이렇게 인간이 비극적으로 살아갈 수 있나' 하고 생각했어요. 말 그대로 '인간 실격'인 인간의 존재와 존재성을 실격당한 사람의 이야기이니까, 솔직히 암울한 내용이죠. 자세히 읽어보니 작가의 삶과 거의 비슷하더라고요. 작가가 자가의 이야기를 살짝 허구화한 내용이었어요. 저는 이 비극적인 주인공의 삶을 통해 인생을 다시 생각해 보게 된 것 같아요."

선물하고 싶은 책은 《365 THANK 땡큐》
"긍정 마인드가 얼마나 중요한지 알게 될 거예요"

누군가에게 선물하고 싶은 책으로는 《365 THANK 땡큐》를 꼽았다. 인생을 살아가는 관점을 바꾸고 싶은 이에게 선물하고 싶다는 것이다.

"하루에 하나씩 카드에 고마운 마음을 담아 편지를 쓰면 스스로의 삶

2018. 04. 09 (월) - 미정

인간의 죄악성은 어디까지일까?
인간은 어떤 삶을 살아야하는가?
어디까지의 신뢰를 허용하고 인간을 이해해야 하는가?
요소를 통해서 보여지는 인간 실존의 관측한 삶,
그리고 위선자로서, 살아가는 모든 사회 구성원들의 모습을 통해
21C 포스트모더니즘 사회 속 죄악이 타의없이 관용적이고
악하며 그지없는 이 세상에 많은 것들은, 우리에게
반성적 성찰, 삶에 대한 인간의 노력, 의지를
보여준다. 변해야한다. 살아가야한다. 외가 생겨나도
죄악을 이길순 없지만, 승화된 삶의 행복이 일어나
보람찬 처지 모든 사람이 깨닫게 되는 그날까지.

과 주변 사람들을 바라보는 방식이 바뀌는 경험을 할 수 있다는 내용의
책이에요. 주변 사람들에게 감사한 마음을 전하면서 자신의 인생이 송
두리째 긍정적으로 변하는 이야기인데 실제로 있었던 일이래요. 긍정
적으로 생각하는 게 얼마나 중요한지 일깨워준 책이죠."

그동안 많은 책을 읽으며 외로움을 달래고 내면의 힘을 키운 공민지

는 앞으로는 역사책을 읽고 싶다고 했다.

"역사에 관심이 많아요. 최근에 어플을 보다가 읽어 보고 싶은 책이 생겼어요. 《다산의 행복》이라는 책이에요. 정약용의 가르침에 대해 공부해보고 싶어요. 그동안 역사의 경우는 《조선왕조실록》을 만화로 봤고, 《그리스 로마 신화》도 읽기는 했어요."

책 이야기를 듣다 보니 관련 에피소드 역시 많을 것 같았다. 가장 기억에 남는 이야기를 하나 들려달라고 부탁했다. 대학 도서관에서 책을 빌려 읽은 적도 많다는 그는 도서관에서 책을 빌린 후 장기 연체한 사연을 풀어놓았다.

"제가 기독교학부 신학과를 나왔어요. 철학 수업을 들었는데, 어려운 책을 많이 접했어요. 과제를 하려고 도서관에서 책을 빌렸는데, 제가 바빠서 반납을 못 한 거예요. 근데 교수님이 수업시간에 유독 그 책만 없다고 하셔서 몰래 도서관 박스에 넣어서 반납했던 적이 있어요. (웃음)"

1994년생인 공민지는 이십대 중반으로 여전히 어린 나이다. 그럼에도 인생을 이렇게 많이 생각했나 싶을 정도의 고민에서 깊이가 느껴졌다. 언제 가장 힘이 들었는지, 수줍음이 많고 내성적인 성격인데 어떻게 가수가 됐는지도 궁금증을 자아내는 부분이다.

무대 밖에서는 '수줍수줍'
무대 위에서는 '블랙아웃'

"저도 제가 어떻게 가수가 됐는지 의문이에요. (웃음) 제가 무대에 올

라가면 완전히 바뀌어요. 거의 누군지 알아 볼 수 없게요. 저도 모르게 '블랙아웃'이 되는 것 같아요. 무대에 오르면 내성적인 제 성격도 생각이 안 나고 부끄러움도 없어져요. 징말 정신이 나간 사람처럼 춤을 추고 노래를 부르고 나면 제가 어떻게 무대에 올랐는지도 기억이 안 날 정도에요. 최고의 '블랙아웃' 순간은 '내가 제일 잘나가'를 부르던 때였어요. 그 노래가 시작되면 전주부터 사람들이 열광하면서 같이 미치는 게 있어요. 그때면 완전히 저를 다른 사람으로 바꿔 놓은 것 같아요."

투애니원은 해외 팬이 많기로 유명했다. 할리우드 배우 엠마 스톤을 비롯해 여러 스타들이 투애니원의 팬이다. 투애니원은 해체됐지만 공민지는 여전히 해외 활동을 꾸준히 하며 팬들과 만나고 있다. 팬들이 공민지에게 열광하는 이유는 무엇일까?

"엠마 스톤이 '코난쇼'에 나와서 저희를 좋아한다고 했던 것이 기억나요. '어메이징 스파이더맨'이라는 영화가 개봉할 때 저희도 시사회에 갔어요. 예전 남자친구랑 같이 시사회에 왔는데 그때 엠마 스톤을 봤고 인터뷰는 그 후에 나갔던 것 같아요. 아무래도 저희를 좋아하는 이유는 저희 음악이 해외랑 더 잘 맞았기 때문일 거예요. 저희가 데뷔하고 나서 바로 일본, 중국 등 해외 활동을 시작했고, 미국에서도 꾸준히 활동한 덕분에 해외 팬 베이스가 탄탄했던 것 같아요."

여전히 필리핀, 마카오, 호주 팬미팅을 진행하고 있기에 투애니원의 해체가 아쉬울 것 같다고 조심스레 물었다.

진짜 서로 사랑하는 사람들은
자신의 길을 갈 수 있게 내버려 두는 거래요

"'박수 칠 때 떠나라'라는 말이 있잖아요. 그 말처럼 제일 아름다운 모습, 대중들에게 제일 멋진 모습으로 기억되는 게 저에게도 좋은 것 같아요. 그리고 저희 멤버 각자의 삶이 있고 개개인의 꿈이 달랐어요. 그래서 자연스럽게 헤어질 시점이 돼 헤어지게 된 것 같아요. 저희의 이별을 책 《브리다》에 나온 문장을 인용해서 표현할 수 있을 것 같아요."

'진짜 서로 사랑하는 사람들은 자신이 길을 갈 수 있게 내버려 둔다. 왜냐하면 그게 서로가 갈라지지 않는 것을 알기 때문이다.'

팀의 해체, 멤버들과의 이별, 가장 빛났던 시절과의 작별을 이렇게 담담하고 어른스럽게 말하는 공민지의 앞날에 정말 '꽃길'만 놓였으면 하는 바람이다.

"앞으로 기회가 된다면, 책도 내보고 싶고, 시도 써보고 싶어요. 저랑 비슷한 성격을 가진 친구들에게 공감이 되는 글을 써보고 싶고, 저처럼 가수가 되고 싶어 하는 어린 친구들이 공감할 수 있는 이야기를 들려주고도 싶어요. 제 이야기로 위로받을 수 있다면 감사할 거예요. 그리고 연예인이 아닌 일반 독자와 책에 대해 이야기하는 독서클럽도 한번 해보고 싶어요."

걸그룹 AOA
찬미

걸그룹 AOA의 막내 찬미가 책을 좋아한다는 걸 알게 된 것은 그의 인스타그램을 통해서다. #베스트셀러 #책스타그램 등을 검색해서 타고 들어가니 찬미의 인스타그램이 나온 적이 있었다. 찬미는 읽고 있는 책들과 마음을 움직이는 문장을 사진으로 찍어 소셜네트워크서비스(SNS)에 올리는 이른바 #책스타그램을 하고 있었던 것이다. '디지털 네이티브 세대'인 1020세대는 종이책 그리고 긴 글에는 흥미가 없다고들 하는데 찬미는 그렇지 않았기에 호기심이 생겼고 '스타의 서재'에 초대했다.

'스타의 서재' 인터뷰를 하러 서울경제 사옥에 온 찬미의 모습이 여전히 생생하다. 긴장된 표정으로 엘리베이터에서 내린 찬미는 계속 "떨려요"라고 말했다. 그러고는 성큼성큼 편집국으로 걸어 들어오더니 "안녕하세요. 찬미입니다"라고 씩씩하게 인사를 했다. 찬미가 인사를 하자

정적만 흐르던 편집국이 단번에 밝게 리프레시되는 것 같았다.

연예인지만 저도 90년대생
또래 이야기에 공감해요

찬미는 "진짜 책을 많이 읽은 사람도 많은데 제가 책을 소개해도 되는지 모르겠다"며 긴장된 표정으로 말했다. 그는 "SNS로 티를 많이 내기는 했지만 그래도 무척 떨린다"고 했다. 찬미는 숨을 크게 들이쉬더니 "가장 먼저 소개하고 싶은 책은 《90년생이 온다》"라고 말했다. 경제지와의 인터뷰라는 것을 감안해 고심 끝에 골랐다는 생각에 왠지 흐뭇했다.

찬미는 서점에서 책을 살 때 한 시간 정도 돌아다니다 제일 눈에 들어오는 제목의 책을 골라잡고, 책을 딱 폈을 때 잘 읽히는 책을 사는데, 《90년생이 온다》도 그런 책 중 하나였다.

"서점에 갔다가 제목이 맘에 들어서 골랐어요. 저는 또래 친구들과 달리 중학교 때 진로를 결정했잖아요. 책을 딱 보면서 생활도 많이 다른 데다 96년생이라지만 '다른 90년대생들의 특징에 공감할 수 있을까?'라는 생각이 들었어요. 그런데 읽어보니 공감되는 부분이 많았어요. 제가 그런지 몰랐는데 '내가 그러네' '나도 90년대생이네' 하고 공감했어요."

특히 찬미는 특히 258쪽의 내용을 보고 '이게 바로 나네'라고 생각했다고 한다.

"'90년대생이 왜 영화를 극장에서 보지 않은가'라는 챕터에 많이 공감했어요. 두 시간 동안 핸드폰 꺼 놓고 있는 게 싫어서 90년대생은 영화관에 안 간다는 내용이에요. 진짜 그래요. 핸드폰을 저도 안 꺼놔요. 영화 보는 동안 핸드폰을 보지는 않거든요. 보지는 않지만 꺼 놓으면 답답해요. 그래서 집에서 영화를 많이 봐요."

또 찬미는 "'직장인 꼰대 리스트'도 재미있다"며 기자에게도 한번 테스트해보기를 권했다.

"148페이지 옆에 직장인 꼰대 체크 리스트가 있어요. 한 번 해보세요. '헬조선이라고 말하는 요즘 세대들은 한심하다.' 어른들은 그렇게 생각하시잖아요. 요즘 애들은 끈기도 없고 뭐 하나 열심히 하는 것도 없고 불만을 그렇게 다 이야기해서 어떻게 사냐고. 이런 거에 공감하면 누군가에게 본인은 꼰대로 불리고 있대요. 재미로 보셔도 좋을 것 같아요. (웃음)"

찬미는 또 "책의 맺음말이 좋다"고도 했다.

"맺음말이 정말 좋았어요. 작가님께서 책을 왜 쓰게 됐는지, 얼마나 오랫동안 90년대생들을 관찰했는지 그리고 어떤 특징을 찾아냈는지를 쓰셨어요. 작가님은 책을 다 썼다가 다시 수정하고 그러셨대요. 이런 특징을 찾았는데, 시간이 조금 지나면서 흐름이 바뀌고 그랬다고 하신던 것 같아요. 그리고 특히 '내 말이 다 맞지는 않겠지만, 공감했으면 좋겠다'고 하신 부분도 좋았어요."

찬미는 《90년생이 온다》를 전 세대가 읽었으면 한다는 바람을 전했다. 세대 간 이해와 공감이 필요하기 때문이며, 자신도 언제인가는 '꼰대'가 될 수 있기 때문이라고.

"이 책을 쓴 작가님은 80년대생이에요. 80년대생보다 한 세대 위의 어른들이 보셔도 좋을 것 같아요. 책은 '우리는 이렇지만 우리 아래 세대 친구들은 이런 생각을 합니다. 우리가 이렇게 살아오는 걸 봤기 때문이죠'라는 전제가 들어 있어요. 그래서 70년대생이 읽어도 '우리는 이렇지만 우리의 이런 모습이 배경이 돼 우리 아래 세대 친구들이 만들어졌구나'라고 이해하실 수 있을 것 같아요. 책을 보고 나니 지금은 90년대생이 대학생부터 사회 초년생까지인데, 시간이 지나면 우리가 또 소위 말하는 '꼰대'가 돼 있을 거고, 2000년대생이 우리 자리를 대신할 것이라는 생각이 들어요. 서로 다른 세대가 함께 살아가는 사회잖아요. 함께 사회를 만들어가는 구성원으로서 서로를 이해하는 데 좋은 책인 것 같아요. 책에는 '꼰대'라는 단어가 진짜 많이 나와요. 제가 나중에 '꼰대'가 됐을 때 읽어봐도 좋을 것 같아요. 전 세대 친구들에게 추천해주고 싶어요."

누구에게나 어두운 면은 있어요
《죽고 싶지만 떡볶이는 먹고 싶어》에 완전 공감했죠

찬미의 독서 리스트에는 2030 여성 독자들을 사로잡았던 백세희 작가의 《죽고 싶지만 떡볶이는 먹고 싶어》도 있었다. 이 책은 기분부전장애가 있는 작가가 정신과 상담을 받은 내용을 담은 에세이로, 2018년 예스24 베스트셀러 10위에 올랐다.

"정말 '핫한' 책이죠. 《죽고 싶지만 떡볶이는 먹고 싶어》를 읽으면서 제일 먼저 든 생각은 '정말 제목을 잘 지었다'는 거예요. 누구나 손이 가는 제목을 짓는 것도 능력인 것 같아요. 사실 현대인들은 누구나 공감할 법한 내용이에요. '진짜 죽고 싶다'라는 말을 달고 살잖아요. 근데 또 떡볶이도 먹고 싶고, 소주 한 잔도 하고 싶고 그런 생각이 들잖아요. 이 책을 쓰면서 작가님에게 정말 많은 용기가 필요했겠구나 싶었어요. 그리고 많은 독자로부터 반응이 와서 다행이라고 생각했어요."

찬미는 《죽고 싶지만 떡볶이는 먹고 싶어》가 왜 많은 독자들의 사랑을 받았는지 이해할 수 있을 것 같다고 했다. 밝게만 보인 찬미는 자신에게도 어두웠던 시절이 있었다고 털어 놓았다.

"저도 굉장히 어두웠던 시절이 있었던 사람으로서 공감하는 부분이 있었어요. 책은 한없이 자신이 작아지는 모습을 현실감 있게 담아냈잖아요. 정신과 상담을 받으면서 말이죠. 저도 한없이 제가 작아지고 자신 없어질 때가 있었어요. 책을 읽으면서 '누구나 이런 순간이 있구나'라며 위로 받았어요. '이 책이 베스트셀러가 된 건 나 같은 사람이 많기 때문이구나' 이러면서 위안을 얻으면서 읽었어요."

스타가 자신이 한없이 작아진다고 생각될 때는 얼마나 초라하게 느껴지고 힘이 들까. 비 연예인도 자신이 한없이 작아진다고 느끼는 순간 어디론가 숨어버리고 싶은데 말이다. 찬미는 힘겨운 시절을 견딘 건 가족들과 AOA의 멤버 덕이었다고 했다.

"활동하면서 제가 한없이 작아지는 걸 느꼈어요. 열아홉 살, 스무 살 정도였을 때였는데, 그냥 옆에 누가 있든지 모자라 보이는 거예요. 친

언니랑 있어도 그랬어요. 또 멤버들과 있어도 그랬어요. '다들 행복해
보이는데 나는 왜 이렇게 행복하지 않을까'라는 생각을 많이 했어요.
진짜 한없이 우울해지던 순간이 있었어요. 게다가 사랑도 많이 받아서
행복해야 하는데, 그렇지 못한 거예요. 뭐가 문제일까 생각하던 시간
이죠. 이 시기를 견뎌 내는 데는 일단 멤버들의 도움이 컸어요. 멤버들
이 '너 왜 그래?' '괜찮아져야 해' 이러지 않았어요. 그냥 옆에서 덤덤하
게 있어주고, 아이스크림 사다 주면서 '찬미야, 먹어, 너 이거 좋아하잖
아' 이렇게 말해주면서 주변 사람들이 소소하게 챙겨주는 것들이 조금
씩 모여서 제가 사랑받고 있고, 제가 좀 쓸모가 있는 사람이라는 걸 느
끼게 해준 것 같아요."

《70세 사망법안, 가결》 읽으며

앞으로 어떻게 살지 고민했죠

소설에 '꽂혔다'는 찬미는 《70세 사망법안, 가결》이라는 일본 소설을 최근에 읽었다. 저출산, 고령화 사회가 만들 디스토피아를 그린 일본 소설로 국내에서는 2018년 9월에 출간됐다. 《90년생이 온다》를 고른 것도 놀랐는데, 《70세 사망법안, 가결》을 읽었다고 했을 때는 더욱 놀랐다. 찬미는 의외로 사회 문제와 현상에 관심이 많고 생각이 깊은 아이들이었던 것. 사실 책을 읽는다는 것 자체가 생각이 깊고 많은 사람이라는 시그널이었는데, 상큼하고 귀여운 이미지 때문에 이런 신호를 눈여겨보지 않은 것이다.

"책을 읽고 바로 SNS에 올렸어요. (웃음) 너무 재밌었어요. 소설에 '꽂혀 있어서' 많이 읽어요. 소설 속에서는 누구나 70세가 되면 안락사를 당해요. 이 법에 대해 40대 아줌마가 가지는 감정, 20대 딸이 가지는 느낌, 60대 할머니들의 감정을 매우 잘 묘사했어요. 40대는 '나는 45세니까 앞으로 얼마나 남았네, 근데 이 시간을 이렇게 보내기는 아까워'라고 말하고요, 아이들은 '시간이 이렇게 많이 남았는데 왜 벌써 죽음을 생각해?'라고 말해요. 저는 습관처럼 하는 말이 '내일 당장 죽을지도 모르는데'예요. 그래서 지금 하고 싶은 건 무조건 해야 해요. 먹고 싶은 거 무조건 먹어야 하고, 가보고 싶으면 무조건 가야 해요. 이렇게 습관처럼 이야기하는데, 진짜 그런 상황이 됐을 때의 마음을 좀 들여다 볼 수 있어서 좋았어요. '내가 진짜 70세에 죽게 되면, 지금부터 얼마나 남았지?' '내가 그 나이가 되면 당장 하고 싶은 게 뭐가 있을까?' 이런 생각을 많이 하면서 읽었어요."

찬미는 책을 읽으면서 어떻게 살지에 대한 생각이 바뀌었다고 했다.

"내가 70세까지밖에 못 살면 저는 일을 때려치우고 싶을 줄 알았어요. 근데 막상 가만히 생각해보니 그래도 마흔 살까지는 일해야 할 것 같다는 현실적인 생각이 들었어요."

'마흔 살까지는 그래도 일해야 할 것 같아요'라는 말에 놀라 기자는 찬미의 말을 잠시 끊고 '당연히 마흔 살까지, 혹은 그 이후까지 일해야 한다'고 말했다. 찬미에게는 마흔이 너무나 먼 아득한 나이라는 생각이 들자, 저렇게 말을 한다는 것 자체가 귀엽게 느껴지기도 했다. 기자의 말이 끝나자 찬미는 계속해서 이야기를 이어갔다.

"그냥 내일 당장 죽으면 때려치우고 놀아야지. 이렇게 생각했었는데 진짜 이 책을 다 읽고 생각해보니 '이때까지 일을 해야겠고, 이런 부분이 아쉽겠다, 이런 부분은 조금 더 해놓는 게 좋겠다, 이렇게 아등바등 돈을 모으지 않아도 되겠다' 이런 생각을 했어요. 제가 풍족한 가정에서 자라지 않아서 아끼고 모으고 그런 것에 대한 욕심이 있어요. 제가 어릴 때 집이 좀 어려웠거든요."

어려워도 포기하지 않고 길러준 엄마
언제나 지지해주고 응원해준 엄마가 롤모델

기자는 언제인가 찬미 어머니가 강남에서 커다란 미용실을 운영한다는 기사를 본 것 같았다. 이 때문에 어려운 시절이 있었다는 찬미의 말에 놀라, "어머님께서 그렇게 큰 미용실을 하시는데 어려웠어요?"라고 하자 찬미는 점점한 '엄마 이야기'를 들려줬다. 찬미는 중간 중간 눈물을 글썽이기도 했고, 눈물을 곧 터트릴 것 같은 목소리로 끝까지 엄마에 대해 이야기했다.

"어렸을 때 아버지와 어머니가 이혼을 하셨어요. 그런데 아버지가 엄마 명의로 엄청난 빚을 져 놓으신 거예요. 어머니는 제가 성인이 될 때쯤 그 빚을 다 갚으셨어요. 그래서 이제 빚이 없어요. 저도 그때는 일을 하고 있었지만, 돈을 못 벌었기에 엄마가 다 갚으셨어요. 이런 일도 있었어요. 유치원 때 공과금을 못 내서 전기가 끊기고 보일러가 안 들어와서, 영화에서처럼 박스를 깔고 자고 그랬어요. 그런 시기가 있었어요. 그래서 저는 불안정한 걸 굉장히 싫어하는데, 《70세 사망법안, 가결》을 읽으면서 '70세까지밖에 못 살면 내가 이렇게 아끼고 전전긍긍할 필요가 없겠다' 이런 생각을 한 거예요. 많은 생각을 했어요."

찬미는 롤 모델이 엄마라고 한다. 찬미의 이야기를 듣고 있으니 '책임감 있는 진짜 어른' '딸을 믿어주는 엄마'인 찬미의 엄마가 그의 롤모델일 수밖에 없다는, 그리고 찬미가 단단하고 건강하고 밝게 성장할 수 있었던 것도 그의 엄마 덕이라는 생각이 들었다.

"저는 항상 롤모델이 어머니라고 이야기했어요. 어머니가 스무 살에 결혼하셨어요. 지금 40대 중후반이세요. 이제 제가 스물네 살이에요. 스물한 살은 정말 놀고 싶고 여행가고 싶고 옷도 사고 꾸미고 싶은 나이인데, 엄마는 저를 낳고 모든 걸 포기하신 거잖아요. 제가 20대가 되니 엄마가 새삼 대단해 보이는 거예요. 감사한 마음을 많이 갖게 됐어

요. 연습하고, 데뷔할 때는 '나는 왜 이렇게 지원을 받지 못할까' '왜 나는 부족한 것투성이일까' 이런 생각만 했는데, 성인이 되고 보니 엄마가 진짜 많은 것을 포기하고 우리를 키우신 거더라고요. 정말 감사해요." '엄마 이야기'는 에피소드가 달라도 그냥 듣고 있으면 '내 엄마 이야기' 같다는 생각을 하고는 한다. 찬미의 엄마 이야기는 특히 그랬다. 힘든 이야기를 씩씩하게 그리고 담담하게 이야기하는 찬미의 건강함이 느껴졌기 때문에 더욱 그의 엄마 이야기는 감동적이었다.

기자는 평범한 사람으로서 특별한 재능을 가진 이들을 동경한다. 이들은 과연 어린 나이에 어떻게 자신의 재능을 발견했고, 재능을 발견한 순간은 어떤 기분이었는지 매우 궁금하다. 찬미에게 "특별한 재능을 발견했을 때 어땠느냐"고 묻자 강력하게 부인했다. "저는 특별하게 예쁘고 재능이 있는 편이 아니었다"며 연예인을 꿈꾸던 어린 시절 이야기를 들려줬다.

"저는 춤을 진짜 못 췄어요. 그런데 제가 AOA에서는 댄스 담당이에요. (웃음) 저는 고향이 구미예요. 구미에서 가장 큰 댄스학원에 3~4개월을 다녔어요. 그런데 선생님께서 엄마에게 '찬미가 춤을 진짜 못 춥니다'라고 전화를 하셨대요. 선생님은 학원비를 계속 받으면 실력이 늘어야 하고 발표회 때 무대에도 세워야 하는데 제가 그게 안 되는 거예요. 제가 공부를 잘한 것도 아니거든요. 선생님께서 아무래도 찬미는 춤으로는 어려울 것 같다고 전화를 하신 거죠. 그런데 엄마는 '괜찮아요. 찬미가 좋아하면 그냥 다니게 해 주세요'라고 하셨대요. 그래서 저는 진짜 오래 춘 덕분에 겨우 이만큼 추게 됐어요. 어느 날 다니던 학원하고 다른 학원이 연계가 돼서 거리 공연을 했어요. 중학교 1학년 때 오디션을 보러 갔어요. 제가 노래 한 소절을 불렀는데 그렇게 잘한 것 같진 않았어요. 그런데 심사위원들이 '가르치면 돼, 너는 하려는 열정도 있으니 가르치면 돼'라고 하시면서 합격을 시켜주셨어요. 합격을 했는데 이제 엄마가 반대를 하셨어요."

엄마의 반대에 부딪힌 찬미는 어떤 선택을 했을까?

"엄마께서 '춤도 잘 못 추고, 노래를 잘하는 것도 아니고, 네가 여기 동네에서나 예쁘장한 거지, 서울 가면 예쁜 애들 엄청 많다'고 하셨어요. 그리고 엄마는 현실적으로 서포트할 능력이 없다고 하셨어요. 당시 저희 동네에는 '연예인은 잘 사는 애들이 하는 것'이라는 말이 있었어요. '마음 접고 그냥 있어' 이렇게 말씀하셨는데, 전 이걸 놓치면 그냥 구미에서 재미있는 일 없이 살 것 같은 거예요. 그래서 가출하겠다고 했어요. 안 시켜주면 나 혼자 가겠다고요. 엄마랑 일주일간 싸우다가 어머니가 어렵게 어렵게 친척들 도움을 받아 서울에 작은 방을 구해주셨어요. 숙소가 없었거든요. 작은 방에서 연습생 생활하면서 데뷔했어요."

독서 입문자에게는 《이동진 독서법》《어른인 척》 추천
《어른인 척》 읽으며 세상 떠난 고양이에 대한 죄책감 달랬죠

어떤 에세이보다 감동적이고 드라마보다 재미있는 찬미의 이야기를 듣다 보니 이렇게 말을 재미있고 편안하게 할 수 있는 건 찬미가 책을 많이 읽었기 때문이라는 생각이 들었다. 어떻게 책을 많이 읽게 됐느냐는 갑자스러운(?) 질문이 튀어 나왔다.

　"책은 그냥 제가 읽고 싶어서 읽기는 했는데, 《이동진 독서법》이라는 책의 도움도 받았어요. 책을 읽다가 어느 날 갑자기 막혀서 소설도 에세이도 시집도 다 읽기 싫을 때가 있잖아요. 내가 읽는 방법이 잘못됐나 싶을 때 읽은 책이에요. '이렇게 읽어라 저렇게 읽어라'라고 말하지 않아요. '이런 방법도 있고, 저런 방법도 있다'고 조언을 해요. '나는 이렇게 읽었어요'라고 설명이 돼 있거든요. 아직 책이랑 안 친하지만 조금 더 책을 효율적이고 영양가 있게 읽고 싶은 분들께 추천해드려요."

　찬미는 '이제 책이랑 친해볼까'라는 생각을 하는 이들에게 《어른인척》이라는 에세이를 추천했다.

　"일단 에세이부터 시작하길 권해요. 시집에는 이해할 수 없는 감성이 있을 수도 있지만, 에세이는 그래도 입문하기 좋은 장르 같아요. 작년 10월에 저의 첫째 고양이가 죽었어요. '멘붕'의 시간이었을 때 읽었어요. 이 챕터 때문에 책을 추천하게 됐어요. '시간 여행을 하는 그런 영화를 볼 때 내가 어느 시간으로 가서 나에게 어떤 말을 해줄까?' 이런 대목이 나오거든요. '누구의 잘못이 아니다. 그러니까 죄책감 가지지 마라.' 당시 죄책감이 컸어요. 고양이가 세상을 떠난 게 제 책임 같고, 제가 좀 더 잘 돌봐줬더라면 하는 죄책감이 컸어요. 고양이는 혼자 병원도 갈 수 없고, 아프다고 말도 할 수 없는 아이인데, 좀 더 봐줬더라면, 내가 그때 컴퓨터를 하지 않았더라면, 이런 죄책감이 끊임없이 들었어요. 그런데 그 페이지를 읽으면서 많이 울었어요. 그러면서 위로를 받았던 것 같아요. 그리고 부모님들이 우리에게 주는 사랑을 당연하게 받아들이는 것에 대해 담담하게 이야기하면서 콕콕 찌르는 부분도 있어서 공감을 많이 했어요."

스토리를 좋아한다면 《지옥이 새겨진 소녀》《나미야 잡화점의 기적》 추천
철학 등 인문학에 관심 생겨 《소피의 세계》 완독 목표

스토리가 있는 것을 좋아하는 이들에게는 《지옥이 새겨진 소녀》를, 판타지 일본 소설에 관심이 있는 독자들에게는 《나미야 잡화점의 기적》을 추천했다.

"드라마나 만화를 좋아하시거나, 스토리가 있는 걸 좋아하시는 분들에게는 《지옥이 새겨진 소녀》를 추천해요. 스릴러거든요. 등에 타투처럼 지옥이 새겨진 소녀가 발견되는데요, '이건 누구의 잘못인가'로 시작해서 풀어나가는 소설이예요. 처음으로 재미있게 읽은 소설이었어요. 판타지 일본 소설 좋아하시면 《나미야 잡화점의 기적》을 추천해요."

찬미는 인문학에도 관심이 생겨 어렵지만 완독을 목표로 《소피의 세계》를 읽고 있다.

"제가 철학에도 관심이 많아요. 그래서 인문학 서적도 많이 읽어요. 그런데 이해가 안 돼요. (웃음) 너무 어려워요. 그렇지만 사서 도전해봤어요. 인문학이 너무 어렵다고 생각하던 때 만난 책이 《소피의 세계》예요. 소설 속에 교묘하게 철학을 숨겨 놓은 책이에요. 어렵지만 작가님이 잘 설명해주려고 노력하신 것 같아요. '철학이 너무 어렵지, 그래서

내가 소설이랑 잘 섞어 봤어, 이 정도면 잘 읽을 수 있겠니?' 이렇게 말
하는 작가님의 마음이 잘 느껴지는 거예요. 그래서 완독하고 싶어서 읽
고 있어요."

사랑하는 책은 〈파페포포 시리즈〉
'애묘인'으로 고양이 관련 서적도 내고 싶어요

사랑스럽고 사려 깊고 밝고 건강한 찬미가 가장 사랑하는 책은 〈파
페포포 시리즈〉다. 이 책은 찬미의 엄마도 좋아하는 책이라고 한다.

"엄마가 좋아하시는 책이기도 해요. 초등학교 저학년 때 《파페포포

투게더》를 읽었어요. 다양한 경험도 없을 때인데, 책을 읽으면서 '마음이 어떻게 축축해지지? 캄캄해질까?' 이러면서 봤고, 그림이 예뻐서 읽었죠. 그리고 성인이 돼서 혼자 살기 시작하면서 우연히 다시 읽었는데, 주옥같더라고요. 이별에 대한 것도 사랑에 대한 것도 하나하나 다 와닿았어요."

찬미는 앞으로 반려 동물 관련 서적을 출간하고 싶다는 희망도 이야기했다. 찬미는 책을 어떻게 쓸지부터 요즘 독자들이 어떤 글을 좋아하는지를 벌써부터 공부하고 있었다. 게다가 요즘 출판 환경에 대해서도 이미 다 꿰뚫고 있었다.

"요즘은 책을 쓰는 데 어려움이 많이 없는 것 같아요. 독립출판도 있고요. 나이에 관계없이 책을 내기도 하고요. 제 나이 또래가 쓴 책을 읽어 보고 싶어요. 어떤 식으로 쓰는지 보고 싶거든요. 저는 '애묘인'이라서 고양이에 관련된 책을 쓰고 싶어요. 제가 아는 것 말고 고양이에 대한 정보를 찾아보려 하는데 별로 없더라고요. 아직은 우리나라에서 반려동물로 강아지를 고양이보다 선호해서 그런 것 같아요. 강아지 서적은 많은데 고양이는 별로 없어요. 요즘 하루에 한 장씩 쓰기는 하는데, 잘 안 써져요."

'애묘인' 찬미에게 고양이를 어떻게 키우는 게 잘 키우는 것이냐고 살짝 물어봤더니 "안 키우기를 권한다"라고 단호하게 말했다. 책임감 없이 키우거나 강아지보다 편할 것 같아서 키우려는 사람은 키워서는 안 되는 게 고양이라는 것이다.

"사람들이 고양이를 키우는 이유가 고양이는 집에 혼자 둬도 괜찮고,

고양이는 손이 안 가서라고 하잖아요. 강아지는 아픈 티를 내는데 고양이는 티를 안 내요. 그래서 세세하게 살펴봐야 해요. 그래서 잘 키우기가 어려워요. 고양이를 알려면 최소한 일 년이라는 탐색 기간, 친해지는 시간이 필요해요. 기다려주는 마음이 중요해요. 스무 살에 첫 정산을 받았을 때, 저를 위한 선물로 고양이를 데려왔어요. 저는 가방, 신발에도 관심이 없었어요. 많이 외롭고 어두운 시기에 고양이 덕에 밝아진 것도 있어요."

어느덧 7~8년 차 '쌩얼'도 보여줄 수 있어요
앞으로 더욱 빛날 찬미를 응원해주세요

2012년 데뷔한 찬미는 어느덧 8년 차 가수다. 그동안 개인 활동을 조금씩 하던 찬미는 앞으로 좀 더 많은 도전을 해보고 싶다고 했다.

"엠씨도 해보고 싶고, 리얼리티도 해보고 싶어요. 저희도 이제 7~8년이 됐으니, '쌩얼'도 보여줄 수 있을 것 같아요. 드라마 연기도 관심이 있어서, 레슨을 받고 있지만, 겁이 나요. 연기 캐릭터는 밝지 않은 역할을 해보고 싶어요. 제가 생각했을 때 저는 어두운 면이 많아요. 많은 사연이 있고 어두운 캐릭터를 맡으면, 잘 공감하고 분석할 수 있을 것 같아요. 드라마 '나의 아저씨'에서 이지안 역 같은 거요."

찬미는 현재 유튜브 '찬미찬미해'를 통해서 모든 여성들의 목표인 다이어트를 비롯해 식품, 뷰티 제품 리뷰 등을 전하며 커다란 사랑을 받고 있다. 여자 연예인들이 공개하기 쉽지 않은 몸무게를 공개하며 5일간 '단기 다이어트'를 하는 과정을 보여준 영상은 특히 여성들의 공감과 감탄을 자아냈다. 51킬로그램을 평소에도 넘지 않으려 하지만 현재 52.7킬로그램이라는 깃을 공개하며, '클렌즈 주스' 다이어트를 하는 영상이었다. 너무 배가 고파서 다이어트를 포기하고 싶은 심정부터 꼭 목표치를 달성하겠다는 집념 등이 공감을 자아내기에 충분했고, 이 영상에서도 찬미의 솔직한 매력은 더욱 빛이 났다. 찬미의 앞으로의 모든 활동은 찬미처럼 아름답게 빛날 것이다.

인디 밴드
옥상달빛

"수고했어. 오늘도. 난 늘 응원해"

옥상달빛은 언제나 힐링이다

"수고했어, 오늘도. 아무도 너의 슬픔에 관심 없대도. 난 늘 응원해, 수고했어, 오늘도." ('수고했어 오늘도')

"불안해하지 마. 이렇게 얘기하는 나도 사실 불안해. 걱정하지 마. 이렇게 얘기하는 나도 사실 걱정이 산더미야." ('인턴')

이렇게 이야기를 해주는 것만으로 위로가 될 때가 있다. 옥상달빛(김윤주·박세진)이 잔잔한 음성으로 이렇게 노래를 불러주면 순간이나마 불안과 걱정은 사라질 것만 같다. 옥상달빛의 곡들이 음악을 들으면서 스르륵 잠이 들고 싶을 때, 조용히 책을 읽을 때 틀어 놓고 싶은 음악으로 꼽히는 이유일 것이다. 그리고 이들이 책을 읽어주기만 한다면 어떤 책이라도 '힐링하기 좋은 책'이 될 것만 같다.

　기자가 옥상달빛을 만난 건 2018년의 끝을 향해 달려가던 12월 말이었다. 크리스마스를 앞두고 있어 거리는 이미 크리스마스 분위기였다. 크리스마스를 상징하는 빨강, 초록 등 따뜻하고 경쾌한 색들이 축제 분위기를 자아내 캐럴이라도 흥얼거려야 할 것 같은 마음 한편에는 한 해가 다 가고 있다는 아쉬움과 함께 쓸쓸함 역시 차지하고 있었다. 크리스마스 즈음에는 왠지 누군가에게 "그래, 넌 올해도 열심히 살았어"라는 따듯한 말 한마디가 듣고 싶지 않을까. 딱 그런 마음이 드는 순간 기자가 만난 이들이 옥상달빛의 김윤주와 박세진이었다. '지적인' 단발을 하고 있었지만 미소가 따뜻한 박세진, '아메리카노 좋아'로 커다란 인기를 끈 인디 밴드 '십센치'의 권정렬과 결혼한 김윤주는 '홍대 얼짱'이라는 명성 그대로 아름다웠다. 새침한 듯, 무뚝뚝한 듯, 사려 깊은 듯한, 두 사람과 마주 앉은 순간은, 후에 깨달은 것이지만, 옥상달빛과의 인터뷰는 나에게도 '힐링의 시간'이었다.

　우선 옥상달빛은 '스타의 서재'를 통해 《편의점 인간》과 《데미안》을 소개하고 싶다고 했다. 이 두 작품을 꺼내 든 순간부터 '내가 과연 정상적인 삶을 살고 있을까'라고 불안해하거나, 나에게 이르는 길, 나만의 길을 향해 가고 있지만 불안한 이들이 힐링하기 좋은 책이라는 생각이 들었다. 몇 년 전부터 '힐링'이라는 영어 단어가 우리 일상으로 들어왔다. 처음에는 낯설다가, 힐링의 'ㅎ' 혹은 'healing'의 'h'만 들어도 실제로 마음이 편해지는 건 어쩔 수 없다. 한국어 단어로 굳이 풀이하면 '지유하다'라는 의미지만, 한국어 그대로 쓰면 왠지 느낌이 제대로 살지 않

는 독특한 단어가 바로 '힐링'이라는 생각이다. 한국어가 있으면 굳이 영어로 쓰고 싶어 하지 않는 나의 개인 성향에도 불구하고 '힐링'은 정말 그 '힐링'이라는 것을 표현하기에 딱 맞는 단어라는 느낌이 든다.

"저도 정상으로 보이기 위해 노력했던 적 있죠"
내가 비정상인가 고민하는 이들에게 《편의점 인간》이 위로됐으면

여하튼 김윤주와 박세진이 추천하기만 해도 힐링이 될 것 같은 책들은 앞서도 이야기한 일본 소설가 무라타 사야카의 《편의점 인간》과 독일의 대 문호 헤르만 헤세의 《데미안》이다.

김윤주는 "저도 사람들에게 정상적으로 보이기 위해 애쓰던 시절이 있었다"며 "'비정상 인간' 주인공 게이코가 말투와 행동의 정상과 비정상의 범주를 숙지해 나가면서, 정상 범위에 이르는 게 재미있다"며 《편의점 인간》에 대해 이야기를 시작했다.

그는 또박또박한 발음으로 라디오 진행을 하듯 책 소개를 이어 나갔다. "게이코는 사회에 잘 적응하지 못하는 사람이에요. 그래서 비정상 취급을 받아요. 그런데 모든 사람들이 알고 있는 정상 범위에 게이코가 있는 게 아닐 뿐이지 나름 자신의 일을 열심히 하면서 잘 사는 인물이에요. 편의점에서 일하는 그는 일을 위해 수면시간도 조절해요. 몸을 청결하게 유지해요. 모든 것을 편의점에 맞춘 인생을 살죠. 그런데 사람들은 18년 동안이나 편의점에서 일한다고 그를 이상하게 봐요. 그리고 또 재미있는 건 게이코가 더 이상한 사람을 만난다는 거예요."

그는 마치 이야기를 구술해 전하듯 흥미롭게 《편의점 인간》의 줄거리를 하나하나 꺼내 펼쳐 보였다.

"결혼할 상대를 구하기 위해 편의점에서 아르바이트를 하는 남자를 만나고, 둘은 정상적으로 보이려면 결혼해야 한다며, 동거를 시작해요. 이상한 사람들끼리 동거를 시작하는 것이죠. 더 흥미로운 건 뭔 줄 아세요? 책의 저자인 무라타 사야카가 실제로 편의점에서 오랫동안 일을 했고, 이 책으로 아쿠타가와상을 받는 날에도 편의점에서 아르바이트를 하고 와서 상을 받았다는 거예요. 저는 이 부분이 재미있어서 책을 사게 됐어요."

그러면서 김윤주는 소설에서 가장 좋았던 부분을 비롯해 자신의 이야기도 들려줬다.

"책이 좋았던 이유는 저도 사람들에게 정상적으로 보이려고 애를 썼던 적이 있었던 것 같아서예요. 주인공은 자신이 어떤 말을 하고 행동을 했을 때 다른 사람들이 비정상으로 보는지 숙지하면서 점점 사람들이 말하는 정상 범위에 들어가려고 노력해요. 그런 부분이 재미있었어요. 예를 들면, 주인공이 어렸을 때 친구들이 싸우는 걸 봐요. 그러다가 친구 한 명을 내리쳐요. 그래서 '왜 친구를 내리쳤냐'고 하자, 주인공은 '싸움을 끝내는 방법으로 그게 제일인 것 같았다'고 말해요. 그리고 어느 날은 새가 죽어 있어요. 다들 '예쁜 새가 어떻게 죽었지' 이러고 있는데, 주인공은 엄마에게 '이거 먹자'며 새를 가져다 줘요. 엄마가 구이를 좋아하는 것을 알고 정말 순수한 마음으로 한 일인데 사람들은 주인공을 '이상한 애'라고 생각하게 돼요. 그런데 생각해보면, 주인공이 이상해 보이기는 하지만 사람들에게 폐를 끼치는 건 아무것도 없어요. 그래서 오히려 주변 사람들이 주인공을 이상한 사람으로 몰아가는 것도 느꼈죠."

책을 소개하던 김윤주는 "이 책에는 '정상' '보통 인간' 이런 단어가 자주 나온다"며 기억에 남는 문장 중 고심 끝에 고른 몇 개를 책장을 넘겨 가며 읽어주었다.

"왜 편의점이 아니면 안 되는지, 평범한 직장에 취직하면 왜 안 되는지는 나도 알 수가 없었다. 다만 완벽한 매뉴얼이 있어서 '점원'이 될 수는 있어도, 매뉴얼 밖에서는 어떻게 하면 보통 인간이 될 수 있는지는, 여전히 전혀 모르는 채였다." (29쪽)

"정상인 사람처럼 대화를 나눈다. 내 말투도 누군가에 전염되고 있을지 모른다. 우리는 이렇게 서로 전염하면서 인간임을 계속 유지하고 있나고 생각한다." (36쪽)

"아, 나는 이물질이 되었구나, 나는 멍하니 생각했다. 정상 세계는 대단히 강제적이라서 이물질은 조용히 삭제된다. 정통을 따르지 않는 인간은 처리된다. 가족이 왜 그렇게 나를 고쳐주려고 하는지, 겨우 알 것 같은 기분이 들었다." (98쪽)

책장을 넘겨 가며 신중하게 고른 문장을 읽어주던 김윤주는 "편의점의 한 부속품처럼 생각하는 주인공이 처음에는 불쌍했는데, 그는 정말 편의점에 있어야 행복한 사람이라고 느끼게 되면서부터 다른 것들도 주인공의 상황에 대입하며 이것저것 생각했다"고 말했다.

"인간은 죽을 때까지 나에게 이르는 길 찾는 존재"
"헤르만 헤세 대박, 《데미안》은 죽을 때까지 읽고 싶은 책"

박세진은 "죽을 때까지 읽고 싶은 책"이라며 헤르만 헤세의 《데미안》을 '내 인생의 책'으로 꼽았다. 인간은 누구나 죽을 때까지도 나에게 이르는 길을 찾으려 방황하는 존재인 까닭이다.

"《데미안》은 주인공 싱클레어의 열 살부터 스무 살까지의 여정을 다룬 작품이에요. 10년 간 데미안이라는 친구를 만나면서, 그 친구로 인해 자기 자신에게 이르는 길에 대해 깨닫게 되고 결국 자신을 발견하게 되죠. 어릴 때는 이해도 안 가서 '다시는 읽지 않을 책'이라고 생각했죠.

그런데 어쩌다 우연히 《데미안》을 읽고 나서는 정말 이런 단어로밖에 표현할 수 없었어요. '헤르만 헤세 대박!' (웃음) 정말 앞으로 평생 읽고 또 읽고 싶은 책이에요.”

그러면서 그는 《데미안》의 서문이 통째로 외워버리고 싶을 만큼 좋다며 가장 좋아하는 부분들을 읽어줬다. 그의 음성에서는 스무 살부터 스물두 살까지 아르바이트만 하다가 문득 음악이라는 자신의 길을 가봐야겠다고 결심하던, 스물 두 살의 끝자락, 그 해 연말의 절박했던 심정이 그대로 묻어났다.

“한 사람 한 사람의 삶은 자기 자신에게 이르는 길이다. 길의 추구, 오솔길의 암시다. 일찍이 그 어떤 사람도 완전히 자기 자신이 되어 본 적은 없다. 그럼에도 누구나 자기 자신이 되려고 노력한다. 어떤 사람은 모호하게 어떤 사람은 보다 투명하게, 누구나 그 나름대로 힘껏 노력한다. 누구든 출생의 잔재, 시원의 점액과 알껍질을 임종까지 지니고 간다. 더러는 결코 사람이 되지 못한 채, 개구리에 그치고 말며, 도마뱀에, 개미에 그치고 만다. (중략) 똑같이 심연으로부터 비롯된 투척이지만 각자가 자기 나름의 목표를 향하여 노력한다. 우리가 서로를 이해할 수는 있다. 그러나 의미를 해석할 수 있는 건 누구나 자기 자신뿐이다.”

차분하게 읽어주던 박세진은 《데미안》의 서문에 대한 자신의 해석을 이야기했다.

“'자연이 던진 돌'이라는 게 우리는 의지로 태어난 것이 아니라는 것을 의미하는 것 같아요. 우리가 사람으로 태어났지만, 인격자나 혹은 성자까지는 아니더라도 제대로 된 인간이 되려는 건 자기의 노력에 달려 있는 것 같아요. 자신이 인간이고자 노력하지 않는다면 죽을 때까지 인간이 되지 못하는 것이 아니냐고 저는 해석했어요. 또《데미안》을 다 읽고 나서 든 생각은 '인생은 죽을 때까지 나를 아는 여정'이라는 거였어요."

또 박세진은 '데미안'을 우연히 다시 읽게 된 이야기도 들려줬다.

"처음 읽은 중학교 때는 이해가 하나도 되지 않아서 '다시는 읽지 않을 책'이라고 생각했죠. 그러다가 어느 해 여름쯤 뭘 해도 흥이 안 나고 그럴 때가 있었어요. 그때 책을 구경하러 갔다가《데미안》이 팝업 스토어에서 판매되고 있었고, 무슨 일인지 모르겠지만 주목받고 있는 거예요. 그래서 '예전에 읽긴 읽었는데 다시 사서 볼까?' 이렇게 우연히 읽게 된 책인데 아까도 말씀 드렸지만, 정말 '헤르만 헤세 대박'이라는 말밖에 안 나왔어요. 1919년 출간 당시 왜 센세이션을 일으켰는지 알겠더라고요."

아마도 그가《데미안》을 팝업 스토어에서 만난 건 2016년 혹은 2017년이 아니었을까 싶다.《데미안》은 당시 방탄소년단의 뮤직비디오에 차용돼 다시 한 번 주목을 받았다. 박세진은 그 즈음 어떤 일이 대체 안 풀려서 힘이 들었는지 인터뷰하며 잠시 생각했었다.

옥상달빛이 힐링하는 책

김윤주《시를 잊은 그대에게》, 박세진《나는 고양이로소이다》

그렇다면 옥상달빛은 어떤 책으로 힐링을 할까.

힐링하기 좋은 책으로 김윤주는 정재찬 교수의 《시를 잊은 그대에게》를 추천했다. 그는 "책 진짜 재미있다"며 "교과서에 나온 시들에 대한 설명이 교수님 말투 그대로 정리가 됐다"고 설명했다. 이어 "정 교수님 자체가 워낙 말을 위트 있게 잘 하신다"며 "수업시간에 학생들에게 가르쳤던 강의를 그대로 가져다 놨는데, 농담까지 다 들어 있다"고 덧붙였다. 그는 이 책 덕에 학교 다닐 때 배운, 재미없던 시들도 다시 한번 의미도 알게 돼 더 좋아졌고, 시를 원래 좋아하지만 더욱 좋아졌다고 한다.

박세진은 일본 소설가 나쓰메 소세키의 《나는 고양이로소이다》가 힐링하기 좋은 책이라고 했다. 그는 "이 책을 읽고 기분이 막 좋아졌다"며 "읽을 때마다, 눈앞에 고양이가 지나가는 것처럼 묘사가 정말 잘돼 있다"고 설명했다. 그는 이어 "책에 나오는 고양이 캐릭터가 정말 매력적이고 귀여워서 재미있더라. 고양이의 눈으로 보는 인간 군상도 재미있고 대사도 귀엽다"며 "고양이가 자기 주인이 지식인이기는 한데 남들이 봤을 때는 괜찮은 사람 같지만 알고 보면 '허당'이라고 표현하는 부분이 나오는데, 나쓰메 소세키를 묘사한 것 같아요. 작가가 고양이 입을 빌려 자신의 별로인 점을 이야기하는 것 같아서 무척 재미있었다"고 덧붙였다. 박세진은 개와 고양이를 구분 없이 좋아하지만 고양이를 키웠고, 인터뷰 당시에는 엄마가 데리고 가서 잠시 고양이와는 이별 중이라고도 했다.

라디오 디제이 하며 책 더 읽게 됐죠

김윤주 "정호승, 박준 시인 좋아해요"

김윤주와 박세진은 MBC 라디오 '푸른밤, 옥상달빛입니다'를 진행 중인 디제이(DJ)이기도 하다. 밤 11시부터 1시까지 심야에 청취자들은 만나는 이들은 이 시간이 행복하고 소중하다고 한다. 늦은 밤 라디오를 통해 소통하는 것은 매력적인 일이란다.

이 때문에 김윤주는 평소에도 책을 좋아하지만 더욱 의식적으로 읽게 됐다고 한다. "라디오를 진행하고 있기도 하고, 작업할 때도 그렇고, 좀 바닥나는 게 느껴져요. 그래서 어쨌건 공부를 해야 한다는 압박감이 있었죠. 시집을 좋아하는 편이라서 시집을 많이 읽고 있어요. 시집이 곡을 쓸 때도 도움이 많이 돼요. 읽으려고 애를 쓰다 보면 1년으로 치면, 아니 한 달에 한 권 정도, 아니 양심적으로 두 달에 한 권 정도는 읽어요."

'양심선언'을 한 김윤주는 정호승, 박준 시인을 좋아한다고 했다. "정호승 시인을 더 좋아하기는 하지만, 박준 시인의 시도 좋아요. 정호승 시인은 죽음에 대한 이야기를 위트 있게, 담담하지만 엄청 슬프게 잘 써요. 박준 시인의 산문집도 죽음에 관한 이야기가 많아서 좋아한 점도 있어요. 죽음이라는 소재를 좋아하는데 그것이 다 겪는 일인데도 막 처절하게 쓰시는 분들이 많아요. 두려워하고 말이죠. 근데 그냥 모든 사람에게 당연하게 오는 일이라고 담담하게 이야기하셔서 그게 좋은 것 같아요. 박준 시인도 그렇고, 시인들이 연세가 많다 보니 주변에서 죽음을 많이 겪은 듯해요. 그런 일을 겪으면서 성장까지는 아닐지 몰라도

내면의 이야기를 담담하게 잘 푸시는 것 같아요. 물론 저에게 시는 아직 어려워요."

　김윤주의 말을 듣던 박세진은 박준 시인에 대한 정보도 전했다.

　박세진은 "박준 시인이 시인계의 아이돌이라는 이야기를 들었다"며 "팬서비스가 그렇게 좋다고 한다. 사인을 해줄 때 문장을 적는다는 이야기를 들었다"고 전했다. 그러자 김윤주가 "우리도 그렇게 해볼까? '밥은 먹고 다니니?' 이런 거 써볼까?"라고 하자, 박세진은 이어 "나 좀 사줘"라고 말해 웃음을 자아냈다. 어떤 이야기가 나오든 서로 주고받는 말들에서 자연스러운 '케미'가 돋보였다.

김윤주가 선물하고 싶은 책 《딸에게 보내는 굿나잇 키스》

박세진이 가방에 넣고 다니는 책 《평균의 종말》

김윤주는 선물하고 싶은 책으로는 이어령의 《딸에게 보내는 굿나잇 키스》를 꼽았다. 책은 일찍이 세상을 떠난 이 교수의 딸 고(故) 이민아 목사의 3주기를 맞아 2015년에 출간됐다. '딸이 첫사랑을 할 때' '너의 첫사랑' '네가 결혼하던 날' '딸이 어머니가 되다' '혹시 너인가 해서' 등 제목만으로 코끝이 찡해지는 글들이 이어령 특유의 유려한 문체로 감동을 만들어내는 책이다.

"무뚝뚝한 아빠인 이어령 교수는 딸에 대한 엄청난 사랑이 있었는데도 잘 표현을 못 했어요. 마음이 짠하기도 하고 가족의 의미를 생각했어요. 연말에 가족 생각하면서 읽어도 좋을 것 같아요." 국내 최고의 문장가이자 스토리텔러로 평가받는 이어령 교수조차 전형적인 '한국의 아빠'로서 딸에게 사랑을 표현하지 못했다는 것이다. 무뚝뚝한 아버지를 둔 딸들이 한번 읽어보면 어떨까 싶은 책이다.

박세진은 늘 가방에 한 권 이상은 책을 넣고 다니면서 읽는다고 한다.

"책을 어떻게든 읽으려고 가방에 늘 넣고는 다녀요. 그런데 안 읽히는 책은 안 읽고, 다른 책으로 넘어가고는 해요. 《평균의 종말》이라는 책을 읽고 있어요. 주의력 결핍 및 과잉 행동 장애(ADHD · attention deficit hyperactivity disorder)를 앓던 사람이 의지를 가지고 공부를 열심히 해서 하버드 대학 교수까지 된다는 내용이에요. 교수 이야기를 하면서 평균을 내는 것에 대한 허점을 짚죠."

김윤주 "남편 '십센치' 권정렬과 연애시절엔 지식 배틀"

지금 추천하고 싶은 건, 책이 아니라 다이어트

'십센치'의 권정렬과 결혼한 김윤주에게 "남편 분 이야기를 물어도 되느냐"며 연애 시절 책에 대한 에피소드는 없었는지 조심스럽게 물었더니 "다 물어보라. 괜찮다"며 시원하게 응했다. '쿨미녀' 김윤주는 연애 초기 서로 소위 말해 '있어 보이기' 위해 '배틀'을 붙었던 이야기부터 나중에는 책 이야기는 하지도 않게 된 시점까지 시원하게 풀어 놨다.

"그 친구는 워낙 공부를 잘했고, 어렸을 때부터 책을 많이 읽었어요. 연애 초기에도 책 이야기 많이 했어요. 지식 자랑하려고요. 서로 '없어 보이면' 안 되니까요. '나 이런 거 좋아했어' 이러면서요. 물론 워낙 똑똑한 친구라서 제가 명함도 못 내밀기는 했지만요. 정렬이도 시를 좋아했던 것 같아요. 정렬이는 기형도 시인을 좋아해서 이야기 많이 나눴죠. 그런데 그 친구는 책보다는 만화 보면서 많이 영감을 받았더라고요. 정렬이 방에는 만화책이 가득 차 있고, 제 방에는 시집, 산문 등 다양하게 있어요. 강풀 작품은 전권이 다 있어요. 일본 야구 만화 등을 제게도 추천해줬는데, 저는 7년째 안 읽고 있어요. (웃음)"

그렇다면 남편인 권정렬에게 추천하고 싶은 책이 있느냐고 묻자 "저는 그에게 잠과 다이어트를 추천한다"는 재치 있는 대답이 돌아왔다. "살을 빼고 있는데 너무 견고하게 살이 쪄서 잘 안 빠지고 있어요."

박세진 "《사랑의 기술》 연애할 때, 사랑을 준비할 때 필요한 책"

김윤주 "세진이가 목에 핏대를 세우고 추천하던 책이에요"

박세진은 연애하는 이들에게 에리히 프롬의 《사랑의 기술》을 추천한다고 했다.

"연애할 때도 연애할 때인데 사랑을 준비할 때도 필요한 책이죠. 싱글에게도 필요한 책이에요. 부부들에게도 권해요. 정말 사랑을 준비하는 사람들, 사랑에 상처 받은 사람들 그리고 사랑을 하고 있는 사람들도 다 읽으면 좋을 것 같아요. 처음에는 프로이트 이야기가 나와서, '뭐야' 이러면서 안 읽었는데 다시 끝까지 읽어보니까 필요한 책이더라고요. 정말 좋은 책이에요."

박세진의 추천이 끝나자 김윤주는 "목에 핏대를 세우면서 이야기하던 책이죠"라고 했고, 박세진은 "야, 조용히 해"라고 말을 막았다. 둘 사이에 내가 모르는 에피소드가 있었으리라 짐작되지만 묻지는 않았다.

옥상달빛과 책에 대해 이야기를 나누면서 이들이 어떤 사람인지, 이들의 음악으로 왜 우리가 편안함을 느끼는지 알 것 같았다. '알게 되면 달라 보이고, 그때 보이는 것은 전과 같지 않다'고 했다. 옥상달빛이 나에게 그러했고, 전과 같이 않아 보이는 이들이 더욱 궁금해졌다.

박세진은 앞서 《데미안》을 소개할 때 '인생은 나를 찾아가는 여정'이라고 했다. 지금까지 박세진의 여정은 어땠을지 궁금증을 자아내는 대목이다.

"아직 멀었고요. 제가 생각하는, 진짜 인간으로서 도달할 수 있는 최대치에 도달할 수 있을지도 모르겠어요. 솔직히 어느 정도 타고나는 것도 있는 것 같아요. 제가 얼마만큼 더 갈 수 있는지 '캐파(능력)'도 모르고 제 자신이 어디까지 갈 수 있는지 모르겠어요. 바다 근처에 기서 비 닷물을 한 입 먹어 보고 '짜구나'라는 것을 느끼는 정도라고 할까요. 저는 아직 바다 안에 들어가지도 못한 것 같아요. (2018년) 지금은 서른다 섯인데 지금까지 어느 정도 왔는지 생각해보면, 두어 번의 힘든 시기 덕분에 점점 나를 찾아가고 있는 여정에 있는 것 같아요. 10단계 중 두 번째 단계 정도요. 죽을 때쯤 찾을까 말까할 것 같아요. (웃음)"

박세진은 음악을 시작하게 된 계기도 털어놓았다.

박세진 "스물두 살 힘겨운 연말에 음악 인생 결정"

"누구에게나 한번은 기회가 올 거예요. 꼭 필요한 시기에 오길 바라요"

"본격적으로 음악을 해야겠다고 생각한 것은 스물두 살 때였어요. 스무 살부터 스물두 살까지는 이것저것 아르바이트만 했어요. 그러다 스물두 살 연말을 보내는데, '내년에도 이렇게 살면 나는 20대 후반에 후회할 것'이라는 막연한 확신이 들더라고요. 마지막으로 내가 할 수 있는 최대치로 한번 노력해보고 그때 안 되면 아예 음악을 안 하겠다는 각오를 하고 대학에 지원했어요. 세 군데를 넣어서 그중 한 군데만 붙으면 음악을 하고 아니면 안 한다는 결심이었죠. 다행히 붙어서 거기서 윤주를 만났어요."

옥상달빛은 인디 밴드계에서도 독보적인 존재다. 특히 여성으로서 하기 어려운 장르가 아닌가. 그런데 김윤주는 옥상달빛은 운이 좋은 경우라며 자신들의 성공을 소속사 대표와 당시 트렌드에 돌렸다.

"성공이라기보다는 대표님과 좋은 기회에 셋이 같이 하게 된 것이죠. 김형수 대표님께서도 뮤지션이에요. 이야기를 들어보면 다른 뮤지션들은 뭔가 소속된 회사에서 부당한 대우를 받았다고 해요. 이쪽 문화만 그런 게 아니라 어디든 사기꾼이 많잖아요. 대표님도 그런 걸 겪으셔서 '너희 둘만큼은 사기를 안 당하게 한다'는 마음으로 시작을 하셨어요. 그래서 저희는 운 좋게 지금까지 '더러운 꼴'을 한 번도 안 봤어요. 저희가 나이는 있지만 때 묻지 않은 건 대표님 덕이에요. 음악 하는 분들 중에는 한 맺힌 사람이 꽤 많아요. 그리고 저희가 막 활동을 시작하던 당시는 '십센치' '장기하와 얼굴들' 등의 음악이 잘되던 때라 시기도 잘 탄 것 같아요. 죄 안 짓고 나쁜 짓 안 하고 성공한 것은 대표님 덕이에요."

김윤주 "준비가 돼 있으면 기회는 와요. 그 기회를 잡는 눈을 길러 놓으세요"
박세진 "다른 사람은 못 알아봐도, 나는 나를 알아볼 줄 알아야 해요"

이 책을 읽는 독자뿐만 아니라 옥상달빛의 음악을 좋아하는 이들 그리고 '푸른밤, 옥상달빛입니다'의 청취자들에게 하고 싶은 말을 부탁해 봤다.

김윤주는 "예전에는 '힘내라' 등의 말을 쉽게 했지만 요즘은 말을 하기가 점점 어려워진다"며 조심스럽게 희망의 메시지를 전했다.

"고학력자도 취업이 어려운 세상이에요. '힘내세요'라고 하는 건 너무 영혼이 없고. '힘든 일을 겪고 나면 좋은 일이 있을 거예요'라고 말하기도 그래요. 요즘 세상이 그렇더라고요. 아무리 열심히 일해도 안 되는 사람도 있고 특히 뮤지션 중에도 잘하는 친구들이 많은데 비춰질 일이 없어서 아직 빛을 발하지 못하는 이들이 워낙 많아요. 근데 언젠가 진짜를 알아본다는 건 맞는 것 같아요. 끝까지 아무도 못 알아보진 않을 거예요. 어떻게든 음악을 찾아 듣는 사람들이 있어요. 보석을 발견하는 사람들이요. 신인을 발굴하는 사람들은 어떻게 해서든지 찾아서 듣는대요. 내가 준비가 돼 있으면 언젠가 기회가 오는 건 사실인 것 같아요. 모두에게 공정하게 갈지는 잘 모르겠어요. 저희도 35년을 살다 보니, 칼날처럼 권선징악이 딱 들어맞지는 않는 것 같아요. 섭섭하지만 사실이더라고요. 꼭 하고 싶은 이야기는 '준비가 돼 있으면 기회는 온다'는 것이에요. 잡을 수 있는 눈을 다져놔야 하는 건 맞는 것 같아요."

박세진도 비슷한 어조로 힘들어하는 이들에게 위로가 되는 말을 전했다.

"세상이 나를 알아보지 못할 때가 많죠. 그런데 내가 나를 알아봐 주는 게 중요한 것 같아요. 나라도 나를 알아봐 줘야 하지 않겠어요. 열심히 하고 노력하고 뭐가 잘 안 되더라도 최대한 '나는 최선을 다 했어'라고 내가 나를 알아주는 그것이 어떻게 보면 그 다음 도전의 자양분이 될 수 있는 것 같아요. 세상이 불공평하다는 건 '팩트'니까 받아들여야 할 부분이기는 한데, 내가 할 수 있는 것은 내가 나를 알아줄 수 있게끔 최선을 다 해보는 것이라고 생각해요. 지금 제가 이야기를 하면서도 '현타'가 옵니다. 최선을 다 해야지. 나부터 잘하자."

끝으로 옥상달빛의 노래 중 책 읽으면서 듣기 좋은 음악을 추천해 달라고 했다.

김윤주는 "책을 읽으려면 연주곡이어야 하는데 한 곡이 있다"며 '달문'을 추천했다. 그는 이어 "저희 발음이 윤종신 선배님만큼 정확한 편이라서 책 읽으면서 신경 쓰일 것 같아요"라며 "그래서 가사 없는 걸로 '달문'을 추천할래요"라고 덧붙였다.

박세진은 "가볍게 들을 수 있는 것 중 '안부'라는 노래가 있다"며 "이 노래를 틀어 놓으면 잘 읽힐 것 같다"고 전했다.

걸그룹 다이아
정채연

엠넷(Mnet)의 '프로듀스 101'은 시청자가 프로듀서가 돼 아이돌을 만든다는 새로운 개념의 오디션 프로그램으로 전 국민적인 사랑을 받았다. 오디션 프로그램은 그동안 수없이 많았다. 오디션 프로그램에 출연해 화제를 모았지만 이후 자취도 없이 사라진 이들도 많았다. 그러나 '프로듀스 101'은 방송이 있던 금요일 밤 11시 시청자들을 끌어 모으면서 프로그램 기획 목적대로 전 국민을 프로듀서로 만들었다. 이 프로그램은 이후 강다니엘을 비롯해 수많은 '슈퍼스타'들을 만들어내고 있다.

'프로듀스 101' 시즌 1이 탄생시킨 스타 중 한 명이 여성스럽고 가냘픈 이미지로 대중에게 눈도장을 찍으며 아이오아이 최종 멤버가 된 정채연이다. 프로젝트 걸그룹 아이오아이는 이제 해체돼 원래 소속인 다이아의 멤버로 복귀하고, 넷플릭스의 드라마 '첫 사랑은 처음이라서'의

여주인공으로 발탁돼 연기자로도 변신하고 있다. 최근에는 다시 아이오아이가 재결합해 활동한다는 소식이 전해졌다. 아이오아이로 커다란 사랑을 받았던 만큼 정채연의 활동에 대한 기대감이 높다.

'국민 걸그룹' 아이오아이로 커다란 사랑을 받았고 본래 소속된 '다이아'로도 막강한 팬덤을 형성해 '슈퍼스타'로 발돋움할 것이라는 기대를 한 몸에 받고 있음에도 정채연은 여전히 자신감이 부족하다고 말한다. 스타의 서재 인터뷰를 하러 서울경제를 찾은 날도 수줍은 듯 고개를 푹숙이고 시선을 어디에 둬야 할지 몰라 당황해 하고 있었다. 허리가 딱한 줌이라고 말해도 과장이 아닐 정도로 가냘픈 몸매는 루즈한 원피스를 입어서 더욱 '여리여리해' 보여 보호본능을 자극했다.

"《너무 애쓰지 말아요》《그래도 너를 사랑한다》
책 제목만으로도 위로 받아요"

자신감으로 혹은 나르시시즘으로 사는 게 연예인이라는 편견은 정채연 앞에서는 곧바로 폐기될 정도였다. 자존감이 없을 때, 또 친구들에게 듣고 싶지만 차마 해달라고 할 수 없는 말이 있을 때 정채연은 책에서 그 말을 들을 수 있었다고 한다.

"한창 읽지도 않으면서 책을 수집하던 때가 있었어요. 제목 하나만으로 책을 다 읽은 기분이 들고, 뭔가 마음에 위안을 주는 책들을 주로 골랐어요. 마음이 싱숭생숭하고, 허할 때 서점에 가서 책을 사고는 했어요. 주로 건대 입구 스타시티에 있는 서점에 들렀죠. 그때마다 산 책

들은 솔직히 다 비슷한 종류예요. 《그래도 너를 사랑한단다》《너무 애쓰지 말아요》 이런 제목에 끌렸어요. 정말 자신감과 자존감이 없어요. 저는 '멘탈'도 약한 편이라서 자주 친구들과 이야기하면서 회복하려고는 하지만 '답정녀'처럼 듣고 싶은 말을 해달라고 할 수는 없었는데, 저도 모르게 듣고 싶었나 봐요. 그럴 때 이런 책들을 읽으면서 삭였어요. 근데 또 막상 사고 나서 글이 많은 책은 한 페이지도 못 읽은 적도 있어요. (웃음)"

친구들에게 '채연아 힘내'라고 말해 달라고 하면 쉬울 것을 정채연은 혹시라도 부담이 될까봐서 그런 부탁조차 조심스러워하는 속 깊은 '어린 친구'였다.

정채연은 '멘탈'이 무너지고, 자존감이 바닥일 때 위로받았던 책들에 대해 이야기를 이어갔다.

"한 번씩 자존감이 바닥을 치고, 자아가 흔들릴 때가 있어요. 취미생활이라도 있어야 스트레스를 푼다고 주변에서 그러지만 아직 취미를 찾지 못했어요. 그래서 힘들 때마다 《이 시 봐라》(최대호 지음)와《그래도 너를 사랑한단다》(꼬닐리오 지음) 같은 책을 읽어요. 긴 글을 잘 읽지는 못해서, 그림이 많고 제가 듣고 싶은 말들이 있는 책을 주로 봐요. '위키미키' 활동을 하고 있는 유정이가 추천했던 것으로 기억해요. 유정이가 읽던 책을 제가 좀 봤는데, 재미있어서 저도 따라 샀거든요."

그러면서 그는 서점에 들러 책을 훑어보면 제목 자체가 위로의 말을 건네는 것 같다고도 한다. 정채연은 정말 답답할 때 《이 시 봐라》와《그래도 너를 사랑한단다》라는 책을 뒤적이고 웃기도 하면서 마음이 따뜻해지는 것을 느꼈다고 했다. 그러면서 자신을 사로잡은 문장을 조용히 읽어주었다.

"늦은 밤에 집으로 혼자 돌아가는 외로운 길. 그대는 혹시라도 어두운 곳으로 다니지 마세요. 제가 볼 때 당신은 밝은 곳으로만 다니면 무조건 안전합니다."(《이 시 봐라》 중 175쪽의 〈얼굴이 보이게〉)

"나의 오늘에 나의 인생에 힘든 일이던 좋은 일이던 별의별 일이 다 있어야지. 그게 사는 거지."(《이 시 봐라》 중 155쪽의 〈삶〉)

"그냥 아무 생각 없이 있고픈 날이 있어. 오늘처럼 말이야. 구름이 스쳐 가는 하늘을 바라보고 또 바라보고…"(《그래도 너를 사랑한단다》 24쪽의 〈어떤 날〉)

"두근두근"(《그래도 너를 사랑한단다》 22쪽의 〈로망스〉)

예뻐도 연예인도 인생은 다 힘들어요
아이돌의 화려함 속에 그렇지 않은 부분들이 있어요

그는 "답답할 때, 일이 원활하게 잘 돌아가지 않을 때, 인생이 마음대로 안 될 때 이 책들을 읽으면 마음이 좀 풀린다"며 "사람들 앞에서 절대 울면 안 된다고 다짐해도 눈물이 나는 순간이 있는데, 그때마다 이 책들이 제 눈물과 마음을 받아준 거예요"라고 말해 1020 여성들의 '워너비'로 행복한 나날을 보내고만 있는 줄 알았던 나는 그가 안쓰러워 보이면서도 꿋꿋하게 잘 버티고 노력하는 모습이 대견했다. '여리여리'하고 청초한 정채연과 이야기를 나누는 내내 〈흔들리지 않고 피는 꽃이 어디 있으랴〉라는 시가 떠오를 만큼 말이다. 꿈과 커리어를 향해 비바람을 꿋꿋하게 견뎌내며 아름답게 성장하는 모습이 느껴졌기 때문이다.

'첫사랑은 처음이라서' 등 드라마에 출연하며 연기 경력을 쌓아가는 그는 힘들어도 눈물을 참는 버릇 때문에 감정 표현에 어려움을 겪는다고 털어놓아 안타까움을 자아냈다.

"옛날에는 맨날 사람들이 '울면 안 돼 울면 안 돼' 그래서 꾹 참았어요. 그런데 이게 또 버릇이 되다 보니까 연기할 때 눈물이 안 나는 거예요. 참는 버릇이 들어서요. 그렇게 저는 감정이 매마른 사람이 된 거예요. 그냥 울고 싶은데 다음 날 다시 일해야 하기 때문에 부으면 안 되잖아요. 그래서 울지 못했어요. 그런데 이제 울고 싶을 때는 울어요. 다른

건 몰라도 '슬픔에 대해서는 그러자' 이러고 있어요."

밝기만 한 사람은 없다는 것을 우리 모두는 알고 있다. 우리 사신을 언뜻 보기만 해도 어두운 면이 '훅' 하고 눈에 들어오지 않나. 그런데 1997년생, 그러니까 한국 나이로 올해 스물네 살인 인기 아이돌 정채연에게 슬플 일이 뭐가 있을까 싶었다. 정채연에게 대체 언제 슬프냐고 물었더니 "많죠"라며 힘없는 목소리로 답했다.

"그냥 너무 답답할 때, 일이 원활하게 안 돌아갈 때 답답해요. 그러니까 인생이 너무 힘들 때요! (웃음)"

이제 스물네 살 '어리고' 심지어 예쁘기까지 한 정채연이 인생이 너무 힘들다니…. '예쁘기만 해도 사는 게 편할 텐데'라는 생각이 짧디짧았다는 것을 안 순간이었다. 그래도 짓궂게 한 번 더 물었다. "이렇게 예쁘고 인기도 많은데 뭐가 그렇게 힘들죠?"라고.

"그냥… 뭐 딱히 그런 건 없지만, 뭐라고 해야 할지…. 아이돌은 늘 밝고 화려하게 빛나야 하는데 그 화려함 속에 그렇지 않은 부분도 있어요."

정채연에게 질문하고 나서 '아차' 싶었다. 나 또한 뒤를 돌아보면 '핏덩이'고, 아기였던 스물셋, 스물넷에 '나이가 너무 많다'고 생각한 적도, 앞으로 인생이 막막하기만 한 적도 있었다. 그런데 그랬던 건 생각도 하지 못하고 '꼰대'처럼 '무례하게' 저렇게 질문을 한 것이다. 사실 힘들지 않은 나이는 없다. 그때그때 나름대로 힘들었던 것 같다. 10대에도, 20대에도 그리고 30대에도. '진짜 어른 같은 나이'인 30대가 되면 방황 같은 건 하지 않을 줄 알았지만, '폭풍'이 아닐 뿐이지 잔잔한 방황은 이어진다. 그러고 보니, 어린이집만 다녀도 어린이들이 사회생활 때문에 힘들다고 한다는 말을 들은 기억이 난다. 이런저런 반성을 하며, 다시 질문을 이어갔다.

지금의 인기는 '얻어 걸린 것'
다이아 멤버들도 다 잘될 거예요

2015년 다이아로 데뷔한 정채연은 멤버 중에서도 가장 인기가 많다. 솔로로 인기가 많다면 부담이 없을 텐데, 그룹에서 가장 인지도가 높은 것은 어쩌면 정채연처럼 마음이 약한 이에게는 부담일 수 있다. 그런데 그는 인기가 그저 운이 좋아서 '얻어 걸린'이라고 겸손하게 말했다.

"멤버 중에서 가장 인기가 많다고는 하지만, 그저 제가 '프로듀스101'에 출연하면서 운 좋게 먼저 인지도를 얻은 것뿐이라고 생각해요. 아이오아이 덕에 인지도를 쌓은 건 맞아요. 요즘은 회사에서도 멤버들에게 웹 드라마, 예능 출연 등 개인 활동을 많이 시켜주세요. 솔직히 다른 멤버들도 어디서 '얻어 걸릴지' 몰라요. (웃음) 제가 프로듀스101으로 '얻어 걸린' 것처럼요. 다른 멤버들도 빨리 인지도를 쌓을 것이라고 믿어요. 개인 활동하는 것을 보면서, '다음에는 이 친구가 다이아를 더 많이 알리겠지' '다음에는 얘가 그렇게 하겠지' '더 더 더' 이러고 있어요. 지금은 제가 '스타트'이고 다른 멤버들이 그 뒤를 이을 거예요."

드라마도, 영화도 스트리밍이 '대세'가 된 가운데 넷플릭스 드라마 출연은 글로벌 무대에 정채연을 알릴 좋은 수단이기도 하다. tvN 드라마

'혼술남녀' 등에 출연하기도 했지만, 세계에 방송되는 넷플릭스에 출연한 건 처음이다. 이 때문에 정채연의 글로벌 팬덤 형성에 대한 기대감이 높다. 그에게서 넷플릭스를 통해 방송되는 '첫사랑은 처음이라서' 촬영 이야기를 들어봤다.

"제가 맡은 역할을 한송이예요. 경제적으로 힘든데도 꿋꿋하고 밝고 씩씩하고 풋풋한 청춘이에요. 한송이는 힘든 상황에서도 열심히 달려가요. 한송이는 밝은데, 저는 조용한 편이라서 소위 말해서 '업'시키는 걸 잘 못 해요. 감독님께서 '채연아, 업! 업! 업!' 이러시는데, 못 하겠어요. 저는 친한 친구들 사이에서는 밝은데, 그건 정말 편한 친구들일 때나 가능해요. 조심성도 많고, 낯도 많이 가려서, 그냥 바로 '업'은 안 돼요. 촬영하면서 이 부분이 가장 힘들었어요."

정채연은 '첫사랑은 처음이라서'에서 '떼신'을 찍을 때 가장 재미있었고, 다른 배우들의 '케미'를 보고는 감탄했다고 했다.

"보시면 아시는데 정말 재미있어요. '떼신' 찍을 때 감독님도 웃으시고 배우들도 진짜 많이 웃었어요. 그리고 강태오와 최리라는 배우의 '케미'가 정말 좋았어요. 재밌기도 했고요. 웃기게 들릴지 모르지만, 저는 둘의 '케미'를 정말 사랑했어요."

정채연은 다이아 활동도 열심히 하겠지만, 배우로도 계속 좋은 연기를 보여 주고 싶다고 했다. 수줍음이 많은 정채연은 연기를 하면서 겪은 어려움을 털어놓았다.

"연기는 경험에서 우러나는데, 저는 아직 어리고 경험도 많지 않아요. 다 경험하고 싶기는 한데, 제가 죽는 역할을 한다고 해서 죽음을 경험할 수 있는 것도 아니고, 공포를 실제로 경험할 수도 없어요. 그래서 책으로 간접 경험을 한다고는 하지만 아직 감정의 폭이 넓거나 깊거나 하지도 않고 다양하지도 않아서 걱정이에요. 그래서 소설 《트와일라잇》 등을 읽으면서 머릿속에 장면을 그려보고, 감정을 만들어 보기도 해요. 그러면서 배우는 거니까요."

연기하면서 드라마 외에 자극과 영감을 받은 소설 《트와일라잇》은 정채연의 '인생 책'이기도 하다. 영상 세대, 디지털 네이티브 세대로서 글만 있는 책을 잘 읽지 못하는 정채연이지만 이 책만은 너무 재미있어서 밤새 읽었을 정도라고 했다. 〈트와일라잇 시리즈〉는 뱀파이어를 소재로 한 판타지 소설로 《트와일라잇》 《뉴문》 《이클립스》 《브레이킹 던》

총 네 권으로 출간됐다.

"이 책이 굉장히 두꺼워요. 시리즈로도 있고 네 권이나 되거든요. 영화 '뉴문'까지 보고 너무 재미있어서, 뒤가 정말 궁금해서 다 읽었어요. 다 읽고 나서 뿌듯했어요. 이만큼 두꺼운, 그것도 글씨만 있는 책을 다 읽은 게 매우 뿌듯했어요. 판타지 로맨스 그렇게 좋아하지 않지만 설레더라고요. 특히 애드워드가 무척 설레었죠. 아직도 머릿속에는 '멜라', 그 한마디가 너무 달콤하게 남아 있어요. 에드워드 정말 멋있어요."

이상형은 못생겨도 살 쪄도 좋아요
말 많은 제 이야기만 다 들어주면 돼요

《트와일라잇》에서와 같은 '달달한' 연애도 해보고 싶을 때인 정채연에게 "이상형이 어떻게 되느냐"고 '뜬금포 질문'을 했다.

"제가 말이 많으니까, 제 이야기를 잘 들어주는 사람이 좋아요. 마음이 잘 맞고 무조건 착한 사람이요. 외모는 못생겨도 돼요. 살이 쪄도 상관이 없어요. 제가 '돼지'였으니까요. 저 역시 '채돼지'였던 시절이 있었어요. 외모를 안 봐서 연예인 중에는 이상형이 없어요."

연기 이야기를 하다가, '인생 책' 이야기를 했고, 급기야 이상형 이야기 등으로 삼천포에 빠진 이야기를 다시 연기로 끌고 와서 이야기를 이어갔다. 정채연은 아직은 멀었지만 롤모델로 삼은 배우가 있다고 했다. 바로 전지현이라고. 긴 생머리에 늘씬한 몸매가 비슷하다고 하자 "절대 아니"라고 했다.

"정말 전지현 선배님 같은 배우가 되고 싶어요. 오랫동안 사랑받는 그런 배우요."

가수 활동도 하겠지만 오랫동안 사랑받는 배우가 되기 위해 정채연은 드라마를 보면서 연기를 배우고 연습하고 있다고 한다.

"그동안 시간이 없어서 못 본 드라마 '쌈마이웨이'를 몰아서 봤어요.

그리고 인터뷰 오는 중에 '황후의 품격'을 봤어요. 근데 정말 너무 너무 재미있는 거예요. 장나라, 신성록 선배님 등등이 호흡을 쓰는 방법을 보고 놀랐어요. 저는 언제나 저렇게 호흡을 쓰나 하고 부러워 했어요. 드라마를 보면서 따라 해 보기도 하고, 주변에서 조언을 구하기도 해요."

'아이돌 출신으로 연기를 병행하는' 정채연은 배우로 카메라 앞에 설때와 가수로 무대로 설 때의 기분에 대해서도 이야기했다.

"둘 다 재미있어요. 다르게 재미있어요. 노래는 그룹으로 하는 거고, 다 같이 하다가 제 차례가 되면 제 것을 하고 난 뒤의 쾌감이 있어요. 제가 춤추고 노래하는 장면이 잘 나오면 너무 좋아요. 정말 잘 나온 날이면 '그래, 됐어, 잘했어. 오늘은 조금만 먹자' 이러면서 나에게 주는 선물로 맛있는 것을 먹기도 해요. 그리고 팬들이 열광해주시는 것도 정말 재미있고 좋아요. 연기도 똑같아요. 예쁘게 나오면 좋고 감정 잘 나오면 좋고요. 연기할 때는 힘들지만 결과물이 좋고 반응이 좋으면 힘든 것도 잊게 되는 것 같아요. 그리고 연기하면서 사람에 대해서 알아가는 것 같아요."

수줍음도 많고 무대에서 자신감도 없다는 정채연은 그렇다면 어떻게 연예인이 된 것일까. 특히 배우가 되겠다고 결심한 건 순전히 다양한 직업을 경험해 보고 싶어서였다고 했다.

"저는 일찍 재능을 발견한 그런 경우는 아니에요. 아직 이 길이 맞는지 고민하는 중이거든요. 이 업계는 저보다 재능이나 끼가 많은 친구들도 많고, 매해 어린 친구들이 나오잖아요. 재미있거나 즐거워서 하는 게 아니라면 정말 힘들고 스트레스 받는 직업이에요. 그런데 제가 어떻게 배우라는 꿈을 꾸게 됐냐면, 정말 단순한 이유 때문이에요. 제가 어렸을 때 드라마 '파스타' '커피 프린스' 등을 재미있게 봤는데, 다양한 직업을 다 해보고 싶은 거예요. 하지만 많은 직업을 가진다는 게 불가능하잖아요. 그런데 배우는 짧게는 몇 달간이라도 그 직업을 경험해 볼 수 있을 것 같아서 하고 싶었어요. 한 가지 직업만 계속 해야 한다고 생각하니 막 너무 인생이 재미없어 보였거든요."

다양한 직업을 경험해 보고 싶던 정채연은 예술고등학교에 진학하면서 본격적으로 연기 등을 배웠다. 하지만 내성적이고 낯을 가리는 성격 탓에 연기가 쉽지 않았다고 한다.

"수업 시간에 열다섯 명 정도 되는 친구들 앞에서 연기를 해야 하는데 입도 못 떼겠는 거예요. 막 말을 더듬고 앞을 쳐다보지도 못하겠더라고요. 남 앞에 나서는 일이 힘들었어요. 저는 몸도 잘 쓰지 못하는 몸치거든요. 그리고 눈치도 많이 보는 편이고요. 웹드라마 찍으면서 많이 고쳐지기는 했지만 여전히 어려워요, 남 앞에 서는 일은. 심지어 저는 가족 앞에서 노래를 부른 적이 없어요. 부모님께서 제가 노래하는 것을 본 것은 아마 데뷔 무대가 방송되는 브이앱을 통해서일 거예요."

'1일 1떡볶이' 할 만큼 떡볶이 좋아하다 살쪘어요
'채돼지' '흑역사' 있는 제게 다이어트는 평생의 숙제
정채연은 여느 20대처럼 떡볶이를 좋아하고 다이어트는 그에게 늘

해야 하는 숙제로 남아 있다. 어린 시절 떡볶이 때문에 살이 쪘었고, 당시의 자신을 '채돼지'라고 부르는 그는 여성들이 극복해야 할 난제 중하나인 '떡볶이와 다이어트'에 대해 솔직하게 이야기했다.

"저는 진짜 떡볶이를 좋아해요. 어렸을 때 제가 살찐 이유가 떡볶이였죠. 진짜 '1일 1떡볶이'였어요. 제가 그냥 제 입으로 저를 '채돼지'라고 불렀어요. 정말 '채돼지 시절'이 있었어요. 지금은 한 47~48킬로그램 정도 나가지만 요즘 다시 떡볶이가 입에 붙고 있어서, 고민이에요. 저는 원래 살이 진짜 잘 찌는 체질이거든요. 군살이 잘 붙어요. 특히 군것질 군살은 정말 잘 붙는 것 같아요. 몇 년 동안 다이어트를 해서 밀가루는 입에 대지도 않았어요. 그러다가 다시 대니까 살이 붙기는 하는데, 예전만큼은 안 붙어요. 다이어트를 해서 체질이 약간 변하긴 한 것 같아요. (웃음)"

비 연예인도 여자들은 다이어트가 새해 목표이거나 일상인 경우가 많다. 늘 목표가 다이어트이고, 늘 다이어트 중이지만 살은 빠지지 않는 게 아이러니지만. 여하튼 여자 연예인들의 '극한의 다이어트'는 믿어지지 않을 정도라고 하는데 사실일지가 궁금했다. 누구는 하루에 방울토마토 몇 개만 먹고 버틴다는데 사실일까?

"일주일 안에 목표치를 빼야 하는데 정말 안 빠지는 거예요. 그래서 완전히 미쳐가던 적도 있었어요. 샐러드만 먹고 열 시간 안무를 해도 안 빠진 적도 있었어요. 찌지는 않지만 빠지지 않는 거예요. 정말 극한까지 간 다이어트가 율무차 다이어트였어요. 하루에 한 포 정도, 넉넉하게는 두 포 정도를 가방에 넣고 다니다가 배가 고플 때 먹었어요. 물이랑 같이 먹으면 몸무게가 나가니까, 그냥 배고플 때마다 조금씩 입에 털어 넣고 녹여서 먹었어요. 그리고 자주 양치를 했어요. 입맛이 안 돌게 하려고요. 예전에 48킬로그램과 지금의 48킬로그램은 몸매가 다른 것 같아요. 지금은 젖살도 많이 빠졌고요. 같은 48킬로그램이라도 좀 다른 것 같아요. 한창 다이어트를 할 때는 그러면 안 되는데 햄버거를 입에 물고 맛만 보고 비닐봉투에 뱉어 버렸어요. 기름진 게 그렇게 먹고 싶더라고요. 그때 햄버거 한 입 먹으면 정말 행복했어요. '아 맛있어, 아 행복해' 하면서 입에 물고 그랬어요. 뇌가 너무 행복하더라고요. 그렇게 빼고 나니까 유지는 되는 것 같아요. 이제 몸이 기억해서요. 가장 많이 빠졌을 때는 46킬로그램까지 나갔어요."

계속해서 자신감이 없다고 하는 정채연. 기자는 아무리 봐도 예쁘고 귀엽기만 했다. 하얗고 얇은 피부도 '여리여리한' 몸매도. 자신이 가장 예쁠 때는 언제이고 어느 부분이 가장 자신이 있을까?

"제가 친한 사람들 앞에서는 진짜 말이 많아요. 먹을 때 말이 없다고 하잖아요. 그래서 다들 제가 먹을 때나 아무 말이 없을 때 예쁘다고 해요. 제가 말하려고 하면 매니저 오빠가 커피를 가져다줘요. 그만 떠들라고. 제가 떠들려고 하면 스타일리스트 언니들이 '채연아 물 마실래, 목 안 말라?' 이러세요. 그리고 언제인가 화보 촬영할 때 사진작가님께서 제가 무표정할 때 가장 예쁘다고 하셨던 것 같아요. 자신 있는 부분은 피부 표면? 뭐만 나도 잘 보이기는 하지만요. 그리고 갈색 눈도 맘에 들어요. 저보다 더 갈색인 분들도 많지만. 아니 렌즈를 자주 끼니까 눈 색깔은 뺄게요. 다른 분들께 혼날 것 같아요. 그리고 또 하나를 꼽자면 입술 모양이요. 예전에는 이 모양이 맘에 안 들었는데, 팬들께서 좋다고 하시니까 그럼 좋은 걸로. 하하하."

마지막으로 정채연은 부끄러움도 많고, 낯도 많이 가리고 아직은 카메라 앞에서 자신감이 부족해서 힘들지만 그럼에도 계속해서 '다이아' 정채연, 배우 정채연으로 꿋꿋하게 앞으로 나아갈 수 있는 원동력은 "주변 사람들과 팬들"이라고 한다.

"정말 힘들어도 어떻게든 해내려고 노력하는 건 정말 저를 응원하는 분들이 곁에 있기 때문이에요. 제가 팬들도 많이 챙겨드리지 못하지만, 앞으로 책임감 있는 모습 보여드리고 싶어요."

다섯 번째

걸그룹 원더걸스 출신
혜림

'원더걸스' 소녀에서 우아하고 지적인 여자로

혜림의 이야기는 이제 시작이다

내가 가요 부문을 담당하고 얼마 지나지 않은 2016년 6월 21일, 청담동에 위치한 스튜디오제이에서 '원더걸스' 혜림을 처음 만났다. 2015년 정규 3집 앨범 '리부트(REBOOT)' 발매 이후 1년 만에 '와이 소 론리(Why so lonely)' 앨범을 발표하는 라운드 인터뷰 자리였다. 당시 아이돌 그룹이 이른바 '7년 차 징크스'를 깨지 못하고 잇달아 해체를 발표하던 시점이었는데, 그럼에도 불구하고 원더걸스는 10년 차 걸그룹으로서 입지가 굳건했다.

게다가 이들은 처음으로 도전하는 레게 팝 장르를 들고 나왔고, 음악의 지향점이 밴드라며, 멤버들이 죽어라 악기 연습을 했다고 털어 놓기도 해 그들이 얼마나 새 앨범을 위해 노력했는지를 엿볼 수 있었다. 당시 레게 팝도 밴드 음악도 트렌드는 아니었다. 이 때문에 이들의 용기는 주목받았다. 그리고 원더걸스는 다른 걸그룹과는 다르다는 것을 그리고 늘 도전하고 성장하고 진화한다는 것을 보여줬다.

이들의 도전과 용기는 정말 '원더풀한' 결과까지 만들어냈다. '와이 소 론리'는 그해 여름을 비롯해 가을까지도 음원 차트에 장기간 오르며 '스테디 셀러 음원'이 되었다. 그리고 2017년 2월 '그려줘' 앨범을 끝으로 원더걸스도 해체됐다.

이렇게 원더걸스의 마지막 히트곡이 된 '와이 소 론리'를 소개하는 자리에서 만난 혜림은 여전히 조심스러웠다. 멤버가 탈퇴하고 후임으로 2010년 합류해 이미 원더걸스 7년 차였음에도 그랬다. 기자의 질문에 먼저 대답하기보다 질문에 대한 대답을 계속 생각하는 듯했는데 그때 혜림의 총명한 눈빛이 기대에 차서 반짝이는 것을 느낄 수 있었다. 그러나 자신에게 대답할 기회가 주어지지 않으면, 생각한 대답을 그대로 삼켜버리는 듯 보였다. 그날 수줍고 조심스럽고 신중하고 진중한 혜림의 모습이 각인됐다. 무대에서 본 밝고 명랑하고 귀엽고 발랄하고 당당한 모습과는 사뭇 달라 '반전이 있는 여자'라는 생각을 했다는 기억이 난다.

그리고 시간이 흘러 혜림을 다시 만난 건 2018년 12월, '스타의 서재' 인터뷰 코너를 통해서다. 책에 대해 이야기할 수 있는 스타가 누가 있을까 고민하던 중 《안네 프랑크의 일기》를 번역 출간한 혜림이 떠올랐다. '이 친구 책 좀 읽지 않을까' 했는데, 정말이지 '스타의 서재'에 딱 맞

는, 내가 찾던 스타였다. 나중에 안 사실이지만 혜림은 출판사 다산북스가 운영하는 팟캐스트 '혜림의 북스피릿'의 진행을 맡을 예정이었다. 2019년 현재 혜림은 '혜림의 북스피릿'에서 10회 분량의 방송을 내보냈다. 처음 만난 인터뷰 자리에서 받은 느낌 그대로 혜림은 책들을 읽으며 지혜롭고 단단하게 성장하고 있었다.

　하얀 피부에 검정색으로 염색하고 인터뷰를 하러 서울경제 사옥에 온 혜림은 지적이고 우아한 여성의 아우라를 뿜어 냈다. 당당하고 발랄할 소녀라기보다 단아한 여성이라는 인상이 더욱 강했다. '원더걸스'의 소녀가 아니라, '원더걸스'의 멤버가 아니라 이제 정말 '혜림다운' 그만의 이야기를 펼칠 준비가 된 듯했다.

보아 같은 가수 되고 싶어 홍콩에서 한국에 온 혜림
힘들었던 연습생 시절 자기계발서, 에세이 읽으며 위로

혜림에게 "언제부터 이렇게 지적인 여성이 됐냐?"라고 물었다. 다소 엉뚱한 질문이 재미있었는지 혜림은 명랑하고 밝게 "하하하"하고 웃더니 "어렸을 때는 그다지 책을 좋아하지 않았다"며 말문을 열었다. 그러면서 "한국에 들어와 연습생 생활을 하면서, 당시 힘든 시기를 보낼 때 에세이와 자기계발서를 많이 읽으면서 위로를 받았다"며 "그 뒤로 습관적으로 읽게 됐고 서점에 가는 시간도 많아지면서 자연스럽게 책이랑 친구가 됐다"고 설명했다.

그는 이어 "부모님도 막 책을 읽으라고 하시는 편은 아니었고, 책을 많이 보면 '야야, 눈 버려, 그만 읽어'라고 하실 정도였다"고 말하며 웃었다. 말의 처음과 끝을 명랑하고 유쾌한 웃음으로 시작할 만큼 혜림은 밝았고, 여유로웠다.

'나만' 알고 싶었던 《프랑스 여자는 80세에도 사랑을 한다》
나이 들어서도 멋지려면, 내면이 진짜 아름다워야 해요

에세이, 자기계발서를 주로 읽었다는 혜림은 그동안 읽은 책 중에서 가장 먼저 소개하고 싶은 책은 《프랑스 여자는 80세에도 사랑을 한다》

(노구치 마사코 지음)라고 했다. 이 책은 일본과 파리를 오가며 여성의 삶을 주제로 글을 쓰는 노구치 마사코가 프랑스 여자들이 한 평생 매력적일 수 있는 비결을 담은 책이다.

그런데 사실 이 책은 너무 좋아서 누구에게도 알려주지 않고 자신만 읽고 싶어서 꽁꽁 숨겨둔 책이었다고 한다.

"많은 책을 읽었지만 아무래도 최근에 읽어서 그런지 마음에 오래 남아 있었어요. 그런데 사실 이 책은 너무 재미있게 읽어서 혼자만 알고 싶었어요. 좋은 책 추천해달라고 하면 이런 저런 책을 추천하는데, 솔직히 진짜 좋은 책이나 '맛집'은 나만 알고 싶잖아요. 이 책이 꼭 나만 읽고 싶은 책이었어요. 근데 이번 기회에 '아 욕심 부리지 말자' '좋은 책 추천해 줘야지' 하는 생각으로 소개하기로 했어요. 저는 오래 간직하고 싶은 문장은 '하이라이트(밑줄)'를 하면서 읽거든요. 이 책은 이렇게 '하아' 하면서 읽었어요. 너무 많이 하이라이트를 그었어요. (웃음)" 혜림은 책 읽을 때 이렇게 하이라이트를 긋고, 포스트-잇을 붙인다. 실제로 인터뷰 사진을 촬영해야 하는데 책에 포스트-잇이 너무 많아 다 떼고 촬영했다. 그만큼 이 책에 혜림이 지향하는 여성의 롤 모델이 많았다는 것을 의미하며, 계속해서 성장하고 성숙하고 싶은 혜림의 의지의 표현이기도 하다.

혜림은 《프랑스 여자는 80세에도 사랑을 한다》가 좋은 이유는 여럿 있지만, 한 가지 이야기를 긴 호흡으로 이야기하기보다 단편을 여럿 수록됐다는 점과 가상의 인물이 아닌 작가가 실제로 만난 프랑스 여자들의 이야기라는 점을 꼽았다.

"저는 한 가지 스토리로 쭉 가는 것보다 단편이 좋아요. 그리고 이 책은 그냥 뻔한 이야기라기보다 실제 프랑스 여성의 특징을 설명해요. 가상의 인물이 아니라 실제 인물이라는 게 재미있었어요."

그러면서 혜림은 책에서 가장 와닿는 부분에 대해 자연스럽게 말을 이어갔다.

"마음에 와닿는 것은 많았지만, 특히 '카롤린의 독서 여행'이 와닿았어요. 보통 여행이라고 하면 멀리 가야 할 것 같고 화려해야 할 것 같고, 일반적으로 사람들이 그렇게 생각할 것 같아요. 저도 그렇게 생각했어요. 어디 화려한 곳 구경하고 평소에 가지 않던 박물관도 가고 그럴 것 같은데 카롤린은 자기가 좋아하는 동네 호텔을 예약하고 거기서 독서만 계속하는 거예요. 어디 나가지도 않고요. '메이비(아마도)' 밖에 나가 꽃 한 송이 사와서 호텔 자기 방에 꽂아 두고 독서 휴가를 즐긴다는 게 정말 인상적이었어요. 저도 진짜 해보고 싶었어요. '이건 버킷 리스트에 적어놔야겠다'고 생각했어요. 저도 언젠가 해보고 싶은 여행이에요. 각자 맞는 여행이 있는데 이 책을 읽으면서 '내가 찾던 여행이 여기 있었네' 이런 느낌이었어요."

혜림은 아름답고 매력적인 여자는 내면이 아름다워야 한다고 말한다.

"내면이 아름다워야 겉으로도 그 아름다움이 드러나는 것 같아요. 가만히 있어도 내적인 우아함과 아우라가 있는 여성이 아름답죠. 그런데 모두 각자의 아름다움이 있는 것 같아요. 요즘 사람들을 만나면서 느끼는데, 각자 장단점이 있어요. 저는 장점을 먼저 보려고 하는데, 그 장점이 각자 완전히 다르지만, 또 너무나 매력적으로 보였어요. 프랑스 여

자가 아름다워 보이는 이유는 아마도 이런 자신의 장점을 확실하게 알고 이를 자신만의 방법으로 연출하는 방법을 체득해서인 것 같아요."

'블랙 드레스는 진리' 모든 여성들의 옷장에 한 벌쯤은 있어야죠
모든 여자들은 아름다워요. 각자의 장점을 자신 있게 드러내세요

책에는 블랙 앤 화이트 색상을 자신만의 시그니처 아이템으로 선택해 큰돈을 들이지 않고도 언제나 기품 있고 세련된 스타일을 연출하는 클라라를 비롯해 희고 가녀린 쇄골이 매력 포인트인 것을 정확하게 알고 이를 매우 똑똑하게 드러내는 헬레나 등 단점에 주눅 들지 않고 장점을 부각하는 아름다운 여성들이 등장해 "당당하게 당신의 아름다움을 드러내라"고 조언한다. 그렇다면 혜림은 블랙 드레스를 얼마나 갖고 있으며, 자신의 아름다움은 무엇이라고 생각하고 있을까?

"책을 보면 '블랙 드레스는 진리다'라고 말하는 부분이 있어요. 완전 동의해요. 모든 여성들의 옷장에 한 벌쯤 있어야 한다고 생각해요. 유명한 패션 디자이너들 책을 읽어보면 블랙 드레스를 많이 강조해요. 그리고 블랙 드레스는 가장 심플하기 때문에 가장 무난하고, 누가 입어도 어울리고, 그래서 꼭 있어야 한다고 생각해요. 가장 심플하고 '엘리건트(우아)'하고 모든 걸 다 담은 것 같아요. 저도 블랙을 좋아해요. 그런데 주변에서는 '너는 밝은 색을 입어야 한다. 튀어야 한다'고 해요. 저는 튀는 게 싫어서 '다크한' 색을 입으려 하는데 말이죠. 밝은 색이 어울린다고 하더라고요. 퍼스널 컬러 상담사와 디자이너 스타일리스트도 어

떤 색이 어울리는지 알려주시거든요. 근데 대체로 저는 '크리스마스 색'
이 어울린대요. 빨강, 초록 등등 비비드하고 '쨍한' 컬러요. 블랙은 그냥
제가 좋아해요. 지금 머리도 완전 블랙으로 염색했는데, 요즘 학교에서
보면 다들 밝게 염색을 하더라고요. 그래서 다들 밝게 할 때 저는 '올
블랙'으로 해야겠다 싶어서 이렇게 블랙으로 했어요."

또 혜림이 생각하는 '아름다운 여자'란 어떤 여자일까?

"책에도 나와 있고, 살짝 언급도 했지만 내면이 아름다워야 아름다움
이 겉으로도 나타나는 것 같아요. 가만히 있어도 뭔가 우아함이 드러나
는 사람, 아름다운 여성이란 한마디로 정의하기 어려워요. 모두 각자만
의 아름다움이 있다고 생각해요."

누구에게나 고독의 시간은 필요해요

나이는 누구나 들죠. 아름답게 나이 들어요 우리!

이번에는 책의 한 챕터인 '아름다운 사람은 고독을 즐긴다'에 동의하
는지를 물었다. 발랄함과 성숙, 진중함이 모두 느껴지는 혜림이 어떤
대답을 들려줄지 기대한 질문인데 역시 기대를 저버리지 않았다. 혜림
은 기대 이상의 대답을 들려줬다.

"'아름다운 사람은 고독을 즐길까'라는 질문은. 글쎄요. 아름다운 사
람의 기준과 범위를 정하기 어려워요. 어떤 사람이 아름다운지 생각해
볼게요. (잠시 생각하다) 일단은 모든 사람들이 아름답고요. 모든 사람늘
에게 고독한 시간은 있다고 생각해요. 우리 모두에게 행복한 시간만 있

는 건 아니잖아요. 고독한 시간도 필요하다고 생각해요. 그런 순간을 즐길 수 있어야 해요. 물론 평생 고독하면 안 되지만. 필요한 부분이라고 생각해요."

그렇다면 '왜 고독한 시간이 필요한가'라고 이어 질문을 해봤다. 질문하기를 잘했다는 생각이 들 정도로 감동적인 대답이 돌아왔다. 혹시라도 지금 고독하다고 느끼는 독자가 있다면 고독은 반드시 슬픈 것만은 아니고 당신에게 꼭 필요한 시간이라고 혜림의 입을 빌려 말해주고 싶다.

"사람들에게는 웃음과 눈물, '해피니스(행복)'와 슬픔이 모두 있어요. 고독한 시간이 매우 중요한 것 같아요. 그 시간을 통해 '인스피레이션 (inspiration)'을 받고 글도 잘 써지고 연기에도 도움이 되는 것 같아요. 저에게 고독한 시간이 한 번도 없었다면, 연기할 때 굉장히 범위가 한정될 거 같아요. 음악 할 때도 마찬가지고요. 발라드는 못 했겠죠. 그런데 고독한 시간과 그 느낌을 앎으로써 도움이 되고 연기나 감정이 가짜가 아니고, 만들어낸 게 아니라 진정성 있는 표현이 나오잖아요."

《프랑스 여자는 80세에도 사랑을 한다》의 저자 노구치 마사코는 여자와 나이의 관계도 언급했다. 프랑스에서는 남녀를 불문하고 나이를 묻지 않지만 일본에서는 나이가 중요하다. 이는 한국에서도 마찬가지다. 혜림은 여자와 나이는 어떤 관계가 있다고 생각할까?

"생각하기 나름인 것 같아요. 프랑스 사람들은 나이 들면서 매력 있고 더 깊어지고 더 아름다워지고 우아해지고 젊은 여성들이 갖지 못한 것들을 갖게 된다고 생각해요. 책에서는 '젊은 여자가 다이아몬드를 액세서리로 끼면 어울리지 않는다'고 해요. 왜냐하면 젊은 사람 자체가 화려하기 때문이래요. 그런데 '나이가 들면 어떤 액세서리도 어울린다'고 긍정적으로 표현해요. 그러니까 정말 생각하기 나름인 것 같아요. 좋게 생각하면 어차피 나이는 드는 것이고 나이 드는 것도 감사한 것이기 때문에, 이왕이면 우리도 프랑스 여자처럼 긍정적으로 생각하면 더 아름답고 우아하게 늙을 수 있을 것 같아요. 내면에 있는 게 나이가 들면 감출 수 없이 표정으로 나와요. 내면의 아름다움이 중요하다고 생각하고 저도 많이 닮고 싶어요. 저도 프랑스에서 살고 싶어요. 마치 연애를 한 번도 해본 적 없는데 책으로만 연애 공부한 사람들처럼 제가 프랑스를 책으로 배우는 그런 느낌이에요. 제가 머릿속으로는 프랑스의 '애티튜드(태도)'를 가지고 있지만 정작 저는 프랑스에서 살아본 경험이 없잖아요. 정말 몸으로는 알고 싶은데 아직은 그게 아니라서 안타까워요."

사랑이요? 어렵죠. 제 마음도 제 뜻대로 안 되는데

내면의 풍요로움이 배어 나오는 아름다운 어른으로 살아요

프랑스 여자든, 일본 여자든, 한국 여자든 어느 나라 여자에게도 사랑은 평생의 화두이기도 하다. 혜림은 지혜로워서 사랑을 마음먹은 대로 어려움 없이 잘 해낼 것 같다는 생각이 든다. 과연 그의 사랑은 마음대로 됐을까?

"저도 제 마음이 마음대로 안 되잖아요. 사람 마음이 마음대로 잘

안되죠. 어떻게 내 마음대로 상대방이 나를 좋아하게 해요. 어렵죠. 만약 상대방과 내 마음이 맞았다면, 그럼 아주 행운이죠. 그만큼 쉽지 않아요."

또 혜림은 책을 읽으면서 형광펜으로 밑줄을 긋던 인상적인 대목을 신중하게 골라 몇 개 읽어주기도 했다.

"젊고 예쁘게만 보이려고 애쓰는 것과 정반대인 그녀들의 삶의 방식에 깊은 감동을 느꼈다. 내가 만난 프랑스 여자들은 존재감 자체고 자연스럽게 빛이 났다. 나이 따위 신경 쓰지 않는다." (7쪽)

"결국은 내면이다. 지적이고 품위 있는 여자가 매력적이라는 것. 알

렉산드라가 말한 매력적이라는 표현은 프랑스어 '세뒤상트'인데, 이는 성적인 매력보다 사람을 끌어들이는 매력을 뜻한다. 어쩐지 용기가 나는 것 같다. (중략) 가만히 있기만 해도 품위가 느껴지는 사람, 내면의 풍요로움이 배어 나오는 아름다운 사람, 그런 어른으로 살자." (35쪽)

"어른의 친구 관계에는 긴밀하기보다 서로를 존중할 수 있는 편안한 거리감이 필요하다. 너무 깊이 파고들면 삐걱거릴 수 있기 때문이다." (98쪽)

98쪽을 읽어주며 "이 부분은 사람을 만나면서 느끼는 대목"이라며, 인상 깊은 문장들을 한 문장 한 문장을 정성스럽고 진지하고 섬세하게 읽어가는 그에게서, 그의 마음을 움직이는 문장들을 마음에 새기고 내면을 채워가며 아름다운 어른으로 성장하고 있는 스물일곱 혜림이 느껴졌다.

직접 번역한 《안네 프랑크의 일기》, 제가 가장 사랑하는 책
번역하는 내내 행복했고, 성취감 느끼며 뿌듯했죠

혜림은 한국외국어대학교 국제회의통역번역커뮤니케이션학과(EICC학과)에 재학 중이다. 2018년 여름에 《안네 프랑크의 일기》를 번역해 화제를 모으기도 했다. 그에게 가장 사랑하는 책이 무엇이냐고 묻자 "당연히 혜림 번역의 《안네 프랑크의 일기》"라며 크게 웃었다. 그러면서 번역하게 된 이야기를 들려줬다

"홍익 출판사에서 소셜네트워크서비스(SNS)를 통해 연락이 왔어요.

대학 전공이 통번역이어서, 전공 공부에도 도움이 될 것 같아서 수락했죠. 초등학교 때부터 읽은 책이에요. 이 책을 읽으면서 일기를 써야겠다고 결심도 했어요. 어릴 때 읽은 책이니까 번역하자는 제의가 들어와도 하겠다고 한 거죠. 성취감이 느껴지고 뿌듯했던 일이에요. 처음이라서 어려운 점도 많았지만 그 어려운 점이 어렵다고 느껴지지 않을 정도로 즐거웠어요. 번역을 하는 내내 즐거웠고, 행복했어요."

번역하는 내내 행복했다는 혜림은 말을 이었다.

"제가 번역한 책의 이름은 좀 길어요. 《나는 여전히 사람들의 마음은 선하다고 믿는다》예요. 예전에는 사람들 만날 때 시디(CD) 앨범에 사인을 해서 줬는데 이제는 번역책에 사인해서 주는 게 정말 설레고 줄 때마다 새로운 느낌이에요. 뿌듯해요. 원더걸스 앨범 낼 때는 제가 멤버 중 한 명으로 주는 거였다면 번역본은 오로지 내가 쓴 글을 주는 거니까 더 뿌듯해요. 만감이 교차해요. 제가 가장 좋아하는 책이에요."

혜림은 번역을 하면서 안네 프랑크에 대해 더 많이 알게 됐고 사랑하게 됐다고 한다.

"안네 프랑크는 마음이 순수하고, 힘든 상황에서도 긍정적인 마음을 버리지 않고, 작은 것에 감사할 줄 알아요. 그리고 작은 것에 행복을 느껴요. 예를 들면 안네는 '아이스크림 너무 좋아' '자전거 타는 게 너무 좋아' '밖에 나가서 햇빛 바라보고 싶어' 이런 말을 해요. 우리에게는 그냥 당연하게 주어진 것들인데 말이죠. 안네는 이런 것들이 얼마나 특별한지 느끼게 해줬어요. 책을 번역하던 당시 네덜란드 암스테르담에 갔어요. '안네의 일기'의 그 느낌이 있었어요. 그리고 안네 프랑크는 굉장히 창의적이었어요. 만약 더 오래 살았으면 좋은 작가가 됐을 거예요. 안네가 이런 말을 해요. '글 쓰는 게 좋아서, 할 수만 있다면 그 글들로 액세서리를 만들고 싶다. 목걸이 만들고 싶다' '내 온몸이 반딧불로 채 워지면 어떤 느낌이 들까?' 이런 신기하고 창의적인 생각들을 많이 했 어요. 그리고 수학을 싫어한대요. 저도 수학을 싫어해서 공감대가 형성 됐죠. (웃음) 마치 번역하는 동안 내 일기를 쓰는 것 같았어요. 굉장히 희망적인 안네 프랑크의 일기였어요. 저는 꼭 암스테르담에 있는 안네 프랑크의 박물관에도 가보고 싶어요."

공지영, 남인숙, 임경선 에세이도 즐겨 읽어요
남인숙 작가에게 SNS 쪽지를 보내기도 했죠

혜림은 이 밖에도 작가 공지영의 《딸에게 주는 레시피》, 남인숙 작가 의 《여자의 모든 인생은 20대에 결정된다》, 임경선의 《곁에 남아 있는 사람》 등을 재미있게 읽었다고 한다. 공지영, 남인숙, 임경선이 바로 혜림이 좋아하는 한국 작가들이란다.

"공지영 작가 에세이도 재미있게 읽어서 누군가에게 선물하고 싶은 책이에요. 남인숙 작가님 책을 정말 재미있게 읽어서 인스타그램을 통 해 쪽지를 보냈는데 답은 안 왔어. (웃음) 에세이만 읽다 보니 다른 장 르도 읽고 싶다는 생각이 들었어요. 이제부터 소설을 새로운 관심 장르 로 도전하려고요. 《곁에 남아 있는 사람》을 시작으로요. 겨울에 읽기에 무척 좋을 거 같아요."

혜림은 홍콩에서 오랫동안 살아서 영어 책이 더 익숙하기도 하다. 한국어도 잘하지만 문득 문득 영어 단어가 튀어나오는 이유다. 영어 등 원서도 꾸준히 읽고 있는 혜림이 자주 찾는 서점은 원서가 가장 많은 광화문 교보문고다.

"딱히 서점을 가리지는 않고 유명한 브랜드 서점이 아니더라도, 작은 서점만의 매력이 있는 동네 서점도 좋아요. 그래도 가장 많이 가는 곳은 영어 원서가 많이 있는 서점을 찾다 보니 교보문고 광화문점이네요. 집이 멀어서 자주 가지는 못하지만 많은 책들을 접하고 싶을 때는 찾아옵니다."

"언제까지 중학생 영어 실력으로 포장하면 살 수 없다" 판단에 외대 진학 조교도 하고 '학식'에서 밥도 먹고, 영어 '알바'도 하는 보통 학생

학교 공부도 열심히 하고 수업도 거의 빠지지 않는 혜림은 평균 학점이 4.0을 넘을 정도로 우수한 학생이며 조교로도 활동했다. 또 학교에 대한 애정과 프라이드가 강해서 '굳이' 학교 이름이 적힌 패딩을 입고 다닌다고 한다. 유명한 스타가 과 조교로 있다는 사실이 알려지면서 혜림에게 사인을 받으러 오겠다는 학생에게도 흔쾌히 그러라고 말할 정도로 혜림은 털털하다. 연예인 활동을 병행하는 것 말고는 여느 학생과 같다. 아르바이트도 하고 학생 식당에서 줄을 서서 밥을 먹기도 하고, 과제를 하느라 정신이 없다고 한다.

원더걸스 활동을 하다가 자신이 언어에 재능이 있다는 사실을 발견

한 것을 비롯해 혜림은 당시 활동에 대한 이야기도 들려줬다.

"데뷔하고 나서도 혜림하면 언어를 잘한다는 이미지가 가장 컸죠. 그러다 보니 제가 잘하는 것을 더 잘하고 싶었어요. 한국에서는 소극적이었지만, 미국 활동을 할 때는 제가 중간에 서서 인터뷰를 리드했고 질문도 제가 진행했어요. 굉장히 뿌듯했죠."

이렇게 자신의 재능을 발견한 혜림은 당시 실력만으로는 성에 차지 않았다. '진짜 실력'을 키우려고 전문적으로 공부를 해야겠다는 계획을 세운다. 그의 계획에서 실력으로 승부하겠다는 당당함과 자존심이 느껴졌다.

"4개 국어를 잘한다고는 하지만 스스로는 부족하다고 느꼈어요. 그냥 겉포장은 제가 잘하는 것처럼 보이기는 하나 저는 중학교 때부터는 공부를 안 했어요. 그 의미는 내 영어 수준도 거기서 멈춘 것이라는 거예요. 언제까지 '잘한다고 포장된' 중학교 3학년 수준으로 갈 것인가를 고민했죠. 나중에 내가 원더걸스를 하든 안 하든 나보다 잘하는 사람들이 많을 텐데. 언제까지나 제가 원더걸스였으니까 저를 캐스팅해달라고 하는 건 스스로 싫었고 어차피 해야 하는 일이라면 내공이 쌓여 정말 잘하고 싶었어요. 실력과 내공을 키우고 싶었죠. 혼자 공부하는 것에도 한계가 있어요. 유튜브를 통해 할리우드 배우들 영상을 보고 공부해도 한계가 있었고, 과외 선생님 하고 해도 한계가 있더라고요. 제일 좋은 방법이 뭘까 생각하다가, 대학교에 가겠다고 결심한 거예요. 한국어도 좋고 영어도 좋고 통번역 공부하면서 체계적으로 공부하고 싶다는 생각을 했죠. 좋은 교수님들 밑에서 나랑 비슷한 관심사를 가진 친구들과 함께 공부하고 싶다는 생각이 들었어요. 그때부터 정확히 외대를 목표로 공부하고 도전했어요. 통번역학과는 외대에 유일하게 있어요. 저는 완전히 만족하고 다니고 있어요."

또 혜림은 번역과 통역 중 번역이 더 적성에 맞는다고 한다.

"입학하기 전에 저는 '통역이 맞을까, 번역이 맞을까' 궁금했어요. 공부해봐야 아는 거니까요. 공부해보니까 통역은 자신이 없어요. 즉흥적으로 바로 바로 해야 하니 순발력이 있어야 해요. 그리고 저는 금방 금방 잊어요. (웃음) 반면 번역은 깊게 생각할 수 있어서 재미있어요. 번역을 더 공부하고 싶어요. 통역 제의가 없는 건 아니지만 제가 울렁증이 살짝 있는 것 같고요. (웃음)"

혜림은 번역을 비롯해 영어 과외 아르바이트를 하는 등 평범한 대학생 생활을 하고 있었다.

"번역은 제2의 창작이에요. 번역도 직역, 의역만 있는 게 아니더라고요. 그 안에서도 뭔가 정말 많아요. 그래서 쉽지 않은 작업이지만, 흥미로워요. 다양한 번역에 대해 알아갈수록 번역을 배우고 싶어요. 지인들이 대학 추천서를 비롯해 향수 회사 번역 일 등을 소개해줘서 하고 있어요. 그리고 방탄소년단 '페이크 러브(Fake Love)' 쇼케이스 번역이 사촌 언니에게 들어왔는데, 사촌 언니가 아직 영어가 완벽하지 않아 저한테 부탁한 덕분에 공동 작업을 했어요. 그런데 그건 사람들이 몰라요. 언니한테 들어온 거고 저는 언니를 도운 거라서요. 최근 이야기 중인 건 화장품 회사 일인데 한국어 온라인만 있는 것을 한영 번역 중이에요. 번역을 다양하게 꾸준히 하고 있어요."

영어 과외도 하고 있다는 혜림. 혜림에게 과외를 받으려면 얼마나 들까?

"영어 회화를 가르치고 있는데요, 비싸지 않아요. 시간당 5만 원이에요. 처음에 만 원 받았다가 엄청 욕을 먹었어요. (웃음) 더는 받기 민망해서 5만 원만 받고 있어요. 제가 회화 과외 경력이 더 쌓여서 더 받아도 되겠다 싶으면 그때 늘리더라도 지금은 5만 원 정도가 딱 적당한 것 같아요."

학교 공부를 재미있어하는 혜림이지만 연극영화가 아닌 통번역학과에 진학하겠다는 것을 말리는 사람들도 있었다고 한다.

"저는 연극영화과에 갈 것이라면 대학을 안 간다고 했어요. 진짜 하고 싶은 공부를 하러 가야지 대학교 네임 밸류만 따르고 가는 것은 별로 의미가 없고, 굳이 그럴 필요가 없다고 생각했어요. 근데 원더걸스 활동을 하다 저에게 언어에 재능이 있다는 것을 주변 사람들을 통해서 알게 된 거죠."

보아처럼 되고 싶어 본 JYP 오디션서 SM 노래, 안무로 합격

원더걸스 활동 때 '살 좀 뺄걸' '팬들과 소통도 더 할걸' 후회

책과 번역 이야기를 하다 보니 과연 그렇다면 혜림은 언제부터, 왜 가수가 되고 싶었을까라는 궁금증이 생겨났다. 발랄한 줄 알았더니 진중하고 단아하다는 생각이 들게 하다가, 다시 발랄하고 상큼한 매력을 발산하는가 싶더니, 털털하고 당당하고 자존감이 높은 사람이 바로 혜림이었다.

"어렸을 때부터 춤추고 노래하는 걸 좋아했어요. 학교에 댄스 대회 있으면 꼭 나가고 치어리더도 했어요. 합창단도 하고 음악 관련된 건 다 했어요. 그리고 저희 부모님은 '공부해라' 하시는 스타일이 아니었어요. 그러다 보니 집에서는 제가 가수가 되는 걸 적극적으로 찬성하셨어요. 보아 선배님을 매우 좋아해서 꿈을 키웠어요. 저는 JYP 오디션에서 SM 노래로 합격을 했어요. 댄스도 SM의 안무였어요. JYP에서 '이제 오디션 합격했으니 다음 준비해주세요'라고 했을 때도 SM 것으로 준비했어요. 합격하고 나서 본부장님께서 '넌 그럼 SM을 가지 그랬니'라고 하셨죠. 하하하. (웃음)"

'아시아의 요정' 보아처럼 되고 싶어서 가수의 꿈을 키웠던 혜림은 원더걸스로 활동하던 시기를 이렇게 회상했다.

"제가 그토록 원한 일이기 때문에 좋았어요. 하하하. (웃음) 정말 다양하고 굉장히 다이내믹한 경험과 생활이었고, 아무나 할 수 있는 게 아닌 게 좋았어요. 그 시간들이 빠르게 지나간 느낌도 들고요. 뭔가 후딱 지나간 느낌이에요. 활동하는 내내 저는 무척 즐거웠어요. 지금도 후회 없고 다시 돌아가서 하라고 해도 할 것 같아요."

원 없이 즐긴 원더걸스 활동이었지만 아쉬움은 없을까?

"'살을 좀 뺄걸'이라는 후회는 들어요. (웃음) 그때는 그렇게 안 빠지던 살이 이제 방송 안 하니까 빠져요. JYP 본부장님께서 '너는 청개구리냐? 그렇게 빼라고 할 때는 안 빼고 지금은 아무도 뭐라고 하는 사람이 없으니 네가 알아서 빼?' 이러셔서 저는 그냥 '아, 네에… 그러게요'라고 얼버무리며 어색하게 웃었어요. 원래 제가 청개구리 기질이 있긴 해요. 다이어트는 활동할 때 하기는 했지만, 지금은 안 하고 있는데 살이 빠졌어요. 역시 스트레스를 받으면 안 되는 것 같아요. 그리고 아쉬운 점은 제가 나중에 합류해서 막내다 보니 나서서 이야기하고 그런 스타일이 전혀 아니었어요. 질문을 던져도 가만히 있었죠. 내가 이야기하지 않더라도 누가 나서서 이야기한다고 생각했어요. 언니들이 저보다 말을 더 잘한다고 생각했고요. '혜림 씨, 어떻게 생각해요?'라고 물을 때는 답해도 제가 시작하려고 하지는 않았어요. 적극적이지 않았죠. 그래서 아쉬운 점이 팬들과 소통을 적극적으로 하지 못했다는 거예요. 이제

100

팬들과 좀 알아가려는 단계에서 활동이 끝난 것 같아서 그게 제일 아쉬워요. 팬들도 혜림이 처음 왔으니까 궁금한 것도 막 물어보고 관심 가져주셨는데, 제가 좀 낯가림도 있고 솔로가 아니어서 조심스러웠던 부분도 많아서 팬들과의 소통에 너무 소극적이었던 게 아쉽죠."

그는 "스트레스 받을 때 서점에 가서
책을 보는 것만으로도 위로가 되는 것 같아요.
당장은 읽지 않아도 책 한 권을 사서 집에 가져다 놓은 것만으로도
이상하게 포근해지고, 힐링이 돼요"라며
책 자체에 대한 그의 느낌과 감정을 전하기도 했다.

CHAPTER 2

성장하는 계기

걸그룹
마마무

'동그란 내 얼굴, '무쌍'의 내 눈이 좋아, 노출은 안 해 그럴 필요 없어'
"있는 그대로의 내 모습이 좋다" 당당한 K팝 최고 걸그룹 마마무

2014년 디지털 싱글 '행복하지 마'로 데뷔한 마마무는 전형적인 K팝 걸그룹 콘셉트를 따르지 않고도 K팝 최고의 걸그룹으로 우뚝 선 매우 이례적이고 독보적인 아티스트다. 사랑스러운 여동생 혹은 섹시한 이미지에서 탈피해 '얼굴 몰아주기' '큐티 허세' 등 익살스럽고 코믹한 콘셉트에다 세상의 기준 따위에 휘둘리지 않는 당당하고 자신감 있는 여성상을 노래함으로써 남녀 모두의 팬덤을 확보한 것이다.

'나로 말할 것
같으면 자신감 있는 여자

말하자면 느낌 있는 여자

자신 있으면 나를 따라 해도 돼

뒤 따라와 뒤 따라와

(중략)

화장은 옅게 귀찮으니까

노출은 안 해 그럴 필요 없어

이상해 좀 특이해

평범한 게 더 싫어

이런 내 모습 부모님께 감사해

(중략)

V라인보다 동그란

내 얼굴이 좋아

나만의 Some special thing

쌍꺼풀 있는 눈매 보단

나는 내 눈 '무쌍'이 좋아

웃을 땐 인디언

보조개와 코 찡긋

아주 칭찬해

-'퍼플' 앨범 중 '나로 말할 것 같으면'

여성들이라면 커다란 쌍꺼풀에 브이라인의 얼굴을 원하지만 실제로 그런 얼굴은 많지 않다. 마마무를 사랑하는 이유는 바로 이 때문일 것이다. 자신의 있는 그대로의 모습을 사랑하고, 세상의 기준에 주눅 들지 않고, 외치는 그들이기 때문에 말이다. 어떤 톱 걸그룹도 "화장은 옅게 귀찮으니까, 노출은 안 해 그럴 필요 없어, 쌍꺼풀 있는 눈매보다는 나는 내 눈 '무쌍'이 좋아"라고 당당하게 말하지 않았다. 마마무니까 할수 있고, 마마무니까 이 또한 받아들여지는 것이 아닐까.

마마무를 돋보이게 하는 게 이런 당당한 여성상만은 아니다. '시디(CD)를 씹어 먹은 가창력'이라는 평가와 '믿듣맘무'(믿고 듣는 마마무)라는 별명이 증명하는 가창력이다. 이들은 어떤 무대에서도 라이브를 소화해내는 몇 안 되는 K팝 가수이기도 하다. 안무를 하다가 호흡이 달려 마이크를 객석으로 보내는 페이크는 절대 없다. 마마무는 어떤 무대

에서든 오직 실력으로 마마무의 정체성을 증명해 보이니까 말이다. 내놓은 곡마다 히트를 하고 가요 순위 프로그램에서 1위를 하는 마마무는 무엇이든 가능한 K팝 아티스트다. 이들이 하는 모든 것들이 대중에게 사랑받는 이유가 소위 말해 '끼' 덕분만은 아니다. 마마무는 언제나 솔직했고, 특별하고 신비로운 존재로 신화적 이미지를 만들지 않았다. 이들은 대중이 느끼는 것을 함께 느끼고 표현해, 누구에게도 거부감이 없는 호감형 '슈퍼스타'다. 마마무가 K팝 최고의 걸그룹으로 '슈퍼스타'로 자리매김한 데는 이들 스스로 쌓아온 내적 역량을 무시할 수 없다. 연습생 시절부터 현재까지 마마무는 어떻게 슈퍼스타로서 성장해 왔는지, '스타의 서재'에서 그들의 진솔한 이야기를 들려줬다.

책 하면 생각나는 건 연습생 시절 독후감 쓰기

당시엔 부담스러웠지만 이제는 나침반 같다 생각해요

우선 '스타의 서재'에 초대해 이들을 만났을 때 가장 궁금했던 점은 이들에게 과연 책이란 무엇인가였다. 솔라는 1991년생, 문별은 1992년생, 휘인과 화사는 1995년생으로 이들은 글보다 영상을 더 먼저 접했을 것이고, 방송보다는 인터넷이 더 친숙한 디지털 네이티브 세대이기 때문이다. 다행스럽게도 이들은 책을 연습생 시절부터 읽어왔다. 이들의 소속사인 RBW 김진우 대표의 경영 철학 덕이다. 김진우 대표는 K팝 가수를 꿈꾸는 연습생을 단지 육성해 가수로 데뷔시킬 대상으로만이 아니라 꿈나무로 인식하고 있다. 이 때문에 철저하게 독서 교육은 물론 인성 교육까지 교육 시스템에 포함했다. 그래서 지금까지 수많은 아이돌 그룹이 사생활, 인성 논란 등 이슈에 휘말려 비판을 받았지만 마마무만은 그렇지 않았다.

마마무에게 "책하면 떠오르는 게 무엇이냐"고 묻자 솔라 · 문별 · 휘인 · 화사는 한목소리로 "연습생 시절 독후감 쓰기가 생각난다"며 운을 뗐다. 그러더니 이들은 촉촉해진 눈빛으로 서로를 바라보며, 힘들 때마다 의지하면서 데뷔를 꿈꾸던 연습생 시절로 돌아간 듯 당시의 일을 회상했다.

"저희 넷이서 각자 책을 선택해서, 읽고 서로 돌려 봤어요. 그래서 한 달에 최소 네 권의 책을 읽은 것 같아요. 그때는 독후감을 쓰는 게 숙제처럼 느껴져서 부담스럽기도 했는데, 이제는 왜 책을 읽어야 하는지 알 것 같아요. 우리 꼭 '책 책 책을 읽읍시다'. (웃음) 당시에 독서를 하던

습관이 데뷔 이후에는 자신들이 가야 할 방향을 제시하는 나침반이 되기도 하고, 안식처가 되기도 한 것 같아요. 당시에는 독서에 대한 필요성을 절실히 느끼지 못했어요. 그런데 점점 활동하면서 저희 나름대로 세계관, 가치관을 설정하는 데 책만큼 도움이 된 것은 없는 것 같아요. 저희 같은 연예인은 더더욱 누군가에게 힘들어도 털어놓고 '제가 어떻게 해야 하나요'라고 묻기 힘들어요. (웃음)"

작곡에 관심 많은 솔라 《김도훈 작곡법》 읽으면서 음악 배워요

'최애책'은 《마를린 먼로, My Story》, 《종의 기원》은 완독 목표

2018년 초 발표한 '옐로 플라워' 앨범에 수록된 '별 바람 태양'의 작사와 작곡, 2019년 초 발표한 '화이트 윈드' 앨범의 타이틀 곡 '고고베베' 등 작사에 참여하며 창작자로서의 재능을 발휘하고 있는 솔라는 앞으로 자신의 재능을 더욱 키우기 위한 책을 읽고 있었다. 25년 동안 수많은 히트곡을 낸 김도훈 작곡가의 《김도훈 작곡법》이 바로 그것.

"제가 최근에 작곡에 관심이 굉장히 많은데, 책에는 저처럼 대중음악 작곡을 하고 싶어 하는 사람들이 알고 싶어 하는 내용이 많아요. 작곡이라면 어렵게 생각하는데, 작곡이란 무엇이고, 어떻게 해야 하는지가 굉장히 이해하기 쉽게 설명돼 있어요. 책에 저희 노래도 수록돼서, '이 노래가 이렇게 만들어졌구나'라는 생각도 들고, 당시에 녹음하고 노래하던 생각도 많이 났고, 작곡에도 도움이 됐죠."

솔라는 또 소설가 정유정의 《종의 기원》과 《마를린 먼로, My Story》도 소개하고 싶은 책으로 꼽았다.

솔라는 "《종의 기원》은 아직 다 읽지는 못했지만, 주변에서 이 책을 읽은 분들에게서 시간 가는 줄 모르고 읽었다는 이야기를 많이 들었다"며 "나도 빨리 속도를 내 완독하고 싶다"고 전했다.

《종의 기원》은 우리 시대 최고의 이야기꾼으로 평가받는 정유정 작가의 '악의 3종 세트' 중 하나다. 이 작품은 1994년 아버지와 어머니를 잔인하게 살해하고 증거를 없애기 위해 집에 불을 지르고 장례식장에서도 여자 친구와 태연하게 웃는 모습 등이 포착돼 사회에 커다란 충

격을 준 박한상 사건을 모티브로 했다. 박한상의 패륜범죄를 국내에서는 처음으로 '사이코패스'가 저지른 사건으로 명명하기도 했다. 책은 인간이 어떻게 그런 악행을 저지를 수 있는지를 깊이 있는 연구와 통찰로 그려냈다.

20대가 가장 좋아하는 소설 장르는 추리소설로, 그중에서도 일본 작가 히가시노 게이고의 작품을 많이 읽는다. 그런데 솔라가 정유정의 《종의 기원》을 읽고 있다는 사실은 상당히 신선하게 다가왔다.

솔라의 '최애책(가장 사랑하는 책)'은 《마를린 먼로, My Story》라고 한다.

"당대 최고의 여배우인 마를린 먼로의 사상과 그 뒷이야기들에서 많은 걸 느꼈어요. '내 속에는 잠재울 수 없는 열정 같은 것이 있었다. 그게 내게 계속 말을 걸었다'라는 문장이 가장 기억에 남아요."

작사 작곡에 관심이 많은 솔라는 앞으로 《마이클 잭슨 자서전》을 읽고 싶다고 했다. 마이클 잭슨은 세계 최고의 뮤지션이었지만 그를 둘러싼 확인되지 않은 사실들이 대중으로 하여금 그를 더욱 오해하게 만들기도 했다. 그럼에도 불구하고 마이클 잭슨은 몇 세기에 걸쳐 나올까 말까한 천재적인 아티스트라는 사실은 부인하기 어렵다. 솔라는 다 아는 것 같지만 알지 못하는 마이클 잭슨을 이해하고 싶은 것이리라.

문별 "《그까짓 사람, 그래도 사람》 읽으며 생각 정리하고 힘 얻었죠"

"시집 《꽃 보듯 너를 본다》 중 〈기도〉는 마음에 새기고 다녀요"

직접 가사를 쓰기도 하는 래퍼 문별은 주로 시집이나 에세이를 읽는다. 가사를 쓰는 데 도움이 되는 데다, 짧은 말들이 건네는 말의 힘이 좋아서다. 그가 추천한 책도 따뜻한 그림에 따뜻한 말 한마디를 얹어 위로를 건네는 에세이 《그까짓 사람, 그래도 사람》과 나태주 시인의 《꽃을 보듯 너를 본다》다.

문별은 생각이 많아 정리가 필요할 때 서점에 가서 책을 고르며 냄새 맡는 걸을 좋아한다. 그렇게 하고 나면 기분이 좋아져서 자주 가려고 노력하는 편이라고. 이처럼 스트레스를 받았을 때 서점에 가서 발견한 책이 《그까짓 사람, 그래도 사람》이었다.

"처음에는 표지와 제목에 끌렸죠. (웃음) 이 책에서 가장 기억에 남는 건 '오늘만이 내가 무엇을 선택하고 실천할 수 있는 유일한 시간입니다. 오늘도 이대로 흐르면 어제가 되어 그리워 할 테니까 말입니다'라는 구절들이에요. 제가 당시에 상처받고 힘들었던 것 같은데, 오늘 하루 열심히 살아보자 그런 결심을 했던 것 같아요. 저 구절들을 읽고 말이죠."

그러면서 그는 "스트레스 받을 때 서점에 가서 책을 보는 것만으로도 위로가 되는 것 같아요. 당장은 읽지 않아도 책 한 권을 사서 집에 가져다 놓은 것만으로도 이상하게 포근해지고, 힐링이 돼요"라며 책 자체에 대한 그의 느낌과 감정을 전하기도 했다.

문별은 또 《꽃을 보듯 너를 본다》 중 〈기도〉라는 시를 읽어주면서 마음에 위안을 받았다고 털어 놓았다.

나는 지금 어디에 와 있는가?

나는 지금 어디로 향해 가고 있는가?

나는 지금 무엇을 보고 있는가?

나는 지금 무엇을 꿈꾸고 있는가?

"모든 시가 좋았지만, 특히 이 구절을 항상 마음에 새기고 있어요. 스스로 묻고 스스로 대답할 수 있도록 말이죠. 또 나태주 시인의 시집을 읽으면서 생각을 정리할 수 있었어요. 물론 시집을 읽으면서 작사 생각도 많이 하고 영감을 받기도 하고요."

휘인 "자투리 시간 내서 읽을 수 있는 시집 좋아해요"

기형도의 《입 속의 검은 잎》 류시화의 《나의 상처는 돌 너의 상처는 꽃》 추천

장난기 넘치는 퍼포먼스로 커다란 사랑을 받고 있는, '비글미'가 매력인 휘인은 의외의 책을 들고 나와 '반전미'를 보여줬다. 류시화 시인의 《나의 상처는 돌 너의 상처는 꽃》과 기형도 시인의 《입 속의 검은 잎》을 선택한 것.

"저는 주로 시집을 좋아해요. 시는 시인의 성향과 감성이 가장 잘 드러나는 장르 같아요. 우리가 일상에서 자주 보는 것들도 시인들은 다른 시선으로 보고 이를 짧은 언어로 표현하잖아요. 그런 말들이 큰 울림을 줄 때가 많은 것 같아요."

휘인은 《나의 상처는 돌 너의 상처는 꽃》 중에서 〈옹이〉라는 작품을 좋아한다고 한다.

"특히 '옹이라고 부르지 말라. 가장 단단한 부분이라도 한때는 이것도 여리디 여렸으니 다만 열정이 지나쳐 단 한 번 상처로 다시는 피어나지 못했으니'라는 부분을 읽으면서, 시인의 눈으로는 나무의 그 '옹이'를 이렇게도 볼 수 있구나라는 생각이 들면서 뭔가 확 와닿는 게 있었던 것 같아요."

휘인은 엄마의 책장에서 꺼내 훑어 본 적이 있는 기형도의 《입 속의 검은 잎》을 읽고는 강렬한 느낌을 받았다고 한다.

"저는 특히 《입 속의 검은 잎》 중에서는 '나의 감각들은 힘센 기억들을 품고 있다'와 '나는 가끔씩 어둡고 텅 빈 희망 속으로 걸어 들어간다'라는 구절이 인상적이었어요. 그냥 그 당시 나의 상태를 누군가가 대신 말해주고 있는 듯한 느낌이 들었죠."

그는 또 선물하고 싶은 책은 만화가 박재수의 그림 에세이《재수의 연습장》이라며 "책을 싫어하는 사람도 부담 없이 자유롭게 여러 가지 생각을 하며 재미있게 읽을 수 있을 것 같다"고 설명했다. 미술에 관심이 많은 휘인은 앞으로 미술과 사진 관련 책을 읽어 보고 싶다고도 했다.

감동적인 내용을 술술 말하는 것을 보니 책을 많이 읽는 것 같다고 하자 휘인은 "어릴 때는 그냥 책만 펼쳐도 잠이 쏟아져 왔고 전혀 흥미를 느끼지 못했다"며 "그런데 성인이 되면서 책이 재미있어졌다"고 털어났다. 이어 "책을 읽는 것 자체가 중요하다는 생각이 들었다"며 "그래서 자투리 시간에 부담 없이 읽을 수 있는 시집을 요즘 즐겨 본다"고 덧붙였다. 휘인은 자주 가는 서점은 매장이 크고 다양한 책이 많은 B 서점이라고 귀띔했다.

화사 "털털해도 상처 받아요"
"말로 받은 상처 최정점일 때《언어의 온도》읽으며 위로 받았죠"

예능 프로그램에 출연하면서 털털한 매력을 선보여 커다란 사랑을 받고 있는 화사는《아 파리》와《언어의 온도》그리고《공중그네》를 추천했다. 이 책들에는 화사의 '로망'과 '힐링의 경험'이 담겨 있다.

"《아 파리》는 저자가 파리에 가서 일기처럼 쓴 글이에요. 처음에는 스타일이 예뻐서, 파리에 가고 싶은 마음에 샀어요. 유럽을 한 번도 안

가봤거든요. 누가 파리에서 쓴 일기장을 훔쳐보는 기분이 들어요. 식당, 길 등 파리의 소소한 일상과 정취가 묻어 있어서 마치 파리에 제가 가 있는 듯한 느낌을 받았어요."

그는 또 이날 가지고 오지 못했지만 늘 곁에 두고 힘들 때마다 읽는다는 《언어의 온도》에 대해서도 이야기했다. "제가 말에 상처를 정말 많이 받아요. 그게 최정점을 찍었을 때 따뜻한 말이 필요해서 책으로 마음을 달래야겠다고 생각했는데 《언어의 온도》라는 책을 보게 됐죠. 제목부터 따뜻해서 끌렸어요. 그래서 시간만 나면 계속 읽어요. 지칠 때마다 안정감을 주거든요. 말의 깊이 그리고 '따뜻한 온도'를 가진 말의 힘을 느끼고는 해요."

화사는 또 오쿠다 히데오의 소설 《공중그네》도 재미있게 읽었다고 한다.

"줄거리가 단순해서 가볍게 읽기 좋았어요. 단편마다 특별한 환자들을 상담해주고 치료 방법을 제시해주는 내용인데, 저도 소설 속 의사 이라부에게 상담받고 해결하고 싶다는 생각이 들었어요."

그러면서 화사는 '아마도 자신은 닫혀 있을 것이다. 실은 사람을 무척이나 그리워하면서도 가까이 다가서려 하지 않는다'라는 문장이 와닿았다고 한다. 밝기만 해 보이는 '어린' 화사에게도 외로움이 있을 것이라는 생각을 조심스레 해본다.

화사는 또 오래된 책 냄새가 좋아서 헌책방에 가는 걸 좋아하는 아날로그 감성 소녀였다. 아니 '뉴트로(새로움〔New〕과 복고〔Retro〕를 합친 신조어로, 복고를 새롭게 즐기는 경향)' 소녀인가.

"활동하면서 많은 시간을 보내지는 못하지만 시간이 나면 가서 냄새를 맡으며 멍하니 앉아 있고 싶어요. 눈길이 가는 책도 꺼내 읽고요. 그러고 있으면 마음이 편해져요."

그곳이 어디냐고 묻자 "집과 가까운 곳에 있는 작은 헌책방인데 알려드릴 수 없다"며 "저만의 아지트로 삼고 싶어요"라면서 화사 특유의 장난스러운 웃음을 지었다.

마마무 멤버가 읽은 책들을 통해 이미 이들이 어떤 사람들인지 왜 인기가 있는지, 슈퍼스타가 됐는지 알 수 있었지만 이들에게 좀 더 속 깊은 이야기를 들어봤다. 멤버 모두에게 최고의 슈퍼스타가 된 기분이 어떤 것인지를 비롯해 내가 가장 아름다울 때, 내가 가장 털털할 때, 언제 가장 외로운지 등을 물었다.

화사의 미니 인터뷰

예능 프로그램 '나 혼자 산다'에 출연해 극한의 '털털미'를 선사해 예능 기대주로 떠오르기도 한 화사. 그는 이후 MAMA 시상식에서 파격적인 의상과 안무를 선보여 다시 한 번 극찬을 받았다. '화사 아니면 해낼 수도 호감을 받을 수도 없다' '건강하게 자신의 젊음과 아름다움을 당당하게 즐긴다'라는 평가가 잇따른 것.

Q. 아티스트로서의 놀라운 능력이 있다는 것을 알았을 때 과연 기분이 어땠나?

A. 팀의 멤버 휘인이와 학생 때부터 꿈을 키웠어요. 회사에 들어오고 나서 저희 대표님께서 처음으로 인정해 주셨을 때, 재능이라기보다는 그때 처음으로 내 열정과 '아 내가 잘 해나가고 있구나'라는 생각이 들었어요.

Q. '인기 있는 아티스트, 슈퍼스타가 된 기분은 어떤가?

A. 으아 '인기 있는'이라는 말이 너무 쑥스러운데요. (웃음) 항상 저희 노래를 들으며 사랑해주시는 분들을 볼 때 너무너무 감사해서 눈물이 날 것 같아요.

Q. 화사의 가장 아름다운 면?

A. 어디서나 당당하고 소신 있게 행동하려고 해요. 그렇게 하려고

노력하는 모습이 저의 매력이자 아름다운 면이 아닐까 생각합니다.

Q. 화사가 가장 털털한 때는?

A. 오래되고 편한 친구들과 있을 때 가장 털털해지는 것 같아요. 웃는 소리도 더 커지고요. 그런데 사실 항상 털털한 편입니다.

Q. 화사는 언제 외롭나?

A. 활동이나 바쁜 일상을 마치고 멤버들과 헤어져 집으로 돌아올 때 조금은 외롭다는 생각이 듭니다. 항상 그렇지는 않지만요.

Q. 화사는 언제 행복하나?

A. 무대에서 나를 보고 웃어주는 우리 무무들을 보고 있을 때와 노래하는 그 순간들이요. 그리고 주위에 좋은 사람들이 정말 많다는 걸 느낄 때요. 감사함과 행복함을 같이 느낍니다.

Q. 가수로서 잊지 못할 순간은?

A. 데뷔무대요! 그때 무슨 정신으로 무대를 하고 내려왔는지 모르겠는데, 영상을 찾아보면 부끄럽기도 하고 그래요. 그래도 그날의 사소한 일들까지 아직도 기억에 남아 있어요.

Q. 화사가 가장 창피할 때?

A. 조금 부끄러웠을 때가 있었어요. 그 혼자 사는 예능프로그램에서 정말 세상 편한 모습으로 뒹굴고, 혼자 이것저것 먹고 그랬는데, 막상 제 모습을 화면으로 보니 조금 부끄럽더라고요. (웃음)

Q. 화사는 어떤 사람이고 싶나?

A. 어디서나 당당하고 선입견 없는 그런 사람이 되고 싶어요.

Q. 슈퍼스타로서의 고민은?

A. 항상 새로운 모습을 보여드리고 싶다는 부담감이 있는 편이에요. 무대 욕심이 많아서요. 하지만 지금 계속 일을 하고 있어서 이건 좋은 방향의 고민이고, 늘 가지고 있어야 한다고 생각합니다.

Q. 스트레스를 푸는 화사만의 방법?

A. 먹으면서 스트레스를 푸는 편이에요.

화사는 '나 혼자 산다'에 출연해 대낮에 곱창을 '혼밥'하는 모습을 선보여 화제가 됐다. 이전까지는 혼자 고기를 구워먹는 '혼밥'이 최고였지만 화사의 '혼곱' 이후 이를 능가하는 '혼밥'은 없었다. 그의 곱창 '먹방'은 '털털함'을 극대화하기 위해 연출된 것이 아니었던 것이다.

솔라의 미니 인터뷰

인형처럼 예쁘장한 얼굴로 사랑받는 마마무의 맏언니 솔라. 예능 프로그램 '우리 결혼했어요'에서 에릭 남과 출연해 상큼 달콤한 매력을 선보였지만, 약간은 다가가기 힘든 '얼음공주' '차도녀' 이미지다. 그런 그에게서도 솔직 털털한 답변을 들을 수 있을까 우려가 됐지만, 역시 기우였다.

Q. 인기 있는 아티스트, 슈퍼스타가 된 기분은 어떤가?

A. 저희보다 훨씬 더 인기 많으신 분들이 많고, 저희는 아직 한 발 한 발 나아가는 중이라 생각합니다. 그래도 부족한 저희를 늘 아

껴주고 사랑해주는 무무들 덕에 항상 행복한 날들을 보내고 있습니다.

Q. 아티스트로서의 놀라운 능력이 있다는 것을 알았을 때 과연 기분이 어땠나?

A. 거리에서 노래하다가 처음 캐스팅(?)을 받았어요. 그 당시에는 막 좋다기보다는 신기하고 믿을 수가 없었죠.

Q. 나의 가장 아름다운 면?

A. 음… 뭐든 열심히 하려는 모습? 부끄럽네요. (웃음)

Q. 솔라가 가장 털털한 때는?

A. 집에 있을 때! 아무래도 가장 편안하니 털털함의 끝이 나오는 것 같아요. (웃음)

Q. 솔라는 언제 외롭나?

A. 일이 없는 한가로운 날, 놀고는 싶은데 놀 사람이 없다고 느껴질 때.

Q. 솔라는 언제 행복한가?

A. 무대 위 모든 순간 행복합니다!

Q. 가수로서 잊지 못할 순간은?

A. 첫 1위를 했을 때와 단독 콘서트에서 우리를 좋아해 주시는 분들을 눈앞에 마주했을 때요. 그때의 벅참은 아직도 어제 일처럼 기억이 생생해요.

Q. 솔라가 가장 창피할 때?

A. 음식 앞에서 너무 달려들 때. 나 자신에게 조금 정떨어지는 순간

이에요.

Q. 솔라는 어떤 사람이 되고 싶나?

A. 많은 사람에게 긍정적인 에너지를 주는 사람이 되고 싶고, 그렇게 될 수 있도록 노력하고 있습니다.

Q. 슈퍼스타로서의 고민?

A. 고민도 많지만 고민보다 행복할 때가 더 많아요. 그래서 그 고민도 금방 잊히는 것 같아요.

Q. 스트레스를 푸는 솔라만의 방법?

A. 요즘 날도 더우니 얼음물에 립톤 아이스티 타 먹기. (웃음) 많이 사랑해 주세요!

문별의 미니 인터뷰

팀에서 랩을 담당하고 있는 문별. 허스키한 음색은 강력한 카리스마를 내뿜지만 퍼포먼스는 여성스러워 남성팬들이 많았다. 여기에 라임을 잘 살리는 작사 실력도 문별의 매력 포인트다.

Q. 인기 있는 아티스트, 슈퍼스타가 된 기분은 어떤가?

A. 꿈을 이뤄나가고 있는 것 같아서 행복해요. 아직 많이 부족한 저희를 좋아해 주셔서 정말 감사드리고, 기대해주시는 만큼 더 좋은 모습을 보여드릴 수 있도록 꾸준히 노력해야 한다고 생각합니다.

Q. 아티스트로서의 놀라운 능력이 있다는 것을 알았을 때 과연 기분이 어땠나?

A. 정말 신기했어요. 성격이 소심해서 다른 사람들 앞에서 발표하는
   것도 어려워했었는데…. (웃음)

Q. 문별의 가장 아름다운 면?

A. 배려가 우선이라고 생각하려고 노력하는 그 생각!

Q. 문별이 가장 털털한 때는?

A. 집에 혼자 있을 때요. 세상 편한 옷을 입고, 세상 편한 자세로 있
   을 때 가장 털털한 모습이지 않을까 싶습니다.

Q. 문별은 언제 외롭나?

A. 항상 외로운 것 같아요. 그게 잠깐씩 잊히는 것으로 생각합니다.

Q. 문별은 언제 행복하나?

A. 팬분들과 마주하는 그 모든 순간이 행복합니다!

Q. 가수로서 잊지 못할 순간?

A. 데뷔해서 지금까지, 그리고 지금부터 앞으로 사랑을 받는 그 순간까지 잊지 못할 나날들이 계속될 것 같아요.

Q. 문별이 가장 창피할 때?

A. 새로운 걸 도전해야 할 때. 익숙하지 않은 일들에 도전할 때 쑥스럽고 부끄러워요.

Q. 문별은 어떤 사람이고 싶나?

A. 사랑을 받는 만큼 나눠주고, 날 사랑해주는 사람을 아껴주고, 나 자신을 더 사랑하는 사람이 되고 싶습니다.

Q. 슈퍼스타로서의 고민?

A. 항상 새롭고 다양한 모습을 보여드리고 싶어 항상 고민합니다.

Q. 스트레스를 푸는 문별만의 방법?

A. 친구를 만나서 수다를 떨거나, 아니면 집에서 좋아하는 프로그램이나 영화 보면서 스트레스를 풀어요. 맛있는 음식도 있다면 최고!

휘인의 미니 인터뷰

장난스러운 '비글녀'에서 여성스러운 여신으로 변신 중인 휘인. 단발머리에서 긴 웨이브 헤어스타일로 변신에 성공한 그. 그래서 휘인의 앞날이 더욱 궁금해진다.

Q. 인기 있는 아티스트, 슈퍼스타가 된 기분은 어떤가?

A. 살면서 쉽게 겪어보지 못할 영광을 얻고 있어서 항상 감사하고, 아직도 실감이 나지 않을 때가 많아요. 인기에 연연하기보다 단단하고 견고한 아티스트로 나아가고 싶습니다.

Q. 아티스트로서의 놀라운 능력이 있다는 것을 알았을 때 과연 기분이 어땠나?

A. 어릴 때부터 손재주라든지, 노래나 춤에 관심과 흥미가 크긴 했지만 그게 특별한 재능이라고 생각하진 않았던 것 같아요. 하지만 점차 커가면서 내가 가장 잘할 수 있고, 좋아하는 것이라는 확신이 들면서 지금 이 모습으로 시작할 수 있었던 것 같습니다.

Q. 휘인의 가장 아름다운 면?

A. 나 자신 그대로의 모습일 때.

Q. 휘인이 가장 털털한 때는?

A. 늘 털털한 편입니다. (웃음)

Q. 휘인은 언제 외롭나?

A. 외로움의 형태가 워낙 다양하다고 생각하기 때문에 콕 집어 어느 한순간이라고는 말하기 어려운 것 같아요. 평소에 외로움을 많이 타는 편인데, 그럴 때마다 분명한 이유를 찾은 적은 많지 않았어요.

Q. 휘인은 언제 행복한가?

A. 저는 정말 소소한 것에 행복을 잘 느끼는 것 같아요. 행복은 별것 아니라고 생각합니다. 어떤 순간에 내가 웃고 있다면 그것도 행

복이고, 즐거움, 만족, 사랑, 눈물 이 모든 것이 다 포함되어 있는
게 행복인 깃 같아요.

Q. 가수로서 잊지 못할 순간?

A. 내가 그 어떤 누군가에게 좋은 영향이 되어서 그때 느끼는 감정
들을 함께 나눌 때!

Q. 휘인이 가장 창피할 때?

A. 개인기 할 때…. (웃음)

Q. 휘인은 어떤 사람이고 싶나?

A. 그릇이 넓고 깊이가 있는 사람이 되고 싶습니다.

Q. 슈퍼스타로서의 고민?

A. 이 부분은 너무 심오한 질문이긴 하지만, 누구나 자기의 자리에
서 똑같이 수많은 고민을 가지고 있는 것 같습니다. 요즘은 음악
적으로 내가 어떤 아티스트로 나아가야 할지를 가장 많이 고민하
고 있어요.

Q. 스트레스를 푸는 휘인만의 방법?

A. 맛있는 음식을 먹으면서 좋아하는 사람들과 술 한 잔을 하거나,
그냥 아무것도 하지 않거나인 것 같습니다. 근데 아직 스트레스
의 돌파구를 제대로 찾진 못한 것 같아요.

뮤지컬 배우
카이

뭐 하나 빠지는 게 없는 '엄친아'에서

지금 이 순간 가장 빛나는 뮤지컬 배우 카이

뮤지컬 배우 카이는 청아하고 따뜻한 음색에 섬세한 감성을 녹여내여성 팬들의 전폭적인 사랑을 받으며 최고의 전성기를 달리고 있다.

서울예고와 서울대 성악과를 졸업했고, 큰 키에 잘생긴 얼굴. 뭐 하나 빠지는 것이 없는 '엄친아'로서 팬덤까지 만들어내며, 최고의 인기를 구가하고 있는 그는 현재 가장 행복한 배우 중 한 명이다. 타고난 서정적인 음색 덕에 뮤지컬뿐 아니라 라디오 방송에서도 러브콜을 받는 그는 오디오북의 '책 읽어주는 남자'로 제격이라는 느낌이 들게 하는 배우이기도 하다.

'스타의 서재'에 초대돼 찾아온 그를 만난 날에도 책을 소개하면서 마음을 움직인 문장들을 정성스럽게 읽어줄 때 "아침 라디오 방송을 듣는 듯, 오디오 북을 듣는 듯 착각을 일으켰다"며 농담처럼 말을 건넸지만 사실은 농담은 아니었다. 목소리나 감정이 좋아서 책을 읽는 그의 소리가 감미로웠던 건 아니었다. 그는 본가에서 독립해 나가 살 때 책이 너무 많아서 버리고 갈 정도의 '다독가', 여행지 등 낯선 곳에서 읽는 글들을 사랑하는 '애서가'이기에 그가 읽어주는 글귀들은, 조금 '오글거리는' 표현으로 말하자면, 리듬을 타고 귀를 통해 들어와 마음으로 읽혔다. 고민하고 성장을 거듭하며 지나온 시간들이 그의 목소리와 감성에 쌓이고 담겼기 때문일 것이다.

스타의 서재를 통해 이야기하고 싶은 책들을 에코백에 잔뜩 담아온 카이는 인터뷰에 가져온 책 외에도 수많은 책들을 읽었다고 한다. 그는 마음을 사로잡은 문장이 있는 페이지의 모서리를 접어뒀다가 그 글귀들이 필요할 때 들춰 본다. 책이 이처럼 일상이자 휴식인 카이지만 책을 어렸을 때부터 읽은 건 아니었다고 한다. 오죽하면 어렸을 때 친형에게 가장 많이 들었던 말이 "야, 너, 책 좀 읽어라"였다고. 책과 가깝지 않았던 그가 다독가이자 애독가가 된 것은 2003년부터다.

2003년 군 복무로 농사짓는 보직 맡으면서 읽기 시작한 책
'나'를 객관적으로 바라보게 된 인생 전환점

"제가 책을 읽기 시작한 시기는 정확하게 기억해요. 2003년부터입니다. 친형이 한 명 있는데, 고등학교 시절인 2000년 이전에 형이 저에게 가장 많이 한 말이 '책 좀 읽어라'였죠. 책에 관심이 없었고, 힘든 일이라고 생각했죠. 그러다 2003년 공익근무로 군 생활을 했어요. 저는 특이하게도 농사를 짓는 보직을 맡았어요. 그래서 일과가 다른 복무요원들과 달랐어요. 구청에서 군복무를 하시는 분들은 9시부터 6시까지 근무하는데, 저는 아침에 상당히 일찍 갔어요. 왜냐하면 해 뜰 때 물을 줘야 했기 때문이에요. 그래서 남보다 일찍 퇴근하는 패턴이었어요. 새벽녘에 많은 농작물과의 일과를 마쳐 놓으면 사실 거기서 할 만한 게 책 읽는 것뿐이더라고요. 처음에는 아주 쉬운 소설부터 하나씩 읽기 시작했어요."

쉬운 소설부터 시작해 많은 책들을 읽어가던 이 시간이 카이에게는 전환점이 됐다. 그는 당시 한 달에 열 권 정도씩 책을 읽었다고 한다. 지금까지도 기억에 남는 책은《필라델피아》와《모리와 함께 한 화요일》이다.

"이 시기가 어떻게 보면 '정기열(본명)'이라는 인간의 '전환점'이었던 것 같아요. 항상 학교에서도 너무 떠들고 말이 많고, 생각보다 말이 먼저 나가고, 수업 시간에도 웃기는 소리를 많이 해서 선생님들에게 '너는 왜 이렇게 진지하지 않냐'는 말을 많이 들었어요. 지금과는 완전히 달라서, 모두 상상을 못 하실 거예요. 책을 읽고 나 스스로에 대해 생각해보고, 고찰이랄까 내면을 깊숙하게 객관적으로 바라보게 되면서 제가 바뀐 것 같아요. 이게 바로 책의 힘인 것 같아요. 그때는 지금과 많이 달랐어요. 무척 뚱뚱하기도 했고요. 책을 계속 읽고 운동도 계속해서 제가 굉장히 많이 뒤집어졌어요. 딱지처럼. 물론 사람의 본성이 어디 가지는 않겠지만요."

쉬운 말로 일상의 감정 담아낸 《언어의 온도》
좋은 에너지 전해줘. 이기주 작가 꼭 만나고 싶어요

2009년부터 읽어 온 책 중에 스타의 서재를 통해 가장 먼저 소개하고 싶은 책은 밀리언셀러 《언어의 온도》(이기주 지음)라고 한다.

"워낙 사람들이 많이 읽은 베스트셀러를 추천하는 게 의미가 있나 싶지만, 책의 내용으로 치면 '참 좋은 책'이었어요. 가끔 그런 생각이 들어요. 좋은 책을 읽으면 가끔 저 작가를 만나보고 싶다는 생각이 들어요. 이 작가는 제가 꼭 만나서 이야기를 듣고 싶을 정도로 일상적인 삶 속에서 느끼는 감정이나 마음을 아주 단순하게 책에서 잘 표현했어요. 제가 '프랑켄슈타인' 부산 공연을 할 때 이 책을 처음 잡았어요. 스케줄상 착오로 '팬텀'이랑 '프랑켄슈타인' 부산 공연을 번갈아 가면서 하던 때죠. 2~3주를 서울과 부산을 오가며 공연을 했어요. 그때 저에게 참 좋은 에너지를 전해준 책이에요. 항상 해운대 카페에서 아침부터 점심까지 이 책을 읽고 극장으로 갔어요. 당시가 제게는 좋은 추억이기도 해요."

'예술적 판사' 문유석의 《개인주의자 선언》
판단력 잃을 때 지침 되는 책이죠

카이는 이어 문유석 판사의 '개인주의자 선언'을 꺼내 들었다. 문 판사는 전혀 다른 일을 하는 작가지만 비슷한 부분이 많았고, 책은 자신을 새롭게 발견하고 성장시키는 데 도움을 줬기에 각별하다고 한다.

"이 책은 오랜 기간 베스트셀러였어요. 판사와 뮤지컬 배우는 상당히 다른 직업이죠. 그런데 이 판사님의 삶의 방식이 저랑 비슷하더라고요. 문 판사님은 '예술적 판사'인 것 같았어요. 항상 자신의 삶을 고찰하고, 또 자기 것이 아닌 것, 그게 꼭 물질뿐 아니라 삶의 방식, 사고의 어떤 과정, 자기가 아닌 것들에 대한 것들을 정확하게 분별해서 살아가는 그의 삶의 패턴을 배우고 싶었고, 따라야 할 부분이 많다고 생각했죠. 저 같은 사람도 삶에서 많은 판단을 하거든요. 무대에서도 많은 판단을 하게 돼요. 그런 경우에 스스로의 가치관이 확고하지 않으면 순간적으로 판단력을 잃을 때가 많아요. 굉장히 개인적인 틀 안에서 스스로를 끊임없이 발견하고 발전하고 성장시키는 모습이 무대에서도 중요한 판단을 해야 하는 저에게 도움이 됐어요."

외면하다 읽은 《82년생 김지영》 여성문제 각성하는 계기
그래도 가장 맘에 와닿는 건 80년대생들의 이야기

한국 사회에 페미니즘 이슈를 만들어내며 100만 이상이 판매된 《82년생 김지영》도 카이가 이야기하고 싶은 책이다. 100만 부가 팔리는 3년 동안 젠더 감수성, 독박육아, 경력단절 여성 문제 등 페미니즘을 둘러싼 논쟁이 벌어졌다. 그야 말로 《82년생 김지영》은 화제의 책이었다. 그럼에도 카이는 이 책은 언제나 '플랜B' 혹은 '플랜E'쯤 되는 소설이었다. 그러다 정말 우연히 이 책을 비행기 안에서 읽게 됐다. 읽으면서 동시대를 살아가는 사람으로서, 남자로서 미안함이 들었다고 한다.

"일본 콘서트를 하러 갈 때 읽었어요. 항상 어디를 떠날 때 책을 가져가서, 비행기 안에서도 자주 읽고 호텔에서 자기 전에도 읽어요. 그런데 그날따라 집에서 읽던 책을 놓고 온 거예요. 그래서 김포공항 서점에 들어갔죠. 오랫동안 읽어봐야겠다고 생각만 하던 《82년생 김지영》을 보게 됐어요. 그런데 사실 이 책은 늘 '플랜B' '플랜E'로 넘겼어요. 한강 작가 등 국내 소설가의 책을 읽었을 때 저는 되게 무서웠거든요. 표현이 무서우리만큼 적확했기 때문에요. 마치 '불의 중심에 손을 댄 듯한 느낌'을 받았던 것 같아요. 사실 저는 공포 영화는 무섭지 않은데 스릴러는 무서워요. 더 현실성 있어서 그런 것 같아요. 그런데 한국 작가들의 소설을 보고 그런 느낌을 받았어요. 그래서 약간 피했던 것 같아요. 《82년생 김지영》도 사실 좀 꺼려졌어요. 그런데 사실 이 책에서 '김지영'이라는 이름보다 저를 감동시킨 건 '82년생'이라는 것이었어요. 제가 81년생이거든요. 뭔가 내 삶과 일치되는 부분이 있을 것이라는 상상력을 가지고 읽기 시작했죠. 아니나 다를까 국민학교에 입학해 오전 오후반을 거친 것하며, 선생님들의 폭행 수준의 체벌을 당연한 것으로 여기던 시절을 거친 사람으로서 이 책을 아주 자연스럽게 읽어 나갈 수 있었죠. 81년생 정기열로 바라보는 여성에 대한 시각이 너무나 미안해질 정도였어요. 저 역시 고의는 아니었지만 세상의 흐름, 부조리, 어떤 제도화된 성 차별적인 흐름 속에서 성차별을 성차별이라고 깨닫지 못했던 것 같아요. 이 작품을 읽고 많은 각성을 했어요."

136

영혼과 예술의 동반자이자 반려자 김환기, 김향안 러브레터 엮은

《우리들의 파리가 생각나요》 예술과 사랑의 본질에 대해 이야기 하죠

카이는 또 사랑의 의미를 가슴 저릿하게 전하는 에세이《우리들의 파리가 생각나요》도 독자들에게 추천했다. 책은 화가 김환기와 그의 아내 김향안의 삶과 예술을 통해 사랑의 본질에 대해 이야기한다.

"김환기 화백과 그의 아내가 처음에 연애를 시작하면서 연애편지를 주고받는 과정을 비롯해 결혼 후에 어떻게 아내가 남편을 서포트하고 남편이 화가로서 아내에게 얼마나 의지했는지를 담았어요. 김환기 화백과 그의 아내 김향안의 사랑에 관한 것들을 각색해서 실었어요. 슬픈 내용은 아닌데, 저는 슬프기도 하고 아름답기도 했어요. 서로 애틋하고, 예술을 향해 같은 곳을 바라보는 친구로, 영혼의 짝으로서의 길이 숭고하게 느껴지는 책이었어요. 정말 좋았어요."

선물하고 싶은 책은 《무엇인지 무엇이었는지 무엇일 수 있는지》

실제로 카카오톡으로 지인들에게 수없이 선물하고 있죠

읽은 책에 대한 이야기를 듣다 보니, 카이가 누군가에게 선물해주고 싶은 책이 무엇일지 문득 궁금해졌다. 누군가에게 선물하고 싶은 책이 있냐고 하자 "기자님께 드렸던 최유수 작가의 《무엇인지 무엇이었는지 무엇일 수 있는지》"라고 했다. 실제로 그는 친구, 지인들에게 《언어의 온도》, 《무엇인지 무엇이었는지 무엇일 수 있는지》 등을 열 권도 넘게 선물했다고 한다.

138

"제가 모바일, 정보기술(IT)에 약해요. 되게 창피한 이야기인데 제기 '가톡'으로 '신물하기'를 할 수 있다는 것을 불과 몇 달 전에 알았어요. (웃음) 항상 책을 서점에서 읽거나 교보문고에서 주문해서 읽었거든요. '카톡'으로 선물을 보낼 수 있다는 걸 알고 제가 사랑하는 많은 친구들에게 책 선물을 엄청 하고 있어요. '나 이거 되게 좋았어, 이거 읽었는데 네 생각이 많이 났어, 한 번 읽어봐' 하고 보내줬어요. 친구들에게 '이거 너무 좋아' 이러면서 '노나주고' 있어요."

책을 선물한 이야기를 정말 즐겁고 행복하게 하는 그에게 나는 장난으로 "저도 보내주세요"라고 하니, 크게 웃으며 "돈이 꽤 들더라고요"라고 센스 있게 받아 넘겼다. 그러면서 "선물 받은 사람이 책을 읽고 너무 좋았다든가, '이러 이러한 부분이 좋았어' 이러면 굉장히 행복하더라"고 말하며 흐뭇한 웃음을 지어 보였다. 그러면서 그는《무엇인지 무엇이었는지 무엇일 수 있는지》를 쓴 최유수 작가를 오스카 와일드에 견주며 극찬했다.

"요즘은 인터넷으로 좋은 글들이 많이 연재돼요. 하지만 인터넷 연재 시인이나 작가들을 책으로 낸 작가들의 한 단계 아래인 것처럼 여기는 경우가 있죠. 그런데 저는 이 책을 읽고 이 작가가 조금 과장을 보태면 '거의 오스카 와일드다'라는 생각이 들 정도로 인상 깊었어요. 일상적인 삶의 단면에 대한 고찰이 정확하고, 유머러스해요. 그런데 유머러스한 게 큰 웃음을 주는 게 아니라 '그래 맞아'라며 미소를 머금게 돼요. 그의 그런 시선이 따뜻했어요."

나이 들수록 와닿는 《지금 여기를 놓친 채 그때, 거기를 말한들》 중 〈구원〉

거절 대신 따뜻하게 안아 줄 수 있는 사람이고 싶어요

하나둘 나이를 먹다 보니 거절해야 할 상황, 내가 거절당하는 상황이
힘들다는 카이는 그럴 때마다 《지금 여기를 놓친 채 그때, 거기를 말한
들》에 수록된 〈구원〉이라는 글을 읽는다고 했다. 아무리 나이를 먹어
도 마음만은 어떤 자극에도 반응하지 않는 무생물 혹은 '무세포 기관'이
되지는 않는다. 다만 둔감해질 뿐이다. 그리고 거절하는 게 미안하고,
거절당하는 게 슬프다가, 어느 순간 거절하는 것도, 거절당하는 것도
'귀찮을' 때가 있다. 결국 거절하고 거절당하지 않기 위해 아무것도 하
지 않는 사람이 되기도 한다. 물론 카이는 이런 상태의 어른이 되지 않
기 위해 부단히 노력하고 있었다. 노력만이 아니라 어쩌면 그는 타고나
기를 마음이 약한 남자일지도 모른다.

카이는 〈구원〉 중 몇 문장을 나지막한 목소리로 읽어줬다.

"당신이 듣고 싶어 하는 말과 내가 당신에게 전해야만 하는 말이 다
를 때, 나는 가만히 당신의 손을 잡겠다. 때론 가벼운 눈짓 손짓 하나가
세상이 무너지는 것만 같은 순간에서 단 하나의 구원이 된다."

카이는 〈구원〉이 요즘 들어 너무나 와닿는다고 하는데, 이유는 이렇
다. 이유를 설명하는 그의 목소리는 그 어느 때보다 묵직했고, 단어를
신중하게 골라 말을 한다는 느낌이었다.

"나이가 한 살 한 살 차다보니 다른 사람에게 거절의 말을 할 때도 많
아지고, 혹은 거절을 받을 때도 많아지는데, 그게 참 두려운 일이에요.
아직도 아무리 태연하게 받아들이려고 하고, 마음의 넓이를 넓히려고

해도 사실 쉽지 않은 것 같아요. 일적인 것일 수도 있고, 사람 간의 마음일 수도 있고요. 그런데 그럴 땐 딱 정확하게 거절하는 것보다 좀 전에 읽어드린 '손을 잡아준다'처럼, 사람의 마음을 그렇게 칼로 잘라버리듯 하고 싶지 않더라고요. 저는 그래서 가만히 손을 잡아주거나 혹은 따뜻하게 안아 줄 수 있는 사람이 되고 싶다는 생각을 많이 해요. 제가 누구를 딱 보는 순간 '오늘 너무 예뻐요'라는 말을 한다면, 많은 사람들이 '뭐야 쟤 나한테 작업 거는 거야?' 혹은 '뭐야 느끼하게, 그런 표현을 써, 게이야?' 그런 반응을 보이는 게 일상이 돼 버렸어요. '와 오늘 말씀하시는 게 아름다워요' 이런 말들이 너무 '오버스러운' 게 된 거예요. 그런데 저는 그런 말들이 '오버스럽다'고 생각하게 된 세상이 잘못된 것이라고 생각해요. 이 세상에 따스한 말과 포옹과 이해가 없어지면서 그런 표현조차 목적성을 가지고 하는 이야기처럼 들리는 것 같아요. 저는 아무튼 상대를 위하고, 인간으로서의 사랑을 더 많이 표현하고 싶어요."

욕심껏 되지 않을 때, 평정 찾고 싶을 때
힐링 필요할 때, '정서의 순환'이 필요할 때 책을 읽어요

카이가 책을 읽을 때는 힐링이 필요할 때 그리고 '정서의 순환'이 필요할 때라고 한다.

그렇다면 카이에게 힐링이 필요한 순간이 언제일까? 잠시 생각을 정리하고 할 말을 고른 그는 여러 가지 욕심이 생길 때 힐링이 필요했다고 한다.

"자꾸 욕심이 나요. 제가 올해 서른아홉 살이 됐는데. 서른아홉 살로의 욕심, 뮤지컬 배우로서의 욕심, 한 가정의 아들로서의 욕심. 욕심이 자꾸 나요. 그럼 누가 시키지도 않았는데 가슴이 답답해질 때가 많아요. 욕심껏 되지 않아서. 그럴 때 내 스스로의 평정을 찾기 위한 방법이 책을 읽는 것 같아요."

경험 너무 많지도 적지도 않은 서른아홉의 배우 카이

'생각대로' 연기될 때 가장 힘들어. 모든 무대는 낯설고 새로웠으면

서른아홉 살은 어쩌면 배우로서 가장 빛나는 나이일 수 있다. 경험이 너무 많아서 모든 게 시큰둥하지도 않으며, 경험이 너무 없어서 감정의 스펙트럼이 좁지도 않은 나이가 30대가 아닐까 하는 생각이다. 카이는 현재 가장 빛나고 있지만 연기하는 순간마다 '정서의 순환'이 필요하다고 한다. 그리고 그때마다 책을 집어든다고 한다.

"다른 배우들은 모르겠지만, 뮤지컬 배우들은 연습 기간이 가장 고되거든요. 작품 초반에 가장 긴장되고요. 작품이 중간 정도 기간을 넘어가게 되면, 몸에 익을 때가 있어요. 그게 배우로서는 약간은 기계처럼 움직이게 되는 시점이에요. 저는 개인적으로 이쯤 '정서의 순환'이 멈춰 버릴 때가 있어요. 대사나 노래들이 집에서 자고 일어나고 나오는 것처럼 너무 익숙해지는 거요. 어느 날 공연 첫 신을 마치고 앉아 있는데, 의상 하는 친구가 오더니 '오빠, 무슨 일 있어요?'라고 물어서 저도 모르게 '연기가 내 마음처럼 돼' 이랬어요. 이게 무슨 뜻이냐면, 제가 질문을 하면 기자님이 무슨 대답을 할지 모르잖아요. 그런데 상대방이 무슨 이야기를 할지를 알지만, 모르는 것처럼 하는 게 연기의 '술'이잖아요. 알고는 있지만 그걸 그래도 정말 모르는 것처럼 느껴야 하는데, 그냥 다 아는 것을 당연하게 여기는, 그때 저는 매너리즘에 빠지는 것 같아요. 저는 그렇게 하고 싶지 않아요. 매일 매일 새로운 마음으로 '딜리트 키'가 있으면 지워버리고 싶어요."

카이는 이처럼 배우로서 대본을 다 외우고 모든 상황을 안다 하더라도, 실제로 그 주인공이 돼서 정말 낯선 환경 놓여 '실제 상황'에 처한 것 같은, 살아 있는 연기에 대한 갈망이 그 어떤 배우보다 컸다. 그리고 어떤 배우보다 예민했고, 무대 위의 모든 순간에 진심과 진정성을 담는 배우였다.

"그래서 그런 생각이 내 스스로의 생각이 멈춰버릴 때 그때 제일 힘들어요. 그때 '정서의 순환'이라는 게 필요하거든요. 다 잊어버려야 해요. 제가 연기에 만족할 때가 언제냐면, 여러 가지 스케줄이 꼬여서 한 주 쉬다가 갑자기 무대에 올랐거나 혹은 서울 공연이 마무리돼서 한 2주의 텀이 생긴 후에 지방 공연 무대에 올랐는데, 뭔가 많은 걸 잊어버리고 연기하면 괜찮을 때가 있어요. 저처럼 생각이 많고 많은 것들을 준비하는 사람에게는 별로 좋지 않기는 해요. 중요한 것은 그런 '정서의 순환'을 가져다 줄 수 있는 것이 저에게는 책이란 거예요. 좀 더 정확하게 이야기하자면 낯선 곳에서 읽는 책이죠. 여행일 수도 있고, 이런 커피숍일 수도 있고요. 그런데 사실 이 커피숍은 저에게 익숙하거든요. 어디론가 떠나서 '낯선 장소'에서 읽는 '새 글'이 최고의 '정서의 순환'이라고 생각해요."

가장 좋아하는 서점은 제주도의 '라이킷 책빵'

감성적인 문장으로 힐링 선사하는 책들 많은 '감성책방'

카이를 서점에서 우연히 만난다면 어떨까? 카이와 서점에게 '민폐'가 될 수 있지만 그가 자주 가는 서점이 어딘지 물었다. 팬들이 제주도에서 카이와 우연히 마주칠 가능성을 높여주기 위해서. 나름 독자 서비스로.

"제주를 좋아하고 상당히 자주 가요. 마치 거기가 내 고향인 양 가면 비가 오든 눈이 오든 마음이 편해요. 철저히 서울 태생인데. 그래서 이곳이 시골이기 때문인가, 관광지이기 때문인가 생각해봤는데, 너무 사람이 많아서 시끄러운 장소의 한가운데에 있을지라도, 제주는 제주더라고요. 제가 제주도에 갈 때마다 들르는 서점이 있어요. '라이킷 책빵'인데, 그곳을 자주 가요. 워낙 서점의 색깔이 뚜렷해요. 인문서적보다는 제가 소개했던 감성적인 책들, 힐링의 문장이 많은 책들을 파는 '감성책방'이라고 할 수 있어요. 그곳을 정말 추천하고 싶은데 사람들이 너무 많이 가면 안 되는데…. (웃음) 공항 근처에 아주 시장통 구석 후미진 곳에 있어요. 항상 매우 조용하고 분위기가 편안해요."

모범생 같은 카이는 실제로는 '모험 마니아'

'극강 모험'은 독일에서의 누드 사우나

모든 상황을 통제할 수 있으면 편해서 좋기 마련인데 너무 익숙한 연기 상황에 변화를 주고 싶고, 낯선 곳에서 읽는 새 글이 정서의 순환을 가져다준다는 카이. 그의 말을 듣고 있자니 카이는 의외로 모험을 즐기는 사람 같았다. 모험을 즐기느냐고 물었더니 "완전 즐긴다. 겁이 없는 편"이라며 그가 경험한 '극강의 모험' 이야기를 들려줬다. 그의 모험은 정말 흥미진진했으며, 듣는 사람에게도 모험이었다.

"누드 사우나? 이게 정확하지 않아요. 뭐라고 표현하는지 모르겠는데, 독일 여행 갔을 때 가봤어요. 누드 비치처럼 독일에는 남녀가 실오라기 한 올 안 걸친 채로 가는 사우나가 있어요. 저 역시도 아무리 모험을 좋아한다고 해도, 한국 사람이고요, 아니 이걸 모험이라고 표현하기 좀 그런가요? 그래서 처음에 걱정을 많이 하고 갔어요. 그런데 독일에서 오페라 가수로 활동하는 친구가 '여기서는 한국 사람만 안 만나며 돼' 그러는 거예요. 전 세계 사람들이 홀딱 벗고 있는 걸 보는 건 문제가 아니지만, 한국 사람이 보면 그때부터 문제가 생긴다는 거예요. 한국말이 들려오는 순간 갑자기 창피해진다는 거죠. 근데 제가 큰 모험 후에 깨달음을 얻었던 것은 그게 틀이라는 거예요. 처음에는 아무것도 걸치지 않고 그 사우나에 들어간다는 게 두려웠는데, 들어가서 모두가 벗고 있으니까 '괜찮네' 싶은 거예요. 근데 거기서 갑자기 한국말이 들려오는 순간 아담과 이브가 선악과를 먹듯이 갑자기 부끄러워지는 거죠. 모든 것이. 이게 내 스스로의 한계와 공포를 가져오는 것은 결국은 내 귀와 눈에서 결정이 되는 것이지 팩트에 의해서 결정되는 것이 아니구나. 그런 것들을 느낀 거예요. 그래서 정말 미친 척 하고, 홀딱 벗고 정말 그 사우나를 즐겁게 즐긴 것이 저 나름대로의 모험이었던 것 같아요."

2009년부터 쓴 다이어리는 가장 사랑하는 책
진심, 시기, 질투, 욕망, 욕심, 욕정 다 들어있죠

카이는 인터뷰를 할수록 매력적이고 흥미로운 사람이라는 생각이 들었다. 지적이고 감성적이기도 하고, 엉뚱하기도 하고, 소년처럼 순수하기도 한 그가 가장 사랑하는 책은 무엇일까. 생각지도 못한 대답이 돌아왔다. 그가 가장 사랑하는 책은 바로 그가 2009년부터 쓴 그의 다이어리였다.

"제가 가장 사랑하고 소중하게 읽는 책을 바로 저의 다이어리에요. 이 책, 다이어리 안에는 저의 진심, 시기, 질투, 욕심, 욕망, 욕정이 다 들어 있어요. 그래서 다시 읽으면서 창피해 하기도 하고, 내가 이런 생각을 했단 말이야 이러면서 뿌듯해하기도 해요. 그리고 다이어리를 보면서 그 안의 일정을 보고 준비도 하고 기도도 하고 그래요. 다이어리를 읽어 보면서 제가 적어 놓은 것을 객관적으로 탐독하고 정리하는 계기가 되기도 해요. 2009년부터 제가 '훌륭한' 사람이 되면 책을 내고 싶었어요. 포토에세이를 내는 게 꿈이었어요. 당시에는 인스타그램이 없었지만, 인스타그램에 올리는 아주 짧은 글들을 적어 놓는 것을 좋아했어요. 그래서 요즘 《걷는 사람 하정우》를 읽고 있어요."

카이는 고등학교 다이어리를 잘 써주는 친구이기도 했다.

"바야흐로 1995~1996년경에 모든 '중고딩들'을 강타한 게 다이어리를 쓰는 거였어요. 모닝글로리에 가면 다이어리를 팔았어요. 속지도 팔고요. 친구들이 저에게 다이어리에 뭔가를 써달라고 했어요. 친구에게 예쁘게 꾸며주는 그런 걸 좋아했어요. 저는 예술고등학교를 나와서 한 반에 55명 중 남자가 3명 여자가 52명이었어요. 남자들은 그런 거 안 쓰잖아요. 여자들이 그렇게 꾸며달라고 그랬어요. 저는 그때부터 사람을 관찰하고 그 사람의 가장 아름다운 면을 적어주면서 행복해했던 것 같아요. 예를 들면 기자님은 다른 기자에 비해 리액션이 좋아요. 저 같은 사람에게는 그런 리액션이 힘이 되죠." 실제로 나는 부끄럽지만, 리액션이 방청객 수준이다.

기회 되면 미술관 오디오 도슨트도 해보고 싶어요
제주에서 본 전시회 '빛의 벙커'는 '인생작'

자신을 사로잡은 문장을 읽어줄 때도 그렇고 고심 끝에 대답을 내놓는 그의 음성을 오디오북으로 만나고 싶은 마음이 간절했다.

"오디오북도 좋지만 저는 미술관 오디오 도슨트를 해보고 싶어요. 박물관이나 미술관 가는 걸 좋아해요. 좋은 작품 있을 때 그거 한번 해보고 싶어요. 제가 최근에 제주도에서 '빛의 벙커'라는 전시회를 다녀왔는데, 그 전시가 '인생작'이었어요. 돈 없는 후배들에게 '내가 비행기 표 사줄 테니까 가서 보고 와' 이럴 정도예요. 예술을 하는 사람이라면 꼭 봐야 할 전시회였어요. 그래서 클림트의 작품을 바그너나 말러의 음악과 결합해서 영상으로 조합한 전시예요. 말로는 설명이 안 돼요. 그걸 보는 순간 '닭'이 됐어요. 닭살이 돋았어요. 막 뭔가가 내 땀구멍으로 들어오고 빠져나가는 느낌이 들 정도로 몸의 많은 것들이 열리더라고요."

앞으로 읽고 싶은 책은 '엑스칼리버' 관련 책
출연 작품 중 원작 있는 건 대부분 읽어요

더 읽을 책이 있을까 싶은 그이지만 그래도 읽고 싶은 책은 있겠지 하며 앞으로 읽고 싶은 책이 무엇이냐고 하자 "자연스럽게 화제를 전환하겠다"라고 했다. 데뷔 8~9년을 맞은 베테랑다웠다. 카이는 2019년 EMK 뮤지컬 컴퍼니가 100억대 제작비를 투입해 초연하는 '엑스칼리버'에서 아더 역을 맡았다.

"자연스럽게 넘어가 볼까요. 원탁의 기사 엑스칼리버에 관련한 책을 읽어 보고 싶어요. 몬테크리스토, 삼총사, 오페라의 유령 등을 했을 때 꼭 원작을 읽는 편이에요. 그게 배우로서의 어떤 자세다 이렇게 거창하게 말하는 건 아니고요. 일단 꿈과 모험의 나라에 미리 한번 가보는 생각의 여행인 거예요. 아직까지는(2019년 2월 말) 그 책은 못 읽었어요. '원탁의 기사' '엑스칼리버' 등등 다양한 제목들이 많지만, 그 시대의 영웅들을 이야기를 여러 가지 버전으로 좀 읽어 볼 예정이에요."

아이돌 그룹 클릭비 출신 배우
오종혁

아이돌 '클릭비' 출신 오종혁 가장 빛나는 무대 배우로

원조 '꽃미남' '만찢남' 오종혁 "촌스러워서 별명도 '종구'죠"

　1999년 아이돌 그룹 '클릭비'의 멤버로 데뷔한 배우 오종혁. 요즘은 '연기돌'이라는 말이 생겨날 정도로 아이돌 출신 배우들이 많아졌다. 그러나 '1세대 아이돌' 중에서 드라마, 방송 같은 영상이 아닌 연극, 뮤지컬 등 공연 배우로 성공한 예는 매우 드물다.

　그런데 오종혁은 이례적으로 배우로서 성공한 사례다. 드라마와 영화에도 출연해 연기력을 인정받았지만 그가 존재감을 드러낸 부문은 연극과 뮤지컬이다. 2008년 뮤지컬 '온에어 시즌2'에 출연하면서 무대 배우로 데뷔한 그는 이후 '쓰릴 미' '오디션' '그날들' '웨딩싱어' '무한동력' '공동경비구역 JSA' '노트르담 드 파리' 등에 출연하며 뮤지컬계에서 자리를 잡았다. 또 2014년 '프라이드'를 통해 연극과 처음 인연을 맺었다. 러닝타임 180분에 동성애 문제를 다룬 까다로운 작품이었다. 2년 뒤 '킬 미 나우'에서는 지체 장애인 역을 맡아 온몸을 뒤트는 연기를 훌륭하게 소화해냈다. 이후 '벙커 트릴로지'와 '함익'에도 출연해 연극배우로서의 입지도 다졌다. '그날들'과 '함익'에 이어 6월에는 주호민 작가의 동명 웹툰을 원작으로 한 창작 가무극 '신과 함께: 이승편'에서 철거용역 일을 하며 현실과 이상 사이에서 고뇌하는 박성호 역을 맡아 연기의 스펙트럼을 넓히고 있는 오종혁을 세종문화회관에서 만났다.

우선 뮤지컬 '무한동력'을 비롯해 '그날들' 연극 '함익' 등에 잇달아 출연하면서 관객들에게 호평을 받고 있는 비결이 궁금했다. 물론 클릭비 활동 당시 당대 최고의 '꽃미남' 아이돌이었기에 그는 숱한 여성팬들을 사로잡았다. 소위 말해 '원조 만찢남(만화를 찢고 나온 남자)'이었다. 그러나 그의 가수 활동은 팀 멤버 김상혁의 음주운전으로 매우 짧게 끝이 났다. 그리고 이후 솔로로 '사랑했나봐' '죽을 만큼' '크라이(CRY)' 등의 히트곡을 내놨다. 요즘이야 아이돌에게 연기는 어쩌면 당연한 진로 선택이지만 당시까지만 해도 이런 분위기는 아니었다. 그럼에도 불구하고 오종혁은 뛰어난 외모 덕분에 연기자 변신 제안을 수없이 받았다. 드라마와 영화에도 출연한 그이지만 배우로서 존재감을 드러내고 확고히 한 건 앞서도 언급했지만 무대였다. 아이돌 출신으로는 이례적인 이 성공을 그는 어떻게 보고 있느냐고 묻자 아직도 소년의 이미지를 간직한 그가 '만찢남' 미소를 지으며 대답했다.

아이돌 때는 상처도 많았는데 무대에서 희열,

돌고 돌아서 제 길로 찾아온 느낌이죠

"(웃음) 글쎄요. 호평을 하시는지는 모르겠어요. 그런데 저는 무대에 오르는 순간 관객들과 소통하고 있다는 걸 바로 확인할 수 있는 게 좋아요. 그래서 관객의 반응을 하나하나를 생각하면서 저도 모르게 더욱 무대에서 진정성 있는 연기를 하게 되는 것 같아요. 아이돌로 활동한 지는 이제 워낙 오래돼 기억도 나지 않지만, 가수로서 무대에 설 때는 일방향이었어요. 그냥 제 노래를 전하는 느낌이었다면, 배우로 무대에서 연기를 할 때는 달라요. 바로 느껴지거든요. 그게 너무 좋고, 좋으니까 열심히 하고, 또 좋은 모습도 나오는 게 아닐까 싶어요."

연기 활동을 동시에 하는 아이돌도 많지만 '1세대 아이돌'이 특히 연극과 뮤지컬 무대에 서는 건 이례적이다. 물론 클릭비에서도 리드 보컬을 맡아 왔으니 가창력은 의심할 바가 없지만 그래도 뮤지컬과 연극에 출연하는 것은 크나큰 모험이 아니었을까?

"배우로 처음 공연 무대에 오른 건 '온에어 시즌2'였어요. 우연히 하게 된 건데 당시에 저는 춤은 방송댄스, 대사는 라디오 콩트에서 하던 게 다였어요. 배우로서 모든 걸 다시 배워야 했죠. 그때 음악 감독님이 이거 한번 듣고 어떻게 할지 생각해 보라고 하셨는데, 그게 바로 '맨 오브 라만차' 오리지널사운드트랙(OST)이었어요. 처음 들었는데 성악을 하라는 건가? 이런 생각이 들었어요. 어느 순간 듣다 보니 이게 노래로 안 들리고 그 인물로 보이는 거예요. 그러면서 계속 이 작품을 하고 싶다는 생각을 했는데, 이런 느낌은 처음이었던 것 같아요. '뮤지컬 배우로서 언젠가는 이 역할을 해보고 싶다.' 그때는 '나 꼭 할 거야' 이랬는데, 아직까지 가는 길이…. (웃음) 가면 길수록 벌어지더니… 쉽다고 생각하면 쉽지만 세상 일이 그만큼 어렵죠. 먼 길을 돌아가게 되는 것도 같아요. 지금 먼 길 돌아가고 있는데 이 길이 반석이 된다고 생각해요. 행복하게 돌아가는 것 같아요. 좀 많이 돈 것 같기는 하지만. (웃음)

'내가 뭐가 될까' 싶을 때 읽은 《뭐라도 되겠지》
옆에서 형님이 조언해 주는 느낌이었죠

오종혁은 "무대에서 연극과 뮤지컬을 오가며 열심히 작품 활동을 하면서 휴식을 길게 가진 적이 없었다"며 "몇 년 전 열심히 달려온 길이 맞는지, 슬럼프가 오면서 생각이 많았을 때 책을 읽었다"고 했다. 오종혁의 '배우의 독서 리스트'에는 배우로서 변신을 꾀하며 하던 그의 고민과 노력의 흔적이 역력했다.

처음에는 재미있는 표지와 제목에 이끌려 김중혁의 《뭐라도 되겠지》를 읽었다. 그런데 당시 '나는 뭐가 될까?'라는 고민을 하던 그에게 책이 '뭐라도 되겠지'라는 대답을 해주는 것 같았다고 한다. 마치 '친한 형님'이 옆에서 대답해주고, 응원을 해주는 것 같았다는 것이다.

"소설가 김중혁의 에세이 《뭐라도 되겠지》는 재미있는 표지와 제목에 이끌려 선택했어요. 무대에서 연극과 뮤지컬을 오가며 열심히 작품 생활을 하면서 휴식을 길게 가진 적은 없었는데, 몇 년 전 열심히 달려온 내 길이 맞는 것인지에 대한 고민이 깊었어요. 그리고 슬럼프가 오

면서 생각이 많아졌던 때가 있었죠. '전 뭐가 될까요?'라는 질문에 '뭐라도 되겠지'라고 답해주는 것 같았어요. 옆에서 형님이 말해주는 듯 유쾌함이 가득한 책인데, 책 사이에 카툰이 담겨 있어 더 재미있었던 걸까요? '세상을 이렇게도 바라볼 수 있겠구나' 하며 그 비슷한 마음으로라도 살면 좋겠다고 생각했어요."

그는 이렇게 슬럼프 시기에 접한 《뭐라도 되겠지》에서 힘을 얻은 문장들을 들려줬다.

"결국 삶이란 선택하고 실패하고, 또 다른 걸 선택하고 다시 실패하는 과정의 연속이다. 가장 중요한 것은 실패를 빨리 인정하고 원점으로 되돌아올 수 있는 유연성이다. 실패가 별게 아니란 걸 깨닫고 훌훌 털어버릴 수 있으려면 실패에 익숙해야 한다." (306쪽)

오종혁은 책에 대한 이야기를 하다가 "학창시절 우연히 가수로 데뷔했지만 어려운 시절도 많았다"며 "연극을 시작하면서도 많은 고민을 했고, 선택과 실패가 계속됐다"고도 털어놓았다.

그는 이어 "그러나 저의 실수와 어쩌면 실패였을 그 시간을 인정하고 반성하고 더 발전하기 위해 노력하고 있던 당시 내게 위로와 응원이 되어준 책이 《뭐라도 되겠지》였다"고 설명했다. 농담으로 가득하지만 진지함이 늘 무게중심을 잡는 김중혁 작가의 글이 힘이 됐던 것이다.

그는 소위 말해 '땡땡이'를 치고 학교 밖을 나갔던 날 길거리 캐스팅이 돼 클릭비로 데뷔했다고 한다. 우연히 연예인이 됐지만 자신의 실제 모습과 다른 이미지를 연출해야 하는 것도 부담스러웠고, 상처도 많이 받았다고 한다. 그는 일단 담배를 못 끊는 사람이고, 자신을 화려하고 고상한 스타일과는 정반대의 '촌스러운' 사람이라고 설명했으며, 별명도 '종구'라고 했다. 촌스럽고 멋없는 사람이 순정만화 속 주인공인 테리우스처럼 보여야 했으니 얼마나 힘이 들고 안 맞는 옷을 입은 듯 불편했겠느냐는 것이다. '만찢남' '꽃미남'인 그는 '여자처럼 곱게 생겼다'는 말도 듣기 싫어서 머리를 잘랐더니, 팬의 반이 떨어져 나갔었다고도 회고했다. 그의 이야기를 들으니 그가 '굳이' 해병대를 자원한 일 역시 이해가 됐다. 그는 2011년 해병대 병 1140기로 입대해 수색대에서 복무했다. 그의 법정 전역일은 2013년 1월13일이었지만, 수색대 훈련을 끝내기 위해 전역 날짜를 연기한 것으로도 유명하다.

《렘브란트의 유령》《고백》
연기자로 감성 캐릭터 구축하는 데 도움받았죠

폴 크리스토퍼의 《렘브란트의 유령》은 오종혁이 배우로 변신한 2008년에 읽은 책이다. 그는 "가수에서 배우로 첫발을 떼면서 관심과 주목을 받았지만 연기에 대해 정말 '0'도 모르는 상태에서 시작해야 해서 연출가님과 선배님들을 붙잡고 연기에 대해 물었다"며 "그러다 배우로서 다양한 모습과 깊이 있는 생각까지 전달해야겠다는 생각에 이 책을 읽게 됐다"고 당시를 떠올렸다.

"2008년 뮤지컬로 무대에 데뷔하면서 연기를 처음 배웠어요. 가수에서 배우로 첫발을 떼면서 많은 관심과 주목을 받았고 가수와는 다른, 무대 위에서 나의 감정 하나하나가 관객들에게 전해지는 매력에 사로잡혔어요. 무대에 관해서, 배우의 연기에 관해 아무것도 모르는 상태에서 정말 0의 기본부터 시작해야 했죠. 뭔가 내가 모르는 것은 무작정 연출가님과 선배들을 붙잡고 물어봤어요. 아무래도 꽉 짜인 일정대로 움직이던 아이돌 시절보다는 심적으로도 시간적으로도 여유가 있었기에, 배우로서 다양한 모습과 깊이 있는 생각을 전달하기 위해서는 책을 읽어야겠다고 생각했던 것 같아요."

연기와 무대의 재미, 희열을 알아가던 그해에 읽은 책 중 《렘브란트의 유령》은 그를 사로잡았다. 추리 소설을 좋아하는 취향이 맞아 떨어진 데다 사건의 흐름 등을 따라가면서 배우로서 연기 공부도 할 수 있었기 때문이다.

"렘브란트의 그림을 단서로 펼쳐지는 미스터리를 파헤치는 소설이에요. 그림에 대해서는 잘 모르지만 하나씩 수수께끼를 풀어가는 내용이 흥미로웠어요. 사실 단어나 문장을 설명하는 부분들이 많아 좀 어려운 점도 없지 않았어요. 개인적으로는 추리 소설을 좋아하기에 이야기를 이끌어가는 사건의 흐름을 따라가는 게 작품 속 극을 이해하는 데 도움이 된 것 같아요. 물론 주인공이 물려받은 세 가지의 유산은 결국 찾고 보니 보물섬으로 가는 곳이었다는 다소 '허전한' 결말이었지만, 이 길을 찾아 가는 길 역시 같이 여행을 하는 듯 술술 읽어 내려갔어요."

오종혁은 미나토 가나에의 일본 소설 《고백》 역시 좋은 연기에 대한 갈망 때문에 읽었다. 오종혁은 "뮤지컬 '쓰릴미'라는 작품을 할 때 연기적으로 더 깊고 단단하게 작품을 대하고 싶어 읽은 책"이라고 당시를 떠올렸다. 그리고는 오종혁은 《고백》을 읽게 된 동기를 우선 설명했다.

"이 책을 읽은 지는 꽤 됐어요. 책을 몇 권 고르던 중 내 눈에 띄어서 집어든 책이에요. 이 책은 굉장히 예전에 읽은 기억이 있는데, 그 뒤에 영화로도 만들어졌어요. '내 딸을 죽인 사람은 우리 반에 있습니다'라는 카피가 적힌 포스터가 굉장히 강렬했어요."

오종혁은 이어 긴장감 넘치게 《고백》의 줄거리를 들려줬다.

"자신의 어린 딸을 잃은 유코라는 교사가 학생들에게 충격적인 사건을 고백하고 열세 살 중학생들이 벌인 살인사건에 대한 복수를 실행하는 이야기이에요. 세밀한 심리묘사와 더불어 속도감 있게 이야기가 전개돼 책장을 넘길 때마다 숨이 막히는 듯 긴장감이 밀려왔어요. 살의란 일정한 거리가 필요한 인간이 그 경계선을 넘어왔을 때 생기는 감정이라는 사실을 비로소 깨달았던 것 같아요. 이 소설은 제가 뮤지컬 '쓰릴미'라는 작품을 할 때쯤, 연기적으로 더 깊고 단단하게 작품을 대하고 싶어 읽은 책이기도 해요. 사실 첫 작품 '온에어' 때만 하더라도 정말 처음이라 갑작스럽게 오디션을 봤고, 연기에 대한 가르침을 받으며 무대에 올랐어요. 그 다음 작품인 '쓰릴미'는 더 잘하고 싶었어요. '쓰릴미'는 1924년 시카고에서 일어난 충격적인 살인사건을 모티브로 만들어진 작품이에요. 제가 맡았던 '나'는 34년 전 12세였던 소년 바비를 유괴하고 살해한 범인이죠. 《고백》이라는 책을 통해 피해자와 피해자의 가족, 가해자와 가해자의 가족, 그리고 주변 인물들의 상처에 대해 생각해보는 시간을 가질 수 있었어요."

이젠 아이돌 출신이라는 말만 들어도 민망해요

올해 초에는 팬클럽도 조용히 재창단

오종혁은 이제 아이돌이라는 이야기만 들어도 민망할 정도로 너무 오래된 이야기라고 했다. 그러면서 지금 무대에서 관객들과 만나는 게 가장 재미있고 '돌고 돌아서 먼 길' 왔지만 이게 자신의 길이라고 생각한다고 했다. 그렇다면 원래 배우를 꿈꾸었던 걸까?

"연기자가 꿈은 아니었어요. 정말 아무 생각 없는 상태에서 가수가 됐어요. 이끌어주는 대로 했죠. 공연계 또한 우연한 기회에 들어오게 됐어요. 가수 생활이 너무 힘들고 회의감이 들었을 때 '다른 장르 오디션을 볼래?' 하고 제의가 왔어요. 이 오디션을 선택한 게 전환점이 됐어요. 제 스스로 원해서 자의로 여기까지 왔어요. 저에게 계속해서 가르침과 연기를 할 수 있는 공간을 마련해주는 분들이 계셔서 여기까지 오게 됐죠. 저는 '이제 비로소 원하는 걸 하고 있다'고 자신 있게 말할 수 있어요. '온에어 시즌2'은 제가 소화하기에 역부족이었어요, 첫 작품이었고. 하지만 한편으로는 '한물간' 아이돌을 연기해야 해서 그나마 쉽게 접근할 수 있었던 것 같아요. 근데 이 작품은 저에게 큰 충격이었어요. 마치 해머로 맞은 것 같은 느낌이었어요. 배우들이 주는 에너지, 연출님이 가르쳐주시는 에너지가 정말 좋아서 한 번 더 이런 경험을 하고 싶다는 생각으로 다시 다른 작품을 했어요. 그때 '쓰릴미'를 만났는데, 제가 소화하기 힘들 정도로 연기의 비중이 큰 작품이었죠. 그러면서 많이 혼났고, 많이 지치고 힘들기도 했지만 작품의 회를 거듭할수록 '더 하고 싶다' '연기라는 것을 더 잘해보고 싶다'는 생각이 들어 여기까지 쭉 왔어요. 뮤지컬 연극배우로서는 오랫동안 지금 같은 열정을 가지고 하고 싶어요. 사실 어떤 한 가지 일에 열정을 갖는 건 쉽지 않아요. 제가 태어나서 오랜 시간 열정을 갖고 계속 더 잘하고 싶다는 생각이 든 일은 처음이에요. 그만큼 어렵기도 해요. '이 정도면 되겠지'가 없는 직업 같아요."

배우로서 계속해서 연기의 스펙트럼을 넓히고 있는 오종혁. 연극 '함익'은 올해 도전한 정극이자 그가 그토록 작업해보고 싶어 하던 김광보 연출과의 작업이었다. 그는 30대지만 여전히 앳된 이미지 때문에 대학생 연우 역할도 잘 소화해내 관객과 언론으로부터 극찬을 받았다. 그가 극찬을 받은 이유는 캐릭터에 대해 수없이 고민했기 때문일 것이다.

"일단 저는 연우라는 인물은 긍정적인 에너지가 넘치는 인물로 봤어요. 그를 둘러싼 많은 캐릭터가 부성석이고, 사회의 안 좋은 면을 대변하는 캐릭터에요. 그런데 그에 반해 연우는 어떻게 보면 아역을 제외하고는 가장 '깨끗하고 순수한' 인물이에요. 그 부분을 잘 표현한다면 주인공 함익에게도 좋은 에너지를 줄 수 있을 것 같았어요."

외모로 보면 여전히 순수하고 맑은 소년 같은 그와 연우는 어쩌면 상당히 비슷할지도 모른다는 생각이 들었다. 정말 비슷한 부분이 있을까?

"연우는 자신을 드러내고 표현하는 캐릭터에요. 그런데 저는 많이 표현을 못 하는 스타일이에요. 그러나 원하는 바가 있을 때는 그것을 행하고, 실천하기 위해 끊임없이 노력하는 것은 닮은 것 같아요. 연우가 극 중 햄릿을 본인만의 방식대로 풀어내잖아요. 극 중에서 연우 또한 배우라는 꿈을 키우는 학생이에요. 대사에도 나오죠. '햄릿은 꿈을 꾸는 사람이에요'라는. 연우에게는 꿈을 꾸는 사람인 햄릿이 커다란 역할을 해요. 연우는 꿈을 향해 계속 나아가고 싶다는 목표를 가진 친구이기 때문이죠. 그런데 함익으로 인해 1차적으로 주저앉아요. 이 작품이 연우를 통해 전한 메시지는 '누구나 풀기 힘든 고민이 있는데, 이를 극복하기 위해 계속해서 싸워 나가고, 계속 앞으로 나아가라는 것' 같아요. 저는 연우 같은 사람이 부러워요. 연우는 극 중에서 잘살다가, 무너졌고 그러면서 힘든 시기를 보냈지만 그 안에서 계속해서 꿈을 향해 나아가는 모습을 보여줘요. 많은 이들이 벽에 부딪히면 포기하고 튕겨 나가고, 다른 길로 돌아가기 마련인데 말이죠."

뮤지컬, 연극배우로 활동하며 그에게 다시 전성기가 찾아왔다. 팬에게 보답하고자 올해 초에는 팬클럽을 재창단했다. 이 이야기를 해달라고 하니 귀까지 빨개지며 부끄러워했다.

"아 정말 감사한 일이에요. 가수 활동도 5~6년 정도밖에 안 했는데, 저를 기억해주시는 팬들이 있고 여전히 저를 찾는다는 것에 진심으로 감사해요. 그런데 사실 적지 않은 나이라서 정말 부끄럽기도 해요."

그가 순정 만화를 찢고 나온 테리우스처럼 '서정적인' 머리칼을 흩날리며 손을 흔들든 해병대 '빡빡머리'를 하든 팬들은 그의 어떤 모습이든 사랑하고 지지하고 있다는 것을 그도 아마 느꼈을 것이다.

순수한 사람만이 꿈을 꾼다
오종혁은 꿈꾸는 사람이다

연기에 대해서, 캐릭터에 대해서 말할 때마다 오종혁이 가장 많이 언급한 말이 '꿈'이었다. 그리고 아직도 자신은 이를 향해 나아가고 있다고 생각하고 있었다. 팬과 관객들은 이미 그를 가수가 아닌 배우 오종혁으로 인정하고 좋아하는데도 말이다. 여전히 그에게 소년의 이미지가 남아 있는 것은 아마도 외모 때문만은 아닐 것이다. 좋아서 일을 하고 있고 즐기는 순수한 마음 때문일 것이다. 꿈을 꾼다는 것 그것은 순수한 사람만이 할 수 있는 것이기 때문이다.

그 꿈, 이룰 수 없어도

싸움, 이길 수 없어도

슬픔, 견딜 수 없다 해도

길은 험하고 험해도

정의를 위해 싸우리라

사랑을 믿고 따르리라

잡을 수 없는 별일지라도

힘껏 팔을 뻗으리라

이제 나의 가는 길이요

희망조차 없고 또 멀지라도 멈추지 않고

돌아보지 않고 오직 나에게 주어진

이 길을 따르리라

내가 영광의 이 길을 진실로 따라가면

죽음이 나를 덮쳐 와도 평화롭게 되리

세상은 밝게 빛나리라

이 한 몸 찢기고 상해도

마지막 힘이 다할 때까지

나의 저 별을 향하여

　　　　　　　　　　　－뮤지컬 '맨 오브 라만차' 중 '이룰 수 없는 꿈'

오종혁이 언젠가는 뮤지컬 '맨 오브 라만차'의 넘버 '이룰 수 없는 꿈'
을 열창하는 모습을 기대해본다. 그의 꿈이 이뤄지기를….

네
번
째

모델
한현민

2001년 5월 19일 대한민국 출생 모델 한현민

세계가 먼저 주목한 화제의 인물에서 '슈퍼스타'로

2017년 미국 〈타임〉지가 선정한 세계에서 가장 영향력 있는 10대 30인에 이름을 올리면서 단번에 국내외의 스타가 된 2001년생 모델 한현민. 〈타임〉지가 선정한 세계에서 가장 영향력 있는 10대에 그가 뽑혔다는 외신의 보도 직후 국내에서는 한현민이 누구인지 알아보기 위한 취재 경쟁이 한창 달아올랐었다. 까만 피부 때문에 정말 한국사람인지부터 확인해야 하는 것 아니냐는 말도 나왔다. 그러나 한현민은 대한민국의 평범한 청소년이었다.

한현민은 당시를 이렇게 회고했다.

"발표가 됐을 때 실감이 나지 않았어요. 솔직히 지금도 실감은 나지 않아요. '열심히 하라'는 의미에서 저를 뽑아주신 것 같아요. 그냥 운이 좋았던 것 같아요."

그리고 2년이 흐른 지금 한현민은 '대한민국이 다 아는' 스타가 됐다. 〈타임〉지의 선견지명일까 싶게 말이다. 한현민은 대한민국이 다 아는 스타이자 영향력 있는 인물이자 무엇보다 가장 아름다운 청소년이라고 할 수 있다. 그의 꿈을 좌절시킬 만한 수많은 난관이 있었지만 꿈을 향한 열정과 긍정적인 생각으로 모든 장애를 뛰어넘었기 때문이다. 물론 그 과정에서 수많은 시련과 아픔을 감당해야 하기는 했지만, 한현민은 그것만을 탓하지 않았다. 더욱 노력하고 '잘되겠지'라는 믿음으로 꿋꿋하게 꿈을 향해 나아갔다. 그래서 한현민은 그 자체만으로 아름답고 빛나는 '우리의 롤 모델'인 것이다.

가정 형편 때문에 야구 포기하고 모델로
초등학교 때는 사서 선생님도 다 아는 책벌레

한현민은 2001년 5월 19일 한국인 어머니와 나이지리아 아버지 사이에서 태어났다. 6남매 중 장남이며, 막내 동생과는 무려 열여덟 살 차이가 난다. 야구선수가 꿈이었지만 넉넉하지 않은 형편 탓에 포기할 때도 심각한 반항이나 방황 없이 받아들인 한현민은 이렇게 한 평범한 집안의 장남으로, 또래보다 일찍 모델이라는 직업을 선택한 연예인 청소년으로 살아가고 있다.

예능 프로그램에 출연해 천생 '요즘 애들'의 천진난만한 모습을 보여

주며 사랑을 받고 있는 한현민은 지금은 바빠서 혹은 스마트폰(?) 때문에 책을 많이 보지는 않지만 초등학교 때는 학교 도서관 사서 선생님이 인정하는 '책벌레'였다.

"제가 정말 거짓말 안 하고요. 초등학교 때 책을 진짜 많이 읽었어요. 보광초등학교 사서 선생님도 저를 아실 거예요. 제가 휴대폰을 하도 자주 잃어버리니까 엄마가 '절대로 안 사준다'고 하시고 그 다음에 사주신 게 중학교 2학년 때였어요. 초등학교 4~5학년 때부터 중학교 2학년 정도까지 휴대폰이 없었어요. 용돈이 많지는 않아서 피시(PC)방에 가서 게임하는 것도 한계가 있었고 따로 할 게 없어서 도서관에 갔어요. 한 10시 쯤 가서 3~4시까지 있었던 적도 있어요. 물론 만화책도 섞어서 읽어서 긴 시간 동안 도서관에 있을 수 있었죠. 그리고 만화책은 대여가 안 되지만 다른 책은 도서관에서 하루에 세 권을 빌릴 수가 있었어요. 저는 세 권을 거의 매일 빌려서 봤어요. 방학 숙제로 독후감 쓰기랑 독서 목록 작성하는 것도 저는 거의 다 채웠어요."

지금은 책을 거의 못 읽는다지만 과거에는 정말 많이 읽었음을 "제가요, 정말 '거짓말' 안 하고요, 요즘엔 이게(스마트폰) 되게 잘돼 있고, 책도 이거로 보잖아요"라며 '요즘 애들' 말로 설명하는 모습이 너무나 귀엽고 풋풋한 한현민이다. 책을 현재 많이 읽지 않는 게 잘못은 아닌데도 말이다. 바빠서 책을 못 읽었지만 앞으로는 책을 정말 많이 읽어 보고 싶다고도 했다. 이유는 짧은 생이나마 살아보니 책은 정말이지 다방면에 도움이 되더라는 것을 깨달았기 때문이라고 한다. "연예 활동을 하다 보니 독서의 필요성을 느껴요. 책을 읽으면 지식도 많아지고, 말솜씨도 느는 것 같아요. 앞으로는 자기 관리하는 자기계발서를 읽어 보고 싶어요. 자기계발서에 대한 막연한 거부감이 있었는데, 앞으로는 저를 위해 읽어 보고 싶어요." '대한외국인'을 비롯해 '요즘 애들' 등 수많은 예능 프로그램에 출연하면서 모델뿐만 아니라 만능 엔터테이너로 재능을 발휘하고 있는 한현민. 아직 나이는 어리지만 사회생활을 또래보다 일찍 시작한 탓에 자기 관리의 필요성을 느낀 모양이다.

한현민은 서울경제와의 인터뷰 사진 촬영을 위해 찾은 광화문 교보문고에서는 서점을 자주 와봐야겠다고도 했다. 이유가 그답게 솔직하고 유쾌하고 발랄했다. "요즘 서점은 일절 안 갔어요. 그런데 교보문고를 가니 정말 향이 좋더라고요. 중독성이 있어서 계속 킁킁 거렸어요."

짧은 인생의 영혼을 뒤 흔든 '최애책'은 〈해리 포터 시리즈〉
영국 출장 때 킹스크로스 역에서 인증샷 찍어 행복

한현민은 책을 많이 읽던 시절부터 현재까지도 가장 기억 남고 사랑하는 '최애책(가장 사랑하는 책)'은 〈해리포터 시리즈〉라고 했다. 영화로도 나왔지만 한현민은 영화보다 책으로 먼저 《해리포터》를 접했다. 그는 《해리 포터》를 읽었을 때로 돌아간 듯 신이 나서 책에 대한 이야기를 술술 풀어갔다.

"《해리 포터》는 정말이지 명실상부한 명작이고 제 영혼을 뒤흔들었어요. 해리 포터, 헤르미온느, 론 위즐리가 어떻게 보면 학교에서 사고 뭉치잖아요. 친구들끼리 문제를 해결하고 모험도 하고, 우정도 사랑도

있잖아요. 친구들이랑 몰래 학교에서 장난치고 했던 것들과 비슷해요. 주인공들이 기숙사에 사는데, 기숙사에 대한 이야기도 많아서 궁금하면 파볼 수 있는 정보도 많았어요. 그리고 도구 같은 것도 역사가 있고요. 다른 시대의 역사를 보는 것 같기도 했어요. 그림이 없어서 상상력을 돋우는 데도 도움이 된 것 같아요. 영화로도 보긴 했는데 책의 디테일이 다 나와 있지 않은 점은 아쉬웠죠."

〈해리 포터 시리즈〉 중 가장 좋아하는 시리즈로《해리 포터와 불의 잔》을 꼽은 그는 신이 나서《해리포터》이야기를 계속 이어갔다. 마치 해리 포터 박사처럼 그리고 여전히 어린 그이지만《해리 포터》를 마음껏 읽으며 상상의 나래를 펼치던 더 어린 시절의 한현민으로 돌아간 듯 말이다.

"〈해리 포터 시리즈〉는 양이 많아서 보통 한 권 읽는데 일주일이 걸렸지만, 《해리 포터와 불의 잔》은 이틀 정도 걸렸죠. 《해리 포터와 불사조 기사단》도 되게 재미있게 읽었고요. 어릴 때는 해리 포터 마법 주문도 막 따라 하고 그랬어요. 특히 해리포터가 자신을 공격하는 어둠의 유령 '디멘터'를 내쫓기 위해 수호신을 부르는 '익스펙토 페트로눔'이라는 마법을 친구들에게 장난칠 때 쓰고는 했죠."

그는 촬영차 런던에 갔을 때의 이야기도 들려줬다. 그에게 런던은 《해리 포터》의 나라다. "나중에 런던에 살고 싶었고 꼭 가보고도 싶었어요. 해리 포터가 킹크로스 역 9와 4분의 3 승강장에 들어가잖아요. 해외 촬영차 런던에 갔을 때 킹스크로스 역에서 기념사진도 찍었어요. 그 사진은 집에다 딱 붙여 놨어요." (웃음)

《해리 포터》에 대해서는 정말이지 모르는 게 없었다. "《해리 포터》를 쓰신 조앤 K. 롤링 작가에 대한 이야기도 감동적이었어요. 작가님이 포르투갈에서 영어 강사랑 일하다가 현지 기자랑 결혼했지만 이혼하고 이후에 혼자 딸을 키우면서 카페에서 글을 썼다고 들었어요. 그런 인생 스토리도 뭔가 감동적이었어요."

해외에 알리고 싶은 책은 10대들의 누아르 《우리들의 일그러진 영웅》

책 읽고 나니 엄석대 같은 친구도 보이더라고요

세계가 먼저 주목한 한현민은 해외에 알리고 싶은 국내 작품으로는

이문열의 《우리들의 일그러진 영웅》을 꼽았다. "《우리들의 일그러진 영웅》은 '십대들의 누아르' 같은 작품이라고 생각해요. 엄석대라는 캐릭터도 스토리도 흥미로웠어요. 책을 읽고 나니 학교에서 엄석대 같은 친구들도 보였고요. 어릴 때 읽은 것이어서 제가 정확하게 작품을 이해했는지는 모르지만 십대들의 이야기를 통해 어른들의 이야기를 한 게 아닌가 싶기도 해요. 그러니까 세상 이야기요. 자신은 없어요. (웃음)"

한현민은 소설 외에도 위인전, 스포츠, 만화 등 다양한 종류의 책을 읽으며 지적으로 그리고 정서적으로 성장하며 자신만의 정체성을 키우고, 이루지 못한 꿈을 실현했다고 그의 짧은 생을 되돌아 봤다.

"위인 중에는 도산 안창호 선생님을 가장 존경하고 위인전을 감명 깊게 읽었어요. 스포츠에도 관심이 많아서 제가 야구를 하고 싶을 때는 베이비 루스에 관한 책도 읽었고, 스포츠를 한눈에 알 수 있는 책들도 읽었죠. 올림픽 동계·하계 종목들을 봤는데, 지난 평창 올림픽 때 인기가 많았던 컬링을 저는 진짜 오래 전에 알았어요. 책을 보면서 정말 재밌는 종목이라고 생각했고 제가 남들보다 이 종목을 일찍 알았던 것이 뿌듯하기도 했죠."

삼국시대, IMF 등 현대사에도 관심 많아요
조선시대는 뭐가 너무 많고 복잡해서 어려워요

한현민은 역사에도 관심이 많아서 어릴 때 쉽게 쓰인 역사를 많이 읽었다. 복잡하고 외우 게 많은 조선시대는 잘 맞지 않고, 삼국시대 그리고 현대사는 흥미롭다고 한다. 그가 삼국시대의 경우는 사료가 많지 않아 상상력이 개입될 여지가 많은 다소 '판타지스러운' 역사라는 것, 조선시대는 사료가 많고 고증된 역사적 사실도 많다는 것을 본능적으로 느낀 것이라는 생각이다.

"조선시대는 뭐가 좀 많아서 되게 복잡해요. 사화 같은 것도 되게 많고 어려웠어요. 외울 것도 너무 많고요. 그런데 고구려, 백제, 신라 삼국 시대는 초등학교 때 배우면서 신기하고 재미있었어요. 박혁거세가 알에서 태어나고, 신라가 삼국 통일을 하는 이야기가 재미있었어요. 그리고 박정희, 전두환 대통령 시대, IMF 구제금융 시대 등 역사는 관심이 있어요. IMF를 다룬 영화 '국가부도의 날'도 관심이 가더라고요."

2017년 〈타임〉지가 선정한 영향력 있는 10대 30인에 이름을 올린 이후 그는 언론의 집중 조명을 받았고 대중에게도 커다란 사랑을 받았다. 그리고 급기야는 그의 인생을 담은 《한현민의 블랙 스웨그》라는 책까지 나왔다. 김민경 씨가 한현민과 인터뷰하며 한현민의 삶을 들여다본 책이다. 어린 나이에 자신을 집중 조명한 책이 나온 소감이 궁금했다.

"저에 대한 책이 나온다는 것이 너무 신기하고 감사했어요. 제 일생을 돌아보는 계기가 되기도 했고요. 저에게는 저를 소재로 한 영화 같은 느낌이었어요. 제 인생을 담은 영화 같다고 할까요. 작가님과 계속해서 이야기를 해서 쓴 책이에요. 처음에는 저에 대해 쓸 만한 게 있나 싶었어요. 다른 유명 인사들에 비해 생을 짧게 살았잖아요. (웃음) 책으로 나올 만큼 분량이 될까 싶기도 했고요. 걱정이 되기도 했지만, 그림도 예쁘게 그려주셔서 저는 감사했어요."

'한국 아재 입맛'의 한현민

너무 귀엽고 사랑스러워

한현민은 예능 프로그램에 출연해 10대답지 않은 '아재 입맛'이라는 점, 매운 음식 마니아라는 점 등을 알리며 더욱 친근해졌다. 그는 해외에서도 무조건 한식을 찾는다고 한다. "저는 한국에서 가장 자랑할 만한 것 중 하나가 음식이라고 생각해요. 정말 맛있어요. 해외 출장을 가서도 저는 무조건 한 끼는 한식을 먹으려고 해요. 순댓국, 청양고추, 매운 음식을 워낙 좋아해요. 그런 걸 먹어 줘야 속이 풀리죠."

그는 또 나이지리아 출신인 아버지와의 관계에 대해 솔직하게 털어놓기도 했다. 의사소통에 문제가 있었던 것. "이제 아빠도 한국어를 좀 하셔서 이야기는 통하죠. 아버지는 영어를 잘하시지만 저는 영어를 못하고요."

이제 대화도 잘 통하니 아빠랑 같이 읽고 싶은 책도 있을 것 같다고 하자 "책은 혼자 읽어야죠"라는 재치 있는 대답이 돌아왔다. 자기보다 나이가 많은 사람들에게 추천할 만큼 수준 높은 책은 아직 읽지 못했기 때문이라고 한다.

그의 재치 있는 입담은 끊임없이 이어졌다. "책을 많이 읽지 않는다고 했지만, 이미 많이 읽어서 말솜씨도 좋은데 왜 예능에 출연해서는 허술한 모습만 보여 주나"라고 묻자 "진지한 이야기를 하려면 시사 교양 해야죠"라는 대답을 재빠르게 돌려줘 웃음을 자아냈다. 타고난 '예능 DNA'에 '예능 스웨그'가 넘치는 한현민이다. 그러고는 "시사 교양 프로그램은 주로 아나운서들이 출연하는데, '차이나는 클라스'에 같이 출연한 오상진 아나운서를 보면 정말 '넘사벽'이었다"라며 "깔끔하고 단정하고 똑똑한 인상 그대로였다"고 전했다.

한현민이 처음 패션쇼에 선 건 2016년 3월이다. 당시 동대문디자인플라자(DDP)에서 '2016 가을/겨울 서울패션위크'가 열렸다. 한상혁 디자이너의 브랜드 '에이치에스에이치'의 '소년, 학교, 폭동'을 주제로 한 컬렉션에서 첫 번째 모델로 선 것이다. 이후 그는 수많은 런웨이 무대에 올랐고, 한국을 대표하는 모델이 됐다. 그렇다면 언제부터 모델의 꿈을 키웠던 것일까? 그의 이야기를 들어보니 다른 꿈을 포기하면서 만든 새로운 꿈이 모델이었다.

"야구선수가 되고 싶었는데 포기했어요. 돈이 많이 들거든요. 옷에 관심이 많았는데, 이런 경우 보통 디자이너를 꿈꾸잖아요. 그런데 전 그림을 완전 못 그리는 '똥손'이에요. 디자인을 하려면 어느 정도 밑그림은 그려야 하는데, 그것도 못하는 거죠. 그러다가 언젠가 엄마가 '너 나중에 모델이나 해봐라'라고 툭 던진 말이 떠올랐어요. 옷을 표현하는 직업이고 일단 키도 되고 하니 모델이 돼보자고 결심을 했어요."

그러나 모델의 꿈을 키우던 시절도 평탄하지만은 않았다. 수없이 사기를 당한 것이다. "사기 엄청 많이 당했죠. 쇼핑몰, 오디션 사기 등등 많았어요. 그런데 돌이켜보면 사기당한 것이 오히려 전화위복이 된 것 같아요."

어떤 옷이든 멋지게 소화해내는 한현민은 그렇다면 모델로서는 어떤 옷을 좋아할까. "옛날에는 깔끔하고 '모델스러운' 옷을 좋아했어요. 깔끔하게 타이트한 옷에 구두를 탁 신고 그런 거요. 그런데 요즘은 최대한 어려 보이고 싶어요. 노화가 많이 진행돼서요. (웃음)"

또 외모 중 자신 있는 부분을 꼽아 달라고 하자 "눈이 되게 예쁘다는 말을 많이 듣는다"고 쑥스러워 하면서 말했다.

하고 싶은 일을 하고 있는 이 순간이 가장 기뻐요

가장 슬플 때는 잘하고 싶은데 잘 안 될 때 그리고 배고플 때

어떤 사람이 되고 싶냐고 묻자 "한현민 하면 되게 열정적인 사람으로 기억되고 싶다"며 "무엇을 하든 열심히 하고 열정적이고 꾸준한 사람이 되고 싶다"고 강조했다.

가장 기뻤을 때를 물었더니 '아 이래서 한현민이구나' 하는 대답이 돌아왔다. "솔직히 매 순간이 기뻐요. 지금 하고 싶은 일을 하고 있잖아요. 저는 모델 활동을 할 수 있는 것만으로 엄청나게 감사해요. '대한외국인'에 박명수 선배님이랑 출연하는 것 자체가 신기하고 영광이에요. 박명수 선배님은 제가 어릴 때부터 텔레비전에서 봤어요. 선배님 나오는 프로그램을 엄마가 좋아하고, 저는 그 시간에 '파워레인저'를 본다고 막 떼를 쓰고 그랬거든요. 어릴 때부터 봐오던 분들과 함께 일을 한다는 것 자체가 영광이에요."

가장 슬펐던 순간에 대한 대답 역시 '한현민'이었다. "잘하고 싶은데 잘 안 될 때 가장 힘들었고, 그때가 가장 슬펐죠. 그리고 저는 배고플 때 제일 슬퍼요. (웃음)"

한현민과 대화를 나눌수록 예능을 통해 보여준 그의 모습은 연출된 게 아닐까 싶게 어른스러웠고, 10대에 이미 세상의 이치를 깨달은 이의 현명함이 드러났다. 그의 지혜, 현명함 그리고 재치는 낭중지추였다.

다
섯
번
째

배우
하연주

장서희, 이유리 잇는 '왼손잡이 아내' 악녀로 변신

멘사 회원 '뇌섹녀' 배우 하연주

배우 하연주는 일일 드라마 '왼손잡이 아내'에서 장에스더 역을 맡아 '아내의 유혹'의 김서형, 장서희, '왔다! 장보리'의 이유리를 잇는 '악녀' 캐릭터로 변신해 시청자들의 주목을 한 몸에 받았다. 그는 아이큐 156의 멘사 회원으로 예능 프로그램 '더 지니어스' '대한외국인' 등에 출연하면서 발랄한 '뇌섹녀' 이미지를 확고히 했다. 아이큐가 156인 멘사 회원은 대본을 한 번 읽고도 다 기억하는지부터 '뇌섹녀' 하연주처럼 뇌가 섹시해지려면 어떤 책을 읽어야 하는지, '뇌섹녀의 독서 리스트'에는 어떤 책이 올라 있는지 궁금해 그를 '스타의 서재'에 초대했다.

인터뷰를 하기 위해 서울경제를 찾은 그는 '왼손잡이 아내'에서의 표독스러운 악녀 이미지와는 완전히 달랐다. 극 중에서처럼 눈을 부라리고, 계속 일을 꾸며대느라 초초해 하고, 갑자기 화를 내며 뒤집어엎는 에스더가 아니었다. 늘씬한 몸매에 단발머리가 잘 어울리는 단아한 미인이었다. 하연주와 인사를 나누지 못한 부장들이 못내 안타까워하기도 했다. 부장들이 하연주와 인터뷰를 했더라면 더 반했을 것이라는 생각이다. 하연주의 뇌는 정말로 섹시했기 때문이다.

멘사 회원이라고 대본 빨리 외우는 건 아니에요
'뇌섹녀'의 독서법도 따로 없어요

서울경제 편집국의 시선을 한 몸에 받으며 등장한 하연주에게 일단 멘사 회원이면 대본 같은 건 정말 쉽게 외우느냐고 물었더니 고개를 흔들고, 손사래를 치며 "아아아, 정말 전혀 아니에요"라며 엄살을 부렸다.

"정말 아니에요. 대본 외우기 정말 어려워요. 저도 계속 보고 외우고 또 외우고 그래요. 저도 말로 100번 해보고 외워요. 다들 쉽게 외울 거라고 생각해서 힘들어요. ㅇㅇㅇ."

그렇다면 "멘사 회원의 독서법은 따로 있느냐"고 묻자 그것 역시 없다고 했다. 한 장을 또 읽고 또 읽을 수도 있고, 그 한 장만 계속해서 보면서 느낄 수 있는 지극히 정서적인 활동이 독서이기 때문이라는 것이다.

"에이, 멘사 회원이라고 따로 독서법이 있는 건 아니에요. 여러 가지 책을 동시에 읽어요. 또 읽다가 재미없으면 끝까지 읽지는 않아요. '이 거 다 읽어야 해'라는 부담은 안 가져요. 한 권을 다 읽겠나는 압박이 없어야 책을 가볍고 가깝게 느끼고 취미가 되거든요."

여러 책을 시간 날 때마다 들춰본다는 하연주는 관심사도 다양했다. 커다란 눈을 초롱초롱하게 뜨고 말하는 그의 모습은 호기심이 많아 보였다. 실제로 그는 과학부터 소설, 시, 사회이슈, 종교, 비트코인, 빅데이터 등 다방면에 관심이 많을뿐더러 독서 모임, 과학자 모임 등에서도 활동하고 있다고 했다. 호기심이 생기면 바로 바로 찾아보고 해당 분야 관계자를 만나기도 한다고 했다.

사회 문제 관심 많은 하연주 《아픔이 길이 되려면》 추천
'건강은 공동체의 책임이다'라는 문장 특히 마음 사로잡아

우선 하연주는 스타의 서재를 통해 소개하고 싶은 첫 책이 김승섭 교수의 《아픔이 길이 되려면》이라고 한다. 하연주가 김 교수를 알게 된 것은 윤태웅 공학박사의 신간 《떨리는 게 정상이야》 북콘서트에 패널로 참여하면서다. 당시 김 교수의 책이 좋다는 말을 듣고서 찾아 읽게 됐다는 것이다.

"차별과 사회적 고립, 고용불안, 부조리한 사회구조가 사람의 건강에 어떤 영향을 미치는지 역학 관계를 정리한 책이에요. 책을 읽다가 자각하지 못했던 차별을 자각하게 되기도 했어요. 마음의 불행이라든지 마음의 상처로 끝나는 게 아니라 건강에 영향을 미쳐서 몸을 해치는 사례도 알게 됐고요. 책을 읽으면서 차별에 대해 생각하게 되고 사회적으로 고립되는 사람들도 생각하게 됐어요. 우리도 살면서 사회적 문제를 경험하기도 하잖아요."

사회적 차별이나 고립에 깊이 공감한 듯해 "사회적 차별을 당했거나 고립당한 적이 혹시 있느냐"고 물었다. 하연주는 웃으며 "원래 그냥 사회적 문제에 관심이 많다"고 말했다.

"사회적인 문제에 제가 그냥 관심이 많아요. (웃음) 정말 김 교수님께서 이걸 연구하면서 비슷한 결과들이 나왔어요. 최근에 가장 이슈가 됐던 게 면세점 직원들 이야기에요. 직원 화장실이 따로 있고 수도 적고 멀리 떨어져 있대요. 그래서 화장실을 이용하려면 멀리까지 가야 하고요. 그리고 이분들은 계속 서 있어야 하고 렌즈도 끼고 있어야 하는데 관련 질병은 없는지 등이 이슈가 돼서 뉴스로도 많이 나왔어요. 우리가 생활하는 공간인데 그 안에는 우리가 생각하지 못한 차별이라든지 힘든 게 있는 거잖아요."

그러면서 그는 책을 뒤적이더니 인상적인 문장을 읽어줬다.

"'건강은 공동체의 책임이다'라는 말이 정말 좋았어요. 우리가 질병은 개인의 문제라고 생각하잖아요. 그런데 사실은 공동책임인 것도 있어요. 사회적으로 관심을 기울여서 개선해야 할 부분은 개선하고, 개인의 문제로만 치부하지 않아야 하지 않을까라고 생각해요."

'봄이 되면 종달새는 울지 않을 수 없다'(《반 고흐, 영혼의 편지》중)

"배우도 고용불안에 시달리거든요"

'왼손잡이 아내'를 하기 전까지 일 년가량의 공백기를 보내며 다시 연기를 선보일 날을 기다렸다는 하연주. 그는 진정한 연기자가 되는 날을 기다리는 자신의 마음을 닮은 것 같은 '봄이 되면 종달새는 울지 않을 수 없다'라는 문장이 자신을 사로잡았다며 빈센트 반 고흐가 동생 테오에게 보낸 편지들을 묶은 책《반 고흐, 영혼의 편지》에 대해서도 이야기했다.

"그 문장을 고흐가 어떤 의미로 썼는지 모르겠고 읽는 사람마다 견해가 다를 수 있어요. 아마 고흐가 사랑에 실패한 후 쓴 문장인 것 같기는 해요. 그런데 저는 이 문장이 '희망'으로 다가왔어요. 예를 들면 제가 일을 좀 하고 싶은데도 쉬고 있을 때가 있었는데, 그 문장으로 '아직 때가 오지 않았고, 때가 오면 자연스럽게 될 거야'라는 희망을 얻었어요. 그래서 그 문장을 좋아해요. 연기자는 원래 기다리는 직업이에요. 그동안 기다린 일이 많았지만 희망을 가졌죠. 지금 하고 있는 '왼손잡이 아내' 끝나면 쉬지 않으려고요. (웃음) '봄이 왔다. 종달새는 울고 있다' 이러고 있어요. (하하하) 배우도 고용 불안에 시달려요. (웃음) 앞서 말씀 드린《아픔이 길이 되려면》에 공감했던 것도 아마 이 때문일 거예요."

하연주는 또 고흐가 한 말을 인용하며 카메라를 두려워하지 않는 진정한 배우가 되겠다는 다짐도 전했다.

"'화가의 영혼과 지성이 붓을 위해 존재하는 게 아니라 붓이 그의 영혼과 지성을 위해 존재한다. 진정한 화가는 캔버스를 두려워하지 않는

다. 오히려 캔버스가 그를 두려워한다.' 이 말을 하기 전에 고흐는 사실 자기는 캔버스가 두렵고, 하지만 극복하겠다는 말을 했어요. 신성한 연기자는 카메라를 두려워하지 않는 것이겠죠. 저도 어서 진정한 연기자가 되겠다고 다짐했어요."

'뇌섹녀의 독서리스트'
《호모사피엔스》《희랍어 시간》《흰》《서랍에 저녁을 넣어두었다》

'왼손잡이 아내'에 모든 에너지를 쏟고 집중하고 있어 요즘에는 오직 대본만 보는 그이지만, 이 작품에 들어가기 전 공백기에는 책을 읽는 게 일상 중 하나였다.

"잠자기 30분 전에 책을 읽고 자는 습관을 들이려고 했어요. 혼자는 어려워서 유튜브 라이브로도 했는데 꽤 많은 분들과 같이 시간을 보냈어요. 당시에 《나미야 잡화점의 기적》 유발 하라리의 《호모사피엔스》 한강의 《희랍어 시간》 등을 읽었던 것 같아요. 한강 작가의 작품은 《흰》 《서랍에 저녁을 넣어두었다》도 감동적이었어요. 《희랍어 시간》을 읽을 때는 제가 희랍어를 실제로 배우고 있어서 책에 있는 희랍어를 읽어보고 그랬어요. (웃음)"

하연주는 주로 공백기에 책을 읽으며 자신의 때가 오기를 기다린 듯했다. 배우를 기다리는 직업이라고 정의한 이는 지금까지 스타의 서재에 초대한 이들 중 유일했다. 그렇다면 배우로서 가장 어려운 것이 무엇일까.

"글쎄요. 어려운 점이 많은 것도 같고 없는 것도 같지만. (웃음) 기다릴 때 마음이 어려운 것 같아요. 고용불안, 이게 저의 건강을 해칠 수 있어요. (웃음) '내 몸이 아픈 건 이런 거 때문이야' 이러면서 《아픔이 길이 된다면》을 공감하면서 읽었어요. '이 마음 때문에 몸이 아픈 거거든'. 이러면서요. (웃음) 일이 확정된 게 없을 때 불안하죠."

여성에게 아름다움 강요하는 건 신화와 같은 것
여배우로서 아름다움에 대한 압박, 고민 많았어요

그는 배우로서의 어려운 점인 고용불안과 기다리는 시간을 꼽다가, 《무엇이 아름다움을 강요하는가》라는 책을 추천했다. 이 책이 아름다움에 대한 고정관념에 벗어나 시야를 넓혀줄 것이라고 한다.

"제가 속한 엔터테인먼트 산업 자체가 외모는 아름다워야 한다는 고정관념이 강하잖아요. 어렸을 때부터 선배님들이 아름다움에 대한 압박을 받고, 나이 먹는 것에 대해서도 압박을 받는 걸 봤어요. 그래서 제가 이 세계에서 위치를 어떻게 해야 할지도 고민했어요. 저는 약간 일부러 외모 등에서 둔감하려고 노력했어요. 여성들의 외모에 대한 강조가 제가 속한 이 산업만의 일이라고 생각했는데 《무엇이 아름다움을 강요하는가》를 읽어 보니 사회가 여자에게 아름다워야 한다는 의식을 심어주고 그런 인식이 사회 밑바탕에 깔려 있다는 걸 깨닫게 됐어요. 책에는 아름다움이라는 것은 신화이고, 이 신화를 누가 만들었으며 믿게 됐는지가 나와요. 출근할 때도 우리는 꼭 화장을 하는데, 그게 자신의 자유도 선택도 아니라 강요받는 거래요. 어떻게 그런 강요가 여성들에게 내면화됐는지, 앞으로 어떻게 해야 좀 나아질 수 있는지, 우리는 어떻게 하면 건강하게 살 수 있는지에 대해 이야기해요. 요즘은 여자를 꽃에 비유하지 않잖아요. 몇 년 전까지만 해도 그게 칭찬이었죠. 이렇게 사람들이 뭐가 잘못됐는지 알아야 바꿀 수 있는 거잖아요. 옛날부터 당연하게 여겼던 것들을 다른 시각으로 바라보고, 시야를 넓혀줄 만한 책입니다."

여배우들에게 아름다움은 필수이자 운명이라고 생각했다. 비 연예인이라도 여자로 태어나는 순간 아름다움에 대한 추구는 당연하다고도 생각했다. 그런데 이 아름다워야 한다는 강박은 때로는 자아와 자존감을 오히려 낮추기도 한다. 그러나 하연주는 이 아름다움에 대한 강박이 어디에서 시작됐는지를 공부하고 있었다. 이런 그가 여배우로서 그리고 그냥 '사람 여자' '여자 사람'으로서 진정 아름답고 건강하다는 생각이 들었다.

어쩌면 우리는 '지금 이 순간'에 산 적이 없어요
지금 이 순간을 살 때 진정한 삶이 펼쳐져요

하연주는 또 에크하르트 톨레의 《삶으로 다시 떠오르기》는 고민이 많고 걱정이 많고 마음이 시끄럽고 복잡할 때 읽어보라고 권했다. 하연주는 "두꺼운 책이라서 제가 잘 정리해서 말할 수 있을지 모르겠다"며 "아, 정말 소설 같은 거 이야기하면 편한데 괜히 이런 책 이야기해서 저

이상한 사람으로 인터뷰 나가는 거 아니에요?"라고 웃으며 말하기도 했다.

"《삶으로 다시 떠오르기》라는 책은 지금 이 순간을 사는 방법을 이야기해요. 그것만이 우리가 해야 할 일이라고 얘기하고요. 우린 많은 시간을 지금 이 순간에 있지 않고 과거와 미래에 있는 경우가 많아요. 그러지 않고 지금 이 순간을 살 때 진정한 삶이 펼쳐진다고 말하죠. 우리는 걱정을 많이 하는데 사실 그 걱정이 지금 이 순간에 일어나는 일이 아니라, 과거에 일어났던 일이나 미래에 대한 일이에요. 이런 걸 보면 우리는 어쩌면 '지금 이 순간'에 산 적이 없을 수도 있다는 생각이 들어요. 우리 생각은 과거에 있거나 미래에 있으니까요. 정리하면 책은 '현재에 집중하자'는 그런 이야기입니다."

하연주는 책에서 인상 깊었던 구절은 "유일하게 가능한 것은 지금 성공하는 것 그것뿐이다"라며 이게 바로 저자인 폴레가 전하는 메시지라고 설명했다.

"우리는 내일 어떻게 해, 모레 어떻게 해, 이러잖아요. 현재에 집중하자면서도 잊고 계속 과거, 미래 걱정을 하기는 하지만, 저의 의식을 현재로 데려오는 그런 연습을 하고 있어요."

하연주가 지금까지 소개한 《아픔이 길이 되려면》을 비롯해 《반 고흐, 영혼의 편지》《무엇이 아름다움을 강요하는가》《삶으로 다시 떠오르기》 등은 배우로서 고민하던 당시 읽은 책들이라는 느낌이다. 미래가 불안하고 힘들 때마다 하연주는 이러한 책들을 읽으면서 불안을 잠재우고, 다짐했을 것이다. 반드시 좋은 배우가 되겠다고 말이다.

책을 보면 안전한 세계에 들어가는 것 같은 기분

힘들거나 고민 생길 때 책에서 위로 받아요

"저는 사실 책에서 위로를 많이 받아요. 그래서 힘들거나 고민이 생길 때 책을 들춰보게 돼요. 문학으로의 도피라고까지 생각하는데요, 책을 보면 어떤 안전한 세계에 들어가 있는 기분이 들어요. 현실과는 다른 세계에서 희로애락을 느끼고 나오면 또 다른 삶을 살아 본 것 같은 경험을 하기도 하고, 반대로 왜 장자의 나비 꿈처럼 제 세계를 객관화시켜서 보기도 하게 되고요. 그래서 소설을 읽고 문학으로 깊이 파고들어가는 경험을 좋아해요."

하연주는 데뷔 초에도 책과 함께 시간을 보냈다. 그는 그 시간들이 그립다며 당시 이야기도 들려줬다.

"제가 데뷔 초반에 '인기가요'라는 음악프로그램 엠씨를 하던 때였는데 스케줄이 일주일에 하루뿐이고 주중에는 시간이 많으니까 엄마랑 동네 도서관에서 시간을 많이 보냈어요. 큰 나무들에 둘러싸여 있는 작은 도서관이었는데, 지금은 확장했더라고요. 큰 창을 바라보는 소파에 앉아서 읽고 싶은 책을 쌓아두고 고즈넉한 시간을 즐기던 때가 가끔 그리워요."

이처럼 책을 좋아하는 하연주가 혹시라도 자주 들르는 서점이 있을까?

"자주 가는 서점이 있다기보다 늘 서점을 구경하는 편이에요. 여행을 가도 꼭 서점에 들르고요. 서점이라는 공간이 주는 편안함을 좋아해요. 또 편안함도 있지만 서점에 가면 트렌드를 읽을 수 있어요. 신간 코너의 책 제목만 훑어도 세상의 흐름을 파악할 수 있어요."

책을 구입하면 하연주는 바로 읽기 시작한다고 한다.

"버릇이라기보다는 책을 사자마자 읽는 걸 좋아해요. 음식도 따끈따끈 갓 나왔을 때 먹어야 맛있는 것처럼 책도 사서 바로 읽어야 재밌게 느껴지고요. 식으면 재미가 없게 느껴지더라고요. (웃음)"

한강 작가 팬. 《희랍어 시간》《흰》 등도 읽었어요

동네 책방에서 하는 시 모임에도 나가서 시도 써봤죠

하연주의 책 에피소드는 끝이 없다. '왼손잡이 아내'를 시작하기 전에 유튜브를 통해 팬들과 책을 읽었던 이야기도 들려줬다. 시부터 한강의 소설, 유발 하라리의 인문학 서적까지 정말로 뇌가 섹시하지 않으면 읽을 수 없는 책들로 다양했다.

"《나미야 잡화점의 기적》은 반전도 있고, 감수성을 자극한 책이어서 읽으면서 많이 울었어요. 한강의 《희랍어 시간》도 좋았어요. 표현력이 정말 좋았고요. 그때 제가 마침 희랍어 공부하고 있었어요. 책 읽으면서 '나 이거 읽을 수 있어' 이러면서 희랍어를 읽어 보기도 했어요. 예전에 읽다가 다시 읽었는데 한강 작가가 너무 너무 표현을 잘했어요. 한강 작가의 또 다른 책인 《흰》도, 시집인 《서랍에 저녁을 넣어 두었다》도 읽었어요. 그리고 박준 시인의 《당신의 이름을 지어다가 며칠은 먹었다》도 좋아해요."

박준 시인 이야기를 하던 하연주는 시 예찬론을 펼치기도 했다.

"시집을 사실 좋아해요. 그냥 안 가리고 읽기는 하지만요. 시집이 정말 좋은 게 가벼워서 가지고 다니기도 편하고, 아무 데나 펼쳐 읽어도 좋고, 다시 읽어도 새롭게 느껴져서 좋고요."

하연주는 시가 좋아서 동네 책방의 시 모임에도 나가고 있다고 한다.

"동네 책방에 시 모임이 하나 있어서 나갔어요. 시인인 친구가 모임을 만들었어요. 시도 써보고 같이 읽어보고 그랬어요. 시를 한 번도 안 써봤다고 하니, 그 시인 친구가 한 번도 시를 안 써본 친구의 시를 보고 싶다고 해서 시를 썼는데, 시를 쓰는 게 되게 재미있었어요. 제가 쓴 시를 다른 사람들이 서로 다르게 해석하더라고요. 수수께끼를 만드는 기분이 들기도 하고, 표현력도 길러지는 것 같아서 정말 재미있었어요."

과학 관심 많아 앞으로 읽고 싶은 책은 《플라이룸》

기존 학설 틀렸다는 게 밝혀지면 바로 승복하는 과학계 매력

과학에 관심이 많은 하연주는 저자인 김우재 박사에게 선물을 받은 《플라이룸》을 앞으로 읽을 책 리스트에 올렸다.

"요즘 인기를 끌고 있는 대중과학책들은 대부분 실험실을 떠난 과학자들이 과학에 대해 이야기 하는데요. 지금 '실험실'을 지키고 있는 '과학자'가 대중들을 상대로 과학을 이야기하는 책이에요. 우리나라의 기초과학의 위기를 지금 직접 겪고 있는 사람이 직접 얘기하는 거예요. 본인의 연구 분야와 성과인 초파리에 사회, 과학, 역사를 담은 책이라 기대가 됩니다. 또 과학을 새로운 인문학으로 포용해야 한다는 저자의 견해에도 동의해요. 한국 사회에 대한 오피니언에 과학기술 전문가의 의견이 좀 더 많이 포함되어야 한다고 생각해요."

하연주는 과학자들 사이에는 아름다운 규범이 있는데 이 규범을 사회에 적용하는 것도 좋을 것 같다며, 이 규범을 신기해하면서도 진지하게 설명했다.

"제가 최근에 과학자 모임에 가입을 했어요. 궁금하면 제가 직접 찾아보고 책으로 배운다고 했잖아요. 과학에 관심이 생겨서 가입을 했어요. 그 과학자 모임에서 과학자들을 보니 상당히 오픈 마인드이고, 이들 사이에서는 아름다운 규범이 있더라고요. 예를 들어 이게 바나나라고 정의됐는데, 어느 과학자가 이건 바나나가 아니라는 것을 증명하면 바로 승복해요. 권위보다 증명된 사실이 더 중요한 거죠. 다른 분야에서는 아닌 게 밝혀져도 그동안 해온 것 때문에 인정을 안 하는데 과학은 '이게 아니다'라고 하면 바로 바뀐대요. 아인슈타인이 말을 했는데 그게 아니라는 게 증명되면 바로 바뀌는 거죠."

과학의 세계에 빠져 있는 하연주는 '과학자 세계의 4가지 규범'이라는 매력적인 것이 있다며 이를 나에게도 캡처해 보내줬다. 그는 이 아름다운 규범이 우리 사회에도 적용됐으면 한다고 했다. 4가지 규범은 △보편성 △공유성 △탈이해 관계 혹은 이해관계의 초월 △조직화된 회의다. 보편성이란 과학적 연구의 타당성이나 과학자의 업적은 인종, 성, 국적, 소속 기관의 명성과 상관없이 정당한 기준에 따라 평가돼야 함을 의미한다. 공유성은 모든 과학적 발견은 다른 과학자와 공유해야 함을, 탈이해 관계는 연구 수행 등이 개인적 이해관계에 영향을 받아서는 안 됨을, 조직화된 회의는 과학적 증거에 입각해 확실한 지식에 도달할 때까지 모든 주장에 대해 그 출처의 권위와 상관없이 비판적이고 회의적인 태도를 견지해야 함을 각각 의미한다.

연기자로서 카메라 앞에서 당당하고 멋지고 싶어요

소소한 삶의 이야기 깊이 있게 풀어내는 노희경 작가 작품 출연이 꿈

2008년 드라마 '그 분이 오신다'로 데뷔한 하연주는 올해로 데뷔 12년 차다. 영화 잡지를 보다가 우연히 오디션을 보고 데뷔를 했다. '로열 패밀리' '로맨스가 필요해' '막돼먹은 영애씨' '지성이면 감천' '연애조작단: 시라노' '불굴의 차여사' 등에 출연하며 이름을 알렸지만 앞으로 더욱 빛나는 연기자가 싶다고 한다.

"데뷔 당시 '그 분이 오신다'의 권석 국장님께서 낭중지추라며 용기를 많이 주시던 기억이 나요. 앞으로는 정말 연기자로서 카메라 앞에서 당당하고 멋지고 싶어요. 노희경 작가님 작품에도 출연하고 싶어요. 우리 사는 이야기들을 소소하지만 특별한 이야기로 만드시잖아요. 꼭 출연해 보고 싶어요. 작가님의 작품인 '굿바이 솔로'도 좋아해요. 또 '괜찮아 사랑이야'에서도 단역으로 출연했어요. 특별하게 선과 악이 나뉘는 건 비현실적인 것 같아요. 악역이라도 이유가 있는 그런 캐릭터를 좀 표현해 보고 싶어요. 저는 악역은 말투가 워낙 다르고 뾰족해서 그걸 연기하는 게 어려웠어요. 악녀 역할이 정말 어려워요. 제가 여우같이 하는 걸 못해요. 여우 같은 게 뭔지 모르니까, 연기로도 잘 표현이 안 되는 거예요."

걸그룹
모모랜드

귀엽고 상큼한 걸그룹 모모랜드

중독성 있는 멜로디 쉽고 귀여운 안무로 인기 '뿜뿜'

2018년 1월 초 발표한 '뿜뿜'은 데뷔 3년 차인 모모랜드를 '올해의 아이돌'이라는 타이틀과 더불어 K팝을 대표하는 아이돌이라는 명성을 한 번에 안겨줬다. 중독성 있는 멜로디에 꼬마들도 따라 할 정도로 쉬운 안무 덕이다. '뿜뿜'(Bboom Bboom) 안무 영상은 무려 1억2000만 뷰를 기록해, 2위 블랙핑크의 '뚜두뚜두' 3위 빅뱅의 'BANG BANG BANG'를 제치고 압도적인 1위를 차지하기도 했다. 이후 발표한 '배엠'(Baam) 역시 커다란 인기를 끄는 등 그야말로 2018년은 모모랜드의 해였다고 해도 과언이 아니었다.

모모랜드는 해외에서도 주목받는 K팝 아이돌이다. 2018년 8월 모모랜드가 '케이콘 2018 LA'에 참석했을 때, 빌보드가 "비주얼적으로 센세이션을 일으켰다"며 '뿜뿜'의 성공과 뒤이어 발표한 '배엠'에 대한 인터뷰를 하는 등 팝의 본고장인 미국에서도 주목받고 있다.

또 모모랜드는 2018년 6월 'BBOOM BBOOM'으로 일본에서도 데뷔 앨범을 내 주목받았다. 데뷔 앨범 발매 당시 오리콘 데일리 앨범 차트에서 3위를 기록했고, 발매 첫날 7위에 진입한 이후 4위, 3위에 오르는 등 상승세를 보여줘 '제2의 티아라'로서의 가능성을 높였다. 이뿐만 아니라 필리핀 등 동남아시아에서 모모랜드의 팬덤이 빠른 속도로 형성되고 있다.

종이책 넘기는 사그락 사그락 소리에 힐링
바쁜 일정 속에서도 책 읽으며 '힐링힐링'

연습생을 거쳐 데뷔를 하는 과정은 치열하기만 하다. 치열한 경쟁을 뚫고 데뷔를 하고, 이제는 K팝 대표 걸그룹으로서 '여자 방탄소년단'이라고 불러도 좋을 정도의 기록을 쏟아내고 있는 모모랜드 멤버들은 하나같이 온갖 역경에도 끝까지 자신들의 꿈을 향해 나아갈 수 있도록 한 힘 가운데 하나로 내적 역량을 쌓게 해준 독서를 꼽았다.

서울 강남구 논현동의 MLD엔터테인먼트 사옥에서 만난 모모랜드는 책 이야기를 할 때마다 눈빛이 초롱초롱해졌다. 책을 대하는 그 진지함 속에서 서너 살 꼬마부터 중년의 '아재들'까지, 모두에게 사랑받는 모모랜드의 건강하고 밝은 아름다움이 반짝반짝 빛이 났다. "연습생 시절에는 학교 공부에 소홀할 수밖에 없는데, 책을 읽으면서 어휘력도 키우고, 지식도 많이 얻게 된 것 같아요. 또 책에는 우리가 상상할 수 있는 모든 세계가 들어 있어요. 현실적인 이야기부터 판타지까지 다 있죠. 때론 불안하고 힘들 때마다 책을 통해 현실에서 벗어나면 스트레스가 풀리는 것 같아요." 종이책 예찬 또한 각별했다.

"데뷔 후 정말 바빠져서 책을 읽을 시간이 없는 데다, 이동하면서 읽을 때는 종이책이 편해요. 종이 책에 쓰인 문자가 훨씬 눈에 잘 들어오고, 집중도 잘 되고, 따뜻한 느낌도 좋고, '삭삭' '사그락 사그락' 책 넘기는 소리가 따뜻해서 좋아요. 일정 마치고 밤에 누워서 종이 책을 보면 힐링이 돼요."

몸이 열 개라도 모자랄 정도로 바쁜 모모랜드지만 틈나는 대로 온라인 서점을 비롯해 오프라인 서점, 중고서점을 찾는 멤버들이 있을 정도로 책에 대한 애정이 특별하다. "가장 감명 깊게 읽은 책이 무엇이냐"고 묻자 소설부터 시집, 에세이, 자기계발서, 영어 원서 등을 멤버 개개인의 취향을 담아 소개했다.

'걸크러시' 리더 혜빈 《리더의 격》 추천해요

"리더는 능력보다 격이 중요해요"

우선 '걸크러쉬' 리더 혜빈은 《리더의 격》을 꺼내 들며 "공감 또는 힘을 얻지 못해 자기계발서를 읽지 않는 편인데, 멤버 주이가 생일 선물로 줘서 읽게 됐다"며 "리더로서의 역할을 고민하게 될 즈음 나름 도움

이 된 것 같다"며 책에 대한 이야기를 시작했다. "'리더'라는 단어에 대해 다시 한 번 생각해봤어요. '단순히 나이가 많아서?' '경력이 오래돼서?' 이런 표면적인 요소만으로 리더가 된다면 그 공동체는 큰 어려움을 겪지 않을까 싶어요. 《리더의 격》, 특히 '격'이라는 단어가 참 무겁게 다가오더라고요. 책을 읽고 '격'이라는 단어의 뜻을 다시 찾아봤어요. '주위 환경이나 형편에 자연스럽게 어울리는 분수나 품위.' 이건 끊임없이 노력해야 하는 것 같아요. 천부적인 것도 있겠지만 노력하고 공부하고 갖추려고 정진해야 하는 것이겠죠?"

그러면서 그는 책 속의 한 문장으로 "리더는 능력보다 '격'이 중요하다"를 꼽았다. 어리지만 리더로서 팀의 기둥 역할을 하며 단단해진 '아이돌 리더의 격'이 느껴지는 대목이었다.

멤버 중 최고의 다독 요정은 제인
《나미야 잡화점의 기적》은 후반부로 갈수록 경이로운 소설

멤버 중에서 책을 가장 많이 읽은 제인은 국내에서만 판매량 100만 부를 돌파한 베스트셀러 《나미야 잡화점의 기적》을 감명 깊게 읽었다고 한다.

"후반부로 갈수록 경이롭다는 생각을 했는데, 이런 생각이 든 건 이 책이 처음이에요. 복선을 뿌려 놓고 회수하는 방식이 너무나 신기했어요. 소소하고 사소한 이야기들이 모이면 무엇보다 특별한 이야기가 되는 것 같아요. 사실 누구나 24시간을 함께하며 다큐멘터리처럼 촬영하

면 그 사람의 일상이 특별해진다고 생각해요. 어느 누구 하나 특별하지 않은 사람은 없는 거죠.《나미야 잡화점의 기적》은 그런 별 볼일 없는 것들이 모여 기적을 이루는 이야기에요. '나는 특별하지 않아. 내 삶은 별로야'가 아니에요. 누구의 삶이나 모두 특별해요."

'여자여자하고' 사랑스러운 연우
따뜻한 감성 물씬《고양이는 안는 것》에 감동 받았죠

여성스럽고 사랑스러운 연우는 따뜻한 감수성이 물씬 풍기는《고양이는 안는 것》을 가지고 나왔다.

"외로운 고양이와 사람이 사랑을 주고받으면서 행복을 찾아가는 과정이 몹시 따뜻하게 다가왔어요. 이 책에 '네코스테'라는 단어가 등장하는데 '고양이를 버리다'라는 뜻이에요. 요즘 저는 유기묘에 대한 관심이 많은데, 그래서 이 책을 추천하고 싶었어요. 책에선 특별한 사건이 전개되거나 하진 않아요. 다만 사람과 고양이가 서로 교감하는 면에 스토리가 집중되죠. 사람과 고양이는 다르지 않아요. 사람이 덩치가 크다고, 말을 할 줄 안다고 고양이를 해하거나 괴롭혀서는 안 되는 것 같아요. 그들을 존중하고 안아줘야죠."

그러면서 연우는 가장 인상 깊은 문장을 "고양이는 그리는 것이 아니야, 안는 거야"라고 꼽으며 마치 고양이를 안고 있는 듯 따뜻한 표정을 지어 보였다.

장난기 한가득 매력 한가득 태하
쉽고 재치 있는 하상욱의 《서울시》 재미있어요

태하는 장난기 가득한 표정으로 소셜네트워크서비스(SNS) 시인 하상욱의 《서울시》를 소개했다.

"하상욱의 시는 간결하면서 웃기게 풀었는데, 그 뜻은 깊은 것 같아요. 짧은 글귀를 통해 깊은 생각을 하게 하는 것 같아요. 《시 읽는 밤: 시 밤》도 읽었어요. 시라는 장르는 막연하게 어렵다고 생각했었어요. 근데 언젠가는 또 '시가 쉬우면 안 되나?'라고 스스로에게 돼 물었어요. 이 책은 그런 책이에요. 쉽고 재치 있고 얕고 깊은 웃음이 반복되는 그런 재미있는 책. 예전에 이어령 선생님이 '가장 잘 쓴 글은 이해하기 쉽게 쉬운 말로 쓰인 것이다'라고 인터뷰하셨던 것을 본 기억이 있어요. 내 머리도 복잡한데 복잡한 글까지 들어오면 어렵잖아요. 글이라도 쉬워야죠!"

미국에서 어린 시절 보낸 막내 낸시
《잘못은 우리 별에 있어》 순수한 주인공들의 아름다운 사랑에 큰 울림

모모랜드의 막내이자 미국에서 어린 시절을 보낸 낸시는 《잘못은 우리 별에 있어》의 영어 원서인 《더 폴트 인 아워 스타즈(The Fault in Our Stars)》를 들고 나왔다. "이 책은 몇 년 전 개봉했던 영화 '안녕, 헤이즐'의 원작으로 더 유명해요. 10대여서 가능한, 순수하고 아름다운 사랑을 그린 책인데 한 문장 한 문장을 읽어 내려가다 보면 어느새 내가 영화

속 여주인공이 된 것처럼 마음이 아리더라고요. 어떤 상실감에 대한 공감을 아직 깊게 할 순 없지만 글쎄요, 제가 10대여서 느끼는 또 다른 상실감은 특별한 울림으로 다가오는 것 같아요."

동화 속 상큼한 주인공 같은 데이지
《이상한 나라의 앨리스》 이야기 만들어진 배경이 와닿았죠

동화 속 상큼한 주인공 같은 데이지는 《이상한 나라의 엘리스》를 의미 있는 책으로 꼽았다.

"제 또래 친구 중에 과연 이 책을 모르는 사람이 있을까 싶어요. 그만큼 누군가에겐 식상할 수도 있지만, 이 책은 저에겐 다른 의미에서 특별해요. 이 책의 스토리보다는 이 이야기가 만들어진 배경이 와닿았고, 그것이 이 책을 특별하게 만든 것 같아요. 《이상한 나라의 앨리스》는 작가 루이스 캐럴이 자신이 공부하던 학교 학장의 딸 앨리스를 위해 즉흥으로 만든 이야기예요. 특별한 누군가를 위해 세상의 모든 것을 재미있는 풍자와 우화로 바꿔 천천히 그리고 자세하게 들려준다는 것이 너무 로맨틱해요. 이 책은 저에게 로맨틱함 그 자체예요."

여운 남는 소설 좋아하는 나윤
나에 대한 고민 깊어지는 시기 읽었던 《빽넘버》 추천해요

여운이 남는 소설을 좋아한다는 나윤의 선택은 한국 소설 《빽넘버》

였다.

"'사람은 누구나 태어날 때부터 꼬리표를 갖는다.' 사실 제목 《빽넘버》를 처음 마주했을 때 어떤 인간의 꼬리표에 대한 이야긴 줄 알았어요. 나 스스로에 대한 고민이 깊어지는 시기였기에 더욱 그랬는지도 몰라요. 운명적으로 끌린다는 표현처럼 집에 돌아오니 《빽넘버》가 손에 들려 있더라고요. 그걸 인식한 순간부터 주저앉아 읽었는데, 이건 꼬리표가 아닌 사람 수명에 관한 표지를 말하는 것이었어요. '인간은 누구나 죽는다'가 이 책의 큰 틀이었죠. 사람은 누구나 죽음을 맞이하죠. 언젠가는 말이죠." 또 나윤은 《빽넘버》에서 다음의 문장을 잊지 못한다고 했다. "아이가 길을 걷는다. 한눈팔지 않고 걷는다. 길섶에 핀 꽃들도 외면하고 나무 그늘에 앉아 쉬지도 않고 살랑살랑 부는 바람도 느끼지 못하며 열심히 걷는다. 그러다 예고도 없이 갑자기 길이 끝난다. 길이 끝날 수도 있다는 것은 아무도 말해주지 않는다. 나조차 말해주지 않는다."

혜빈 "책 읽는 사람은 멋있어요"

"책을 읽다 보면 다음 문장이 기다려져요"

모모랜드는 '아이돌이 책을 읽을까'라는 나의 편견을 완전히 깬 첫 아이돌이었다. 시간이 날 때마다 책을 읽으면서 스타로서 겪어야 하는 수많은 난관들을 헤쳐 나갈 수 있도록 '멘탈'을 키우고 있었다. 그래서 모모랜드는 어떤 아이돌보다 책에 대해 할 이야기가 많았다.

혜빈은 "책 읽은 사람이 멋있다"고 했다. 책에 대한 이야기를 꺼내놓는 그에게서 '걸크러시' '카리스마'보다 어린 한편 단단한 내면이 느껴졌다. "저도 멋진 사람이 되고 싶었고, 지금 이 순간에도 그 계획은 계속 진행 중이예요. 세상엔 참 아름답고 멋있는 문장을 자유자재로 만드는 사람들이 많은 것 같아요. 그들의 생각이 궁금하고 그들의 다음 문장이 기다려져요. 책 한 권을 읽을 때, 때로는 이런 생각을 해요. 이 책이 끝나지 않았으면 좋겠다. 제발 다음 페이지가 있기를 간절히 바라죠. 그러다 보면 어느새 책이 끝나버리고 한동안 그 여운에 사로잡혀 멍하니 앉아 있곤 해요. 책은 저에게 동경이자 우주와 같아요."

연우 "혼자 시간 보낼 때 책은 좋은 친구"
낸시 "책은 한국어를 사랑하게 되는 계기"

연우는 책을 통해 꿈과 판타지 그리고 자신만의 동경을 만나고 있었다. "혼자서 시간을 보낼 때면 책을 많이 봤어요. 내가 다른 공간에 있는 듯했고, 다른 사람인 듯했고, 하고 싶거나 해보고 싶은 것이 있으면 그와 관련된 책을 보았던 것 같아요. 그 순간 나는 그런 사람이 되었으니까요. 활동이 바빠지면서 책을 읽는 시간이 많이 줄었어요. 그래도 항상 상상을 하며 좋았던 순간의 나를 기억하며 요즘도 자주 책을 향해서 손을 뻗고 있어요."

한국어가 낯설었던 낸시에게 책은 한국어를 사랑하게 되는 계기가 돼 줬다. "영어 원서로 된 책과 한글로 된 책은 같은 책이라도 사뭇 다른 느낌을 내는 것 같아요. 그리고 새삼 '한글이 참 아름답구나' 이런 생각을 해요. 영어로는 'BLUE' 하나로 표현해야 하지만 한글은 '파랗다' '푸르다' '파아란' '파란' 등 다양한 형태로 확장돼서 표현 가능하잖아요. 한글을 이해하고 읽을 수 있다는 것에 매우 감사하죠."

데이지, 제인 "학창시절 CA 활동 독서부할 만큼 책 좋아해요"
제인 "읽은 책들 모아서 새로 생긴 도서관에 기부도 했죠"

모모랜드에게는 책에 대한 애정만큼이나 책에 대한 흥미롭고 따뜻한 에피소드도 넘쳐났다. 데이지와 제인은 중학교 때 CA 활동으로 독서부를 택할 정도로 책이 좋았다. 제인은 "데이지랑 저는 독서부에서 활동했어요. 도서관에서 책 정리도 했고요. 이런 활동으로 봉사활동을 채우기도 했어요"라며 "친구들과 함께 집에 있는 책을 모아 새로 생긴 도서관에 책을 기부한 적도 있다"고 했다.

데이지는 제목과 구절을 착각한 귀여운(?) 경험을 털어 놓았다. "'나는 이 책의 제목을 이렇게 기억하고 있었는데?'라고 생각하고 주변 친구에게 권유했는데 아무리 찾아도 그 책이 나오지 않는다는 거예요"라며 "그래서 그럴 리가 없다 말하면서 제가 찾았는데도 안 나오더라고요. 그래서 '내가 그 책을 읽은 적이 없는데 착각한 건가?' 하고 지나갔는데 후에 우연히 알게 됐어요. 내가 기억한 게 제목이 아니라 그 책에서 가장 아름다운 구절이었다는 걸요."

연우 "독후감 대회 나가서 상금 50만 원도 받았죠"

낸시 "한국어 서툴렀던 시절 하근희 선생님께 도움 많이 받았죠"

연우는 "어렸을 때는 독후감 대회에 나가서 상금 50만 원 받기도 했다"는 얘길 들려줬다. 낸시는 한국어가 서툴렀던 초등학교 시절을 떠올렸다. "한국말을 못하는 저에게 선생님께서 카스테라에 관한 책을 빌려주셨어요. 그런데 제가 깜빡하고 그 책을 못 돌려 드렸어요. 하근희 선생님 정말 감사하고, 보고 싶어요."

태하는 만화책방에 관한 '웃픈' 이야기를 들려줬다. "숙소 앞에 만화책방이 있어서, 정액제로 한 달을 끊어서 봤는데, 10일 만에 가게가 없어졌어요."

나윤은 책을 많이 읽고 싶은 마음이 오히려 부담으로 작용한 귀여운 에피소드를 전했다. "도서관 구석에 앉아서 책을 읽고 있는데 문득 이런 생각이 떠오르는 거예요. '내가 이 책 한 권을 읽고 있는 이 순간에 수많은 다른 책들이 쏟아져 출판되겠지? 그럼 나는 언제 그 책을 다 읽지?' 그날은 하루 종일 엄청 우울했던 것 같아요. 묘한 패배감을 느낀 거죠. 망연자실했다는 표현이 맞을까요? 세상에 모든 책을 다 읽을 수 없는 게 당연한 건데 지금 생각해보면 참 웃겨요."

모모랜드 멤버는 자주 방문하는 서점도 공개했다. 제인은 강남역 A 중고서점과 코엑스 Y문고, 나윤과 데이지는 코엑스의 Y문고를 주로 간다고 귀띔했다.

연우 《나는 고양이로소이다》 낸시 《오만과 편견》

제인 《안나 카레리나》 데이지 《어린왕자》 선물하고 싶어요

모모랜드는 선물하고 싶은 책들도 공개했다. 고양이 사랑이 극진한 연우는 일본 근대 문학의 출발이라고 평가받는 나쓰메 소세키의 《나는 고양이로소이다》를 선물하고 싶다고 했다. 《나는 고양이로소이다》는 고양이를 1인칭 관찰자 시점의 화자로 내세운 작품으로, 중학교 영어 선생인 구샤미를 주인으로 둔 오만하고 방자하기 이를 데 없는 고양이가 사람의 동정과 관심을 한 몸에 받고는 자신이 고양이라는 사실을 망각한 채 인간 세계의 일원이라는 터무니없는 망상에 사로잡혀 들려주는 이야기를 담았다. 낸시는 제인 오스틴의 《오만과 편견》을 선물하고 싶다고 했다. 《오만과 편견》은 다양한 인물상을 통해 사랑과 결혼에 대한 인간의 다양한 심리를 그린 작품으로 여성이라면 한 번은 읽어볼 만한 작품이다. 제인은 《안나 카레리나》를 꼽았다. 《안나 카레리나》는 《오만과 편견》과 마찬가지로 사랑과 결혼에 대한 인간의 욕망과 심리를 묘사한 톨스토이의 작품이다. 데이지가 선물하고 싶은 책은 생텍쥐베리의 《어린 왕자》다.

혜빈 《총균쇠》 연우 《황야의 이리》 제인 《시계태엽 오렌지》

태하 《모멘트》 나윤 《삼미슈퍼스타즈의 마지막 팬클럽》 읽고 싶어요

모모랜드가 앞으로 읽고 싶은 책은 무엇일까. 혜빈은 《총균쇠》, 연우는 《황야의 이리》 제인은 《시계태엽 오렌지》 태하는 《모멘트》 나윤은

《삼미슈퍼스타즈의 마지막 팬클럽》데이지는《기발한 자살여행》을 각각 읽고 싶다고 한다.

　마지막으로 모모랜드는 '내 인생의 최애(가장 사랑하는) 책'도 공개했다. 혜빈은《인간실격》연우는《데미안》낸시는《오만과 편견》제인은《안나 카레리나》태하는《외로우니까 사람이다》나윤은《참을 수 없는 존재의 가벼움》데이지는《어린왕자》를 '최애' 책으로 꼽았다.

독서를 통해 많은 지식과 이미지가 머릿속에 저장된다면
배우로서 캐릭터를 구축하는 데 상당한 도움이 돼.
머리에 아무것도 없으면 제대로 된 연기가 나오지 않지.

CHAPTER 3

활동의 영감을 얻는 사람들

배우
이순재

올해 85세 현역 최고령의 국민 배우 이순재

그의 인생은 한국의 근현대사, 연기 인생은 '한국 배우사'

배우 이순재는 올해 85세로, 현역 배우 중 최고령이다. 게다가 원로 배우로서 간간이 출연하는 게 아니라, 드라마, 예능 프로그램, 영화, 연극은 물론이고 CF 등에도 출연하며 '초 단위 스케줄'을 소화하는 아이돌 못지않게 왕성하게 활동하는 '진짜 현역'이다.

서울대 철학과 재학 시절부터 연극을 한 그는 1965년 드라마 '나도 인간이 되련가'로 데뷔했는데, 연극에서 영화와 드라마 등으로 장르를 옮겨가며 활동의 스펙트럼을 넓힌 그의 발자취는 '한국 배우사' 그 자체라고 해도 과언이 아니다. 또 그가 보여준 연기는 우리 사회상을 그대로 반영하는 거울이었고, 또 어디로 갈지를 보여주는 나침반과 같았다.

연극 '그대를 사랑합니다'에서 열연 중이며, 드라마 '리갈하이', 연극 '앙리 할아버지와 나' 등을 앞두고 있는 이순재를 올해 초 대학로에 위치한 한 카페에서 만났다. 길고긴 기다림 끝에 스타의 서재 인터뷰를 통해 최고의 배우인 그를 만날 수 있었다. 자기 전에 꼭 한 쪽이라도 책을 읽는다는 그가 읽어온 책들이 궁금했지만, 그의 연기 그리고 인생 이야기를 들으면서 그의 삶 자체가 아름답고 치열한 소설이었고, 인생을 통찰하는 에세이였으며, 격동의 한국사였고 이론과 현장 경험이 완벽하게 조화를 이룬 연기론 서적이었다는 것을 알 수 있었다.

나보다 먼저 도착해 인터뷰를 준비하고 있는 그에게 다가가니 드라마를 통해 보던 '회장님'의 카리스마와 지적인 '꽃할배', 친근한 '야동 순재' 등 여러 가지 모습이 한 번에 겹쳐 보이면서 한국 최고 배우가 만들어내는 아우라가 느껴졌다. '영원한 현역 배우'일 것 같은 그에게 가장 궁금한 건 왕성한 활동의 비결이었다.

"그저 기력이 버티고 있으니까 하지. 아직 쓰러진 적이 없고, 어머니가 96세에 돌아가셨는데, 넘어지지만 않으셨더라면 백수를 누리셨을 만큼 건강하셨는데 나도 타고난 것 같아. 초등학교 이전에 말라리아 등 병에 다 걸려 봐서 면역체계가 생긴 것도 같고. 초등학교 때 대운동회를 소화해본 적이 없어. 소운동회, 예비 운동회까지는 했는데 막상 대운동회를 하면 배탈이 난다거나 했어. 또 철저한 관리도 비결이라면 비결이지. 젊은 시절부터 술을 하지 않았고 담배도 1980년대 들어 끊었어."

연기도 예술로 인정받을 수 있다는 신념으로 여기까지
인공지능 등장해도 배우라는 직업은 절대 사라지지 않아

서울대 철학과 출신인 그는 대학교 때 연극을 하면서, 수많은 해외 명작 영화 등을 보며 배우의 길을 가겠다고 결심했다고 한다. 당시에는 '딴따라'라고 해서 배우나 가수 등 연예인에 대한 평가가 높지 않던 시절이었지만 연기도 열심히만 한다면 예술 행위로 인정받을 수 있다는 확신 때문이었다.

"서양은 배우의 역사가 길어. 기원전부터 있었고, 희랍이나 로마 모두 기원전에 무대가 있었어. 야외극장에서 (연기와 같은) 유사한 행위가 있었고, 프랑스, 영국 등에서는 당대 최고의 배우를 위해 헌정하는 작품들도 많았어. 그런데 우리나라는 배우의 역사가 일제 강점기 정도부터로 짧고, 예술가로 인정하지 않았어. 기껏 잘 봐줘야 모방예술가라고 했지. 그러나 배우란 자신의 신체 조건을 가지고 작품 속에서 글로 쓰인 인물을 살려내 보여주는 창조 행위를 하는 사람이야. 생명력을 넣고 창조적으로 재현하는 행위지. 그동안 수많은 햄릿이 무대 위를 지나갔지만, 그 어느 햄릿 하나도 같은 게 없을 거야. 바로 배우의 창조력 때문이지."

그러면서 그는 인공지능(AI) 등으로 많은 일자리가 사라질 위기에 처했어도 배우만은 살아남을 것이라고 했다. "컴퓨터그래픽(CG)으로 기본적인 표정은 나오는 것 같아. 그러나 로봇을 의인화해서 어느 정도는 연기할 수 있겠지만 혼이 없어. 연기에는 혼이 있어야 하는 거고, 가슴에서 우러나야 해. 쇳덩어리는 온기와 훈기 그리고 정서를 표현할 수 없어. 독일의 철학자 임마누엘 칸트는 '우주의 불가사의가 둘이 있는데 하나는 저 우주 공간이고 하나는 내 가슴의 심성'이라고 했어. 인간의 심성은 정말 불가사의하고 무한하지. 이걸 어떻게 로봇이 표현하겠어."

연기가 좋아서 시작했지만 12년간 돈 한 푼 못 벌어
처음으로 받은 월급은 통째로 아내에게

탄탄한 직장에 들어가서 안정된 생활을 할 수 있었음에도 배우의 길로 들어선 그는 오직 연기 하나만을 바라보며 그야 말로 '직진'했다. 다만 무대에서 텔레비전으로, 영화로 시대의 변화에 따라 장르를 바꿔 가며, 혹은 동시에 말이다. 지금이야 배우들의 '몸값'이 높아졌지만 당시에는 월급 혹은 출연료라는 개념조차 없을 정도로 상황은 열악했다.

"대학 때 연극 연기를 시작해서 한 12년은 돈을 못 벌었어. 연기를 해서 처음 돈을 받은 게 1978년 '세일즈맨의 죽음'부터야. 이 작품이 대박이 났어. 재공연을 현재 세종문화회관 M씨어터에서 했어. 당시 봉투를 하나 주는데, 얼마인지 보지도 않고 집에 가져다줬어. 얼마 안됐을 거야. (웃음) 그 후에 현대극장에서 '빠담빠담' 했을 때도 히트가 돼서 윤복희 씨랑 앙코르 공연을 했는데 그때는 아마 조금 받았을 거야. 연극을 하다가 방송사로 옮긴 것도 경제적인 이유가 있었어."

이순재가 활동하던 1960년대는 무대 공연 환경이 현재보다 더 열악했고 당시 새로운 매체인 방송사는 사정이 훨씬 나았다. 무대에서 방송으로 대중문화의 주류가 옮겨지고 대중문화가 산업이 되던 역사를 그는 함께하고 있었던 것이다.

방송계에 들어온 이후 10년 만에 25평짜리 집 마련
이대 나오고도 살림 어렵자 만둣집 해 살림 보탠 아내 늘 고마워

"텔레비전으로 넘어온 건 경제적인 이유도 있었어. 배우 외에는 하고 싶은 일도 없었고 남하고 다투는 걸 좋아하지도 않고, 악착같이 뭐 이런 게 없어. 비즈니스 사업 수완은 없는 거지. 경제적으로 안정된 건 1974년 TBC에 전속으로 들어가면서부터야. 출연이 보장되니까. 초반에는 월급을 받았는데, 한 달에 31편을 했어. 그 다음부터는 출연료를 받았는데, 그걸로는 안 되니까 드라마도 한두 개 더 했어. 죽은 이낙훈 등 동료들이 이렇게 다들 텔레비전으로 넘어온 거야. 연극을 해서 시간 잘 지켜, 대본 다 외워와. 그러니 적당히 그냥 얼굴만 믿고 올라온 아이들과는 다른 거지. 그러면서 우리의 영역이 확장됐어. 이렇게 수입이 늘어나면서 10년 후에나 겨우 25평짜리 집 하나 만들었지. 어휴 이것도, 안에서 살림을 절제해줘서 가능했던 일이야. 당시 여편네들이 참 고생을 많이 했다고. 지금이면 다 도망가지. (웃음)" 그의 말에서 아이 돌반지를 팔아 만두 가게를 차리는 등 알뜰살뜰하게 살림해준 평생의 반려자 아내 최희정에 대한 고마움이 진하게 느껴졌다.

이순재는 아내 최희정을 처제 연기지도를 하다 만났다. 드라마세트장에서 고등학교 연극경연대회가 있어서 작품을 하나 맡아서 연출했는데 '미래의 처제'가 출연한 것. 연습 도중 여학생 둘이 와서 '내 동생 좀

잘 봐 주세요'라고 부탁했는데 그 사람이 바로 최희정이었던 것이다.
이화여대 한국무용과 출신인 최희정은 촉망받는 무용가였으며, 연애
시절 해외 공연을 갈 때면 이순재는 혹시라도 변심할까 봐 절절한 연애
편지를 보내 마음을 붙들어 맸다고 한다. 둘은 1966년 결혼했다.

연기력은 최고였지만 대중적 인지도 높인 건

'사랑이 뭐길래'의 '대발이 아버지' 역

현재 한국 최고의 배우이자 최고로 바쁜 배우기도 한 그이지만 전성기는 비교적 늦게 찾아왔다. 1991년 '사랑이 뭐길래'의 대발이 아빠 역을 맡으면서 '국민 아빠'로 대중적인 사랑을 받은 것이다. 당시 가부장적이면서도 가족에 대한 사랑을 투박하게 표현하는 한국의 전형적인 아버지로 '우리 시대의 아버지'를 연기한 것. 이후 '동의보감' 등에 출연해서는 시대가 바라는 '스승'이자 '멘토'인 유의태 역할로 뭉클한 감동을 선사했으며, '돈꽃'에서는 재벌 회장을 맡아 돈과 권력의 속성을 섬뜩한 연기로 표현해 화제가 됐다.

"젊은 시절 눈에 번쩍이는 외모도 아니고 키도 작아서 영화 등 드라마에서 지금처럼 주목을 받지는 못했어. 이런 일도 있었지. TBC 드라마 '연화'에서 악역으로 출연했는데, 드라마가 정말 폭발적으로 인기가 많았어. 무대가 됐던 회암사가 불교 신자들이 성지가 됐을 정도야. 그래서 당시 조계종 총무원장이 참여하는 법회가 크게 열렸는데 출연배우들에게 표창장을 줬어. 그런데 나는 명단에 없는 거야. 악역 때문에 드라마가 인기가 많았는데도 말이지. 상을 받지는 못하지만 그 자리에 갔는데, 어떤 할머니가 일어서더니 '이순재 씨 때문에 우리 불교가 집중을 받았는데, 왜 악역이라고 상을 안 주느냐'고 소리를 치더라. 당시 강부자, 박병호, 고은아, 김창숙 등이 받았어. 그 일이 있고 나서 표창장이 왔지. (웃음)"

수많은 작품에 출연한 그에게 명장면을 꼽아 달라는 어려운 주문을 했다.

"명장면은 하나둘이 아니지. (웃음) 일단 '풍운'(1982년)이 있어. 대원군 역할을 맡았는데, 대원군이 올라선 이후 백관들을 모아놓고 자신의 정견을 발표하는 4분가량 분량이야. 당시 대원군은 인물의 스케일 때문인지 체격이 큰 배우가 맡았었어. 신영균 선생님, 최불암, 전운 등. 그런데 실제로 대원군은 오척 단구에 다섯 치밖에 안 되는 대추씨 같이 바짝 마른 사람이야. 작은 체구에서 나오는 엄청난 에너지를 그 장면에서 표현한 거지. NG를 내면 안 되는 장면이야. 이걸 하려고 담배도 끊었어."

요즘은 개성 있는 외모가 대중에게 매력 포인트지만, 과거에는 수려한 얼굴과 체격 등 외모가 중요했다. 배우 이순재가 살아남은 이유는 바로 이런 철저한 프로 정신과 연기를 예술로 승화시키겠다는 목표와 의지였던 것이다. 그는 '풍운'의 한 장면을 명장면이라고 하지만 대중들은 아마도 시트콤 '거침없이 하이킥'의 '야동 순재'을 기억하지 않을까?

동창놈들이 별 짓 다 한다고 욕 좀 할 텐데 걱정했지만
'야동 순재'로 젊은 세대에 친밀감 주며 거침없는 인기

"처음에는 그 장면을 나도 껄끄럽게 생각했어. 점잖은 사람이 그런 걸 한다는 게…. 이건 배역을 생각한 게 아니라 나를 생각한 거야. 왜냐면 그걸 하면 고등학교, 대학교 동창놈들이 '별짓을 다 한다고 욕 좀 할 텐데'라고 걱정을 한 거지. 피디에게 안 하는 방법이 없냐고 하니 꼭 좀 해줬으면 좋겠다고 하더라. 그거 보는 것을 들킨 것만큼 난처한 게 없어. 직접 그런 행위가 안 뇌는데, 그걸(야동) 즐긴다는 건 보통 창피스러운 게 아니야. 그런데 객관적으로 볼 때는 참 재미있는 시츄에이션이야. 의외로 반응도 좋더라고. 욕하는 사람도 없고, 애들이 좋아하더라고. '저희들의 관심사를 할아버지도 똑같이 갖고 있구나. 동격이구나' 이렇게 생각한 것 같아."

'대발이 아버지'에서 '야동' 보는 할아버지로, 햄버거를 한 입 가득 먹는 광고(맘스터치)로 햄버거 광고계에 시니어 모델 바람을 일으키는 등 달라진 시대에 맞춰 그 역시 다른 어른의 이미지를 계속해서 자연스럽게 선보이는 것이 '롱런'의 또 다른 비결이 아닐까.

1992년 14대 국회의원으로 국내 첫 폴리테이너, 소셜테이너로
정치인으로는 유권자 만족시킬 때, 배우로서는 박수 받을 때 가장 행복

이순재는 어쩌면 폴리테이너, 소셜테이너의 선구자였다. 1992년 14대 국회의원(민자당)으로 당선돼 정치 활동을 한 것이다. 가장 어려운 게 사람의 마음과 표를 얻는 것이라는데 그는 이 어려운 둘을 다 해낸 것이다. "둘 다 대중을 상대하는 직종이야. 정치인은 표를 받아야 하고, 우리는 박수를 받아야 하는 게 다른 거지. 정치인은 표를 얻는 게 상당히 힘이 들어. 진짜 머슴이 돼야 해 나를 버려야 하지. 행복의 조건은 없는 것 같아. 정치인이 행복한 것은 공약이 이뤄져서 유권자들에게 인정을 받을 때야. 그 전에 고통스러운 조건들이 하나둘이 아

니지. 그런데 연기는 달라. 열심히 하고 박수 받고 그러면 내겐 행복의
조건이 되지."

청춘들에게 "불륜으로 태어났어도 태어난 데는 이유 있어,

금수저, 흙수저 객관적 조건에 좌절하지 말고 능력 개발해야"

함경북도 회령에서 1935년대 태어나 짧으나마 일제 강점기를 경험하
고, 국가 주도하의 압축 성장을 경험한 배우 이순재는 근현대사의 산증
인이기도 하다. 그런 그에게 대중이 원하는 건 배우 외에도 한 나라의
어른으로서, 멘토로서의 역할일 것이다. 2030 세대는 현재 대한민국을
'헬조선'이라 하고, 고도성장의 세례를 받기는 했지만 40대 이상 역시
삶이 팍팍하기는 마찬가지일 것이다. '어른'에게 인생이 무엇이냐고 묻
고 싶은 이들은 비단 젊은이들뿐만이 아니다.

이순재에게 인생이 무엇이냐고 물었더니, 인터뷰 중 가장 긴 침묵이
흐른 후 대답이 돌아왔다.

"모두 태어난 데는 이유가 있어. 쉽게 말해서 불륜으로 태어났다고
하더라도, 태어난 데는 이유가 있으니 조건에 개의치 말아야 해. '금수
저' '흙수저'라는 객관적인 조건에 의해 좌우될 수는 있지만, 그것보다
본인이 결정하기에 달렸다고 봐. 인간이라는 것은 모두가 차별화돼 있
고 각자 사고가 달라. 자기 능력을 개발해야 하지."

그러면서 그는 모두가 배우를 반대했던 자신의 청년 시절 이야기도
들려줬다.

"친척들을 비롯해서 열에 아홉은 배우는 '딴따라'라고 해서 반대했어. 난 돈을 벌 수 없는 직업이라는 것을 알고도 시작했어. 잘할 수 있다는 확신이 서는 길을 택하는 게 중요한 거야. 그리고 가던 길도 아니다 싶을 때는 돌아서는 용기도 필요해. 배우 동료, 후배 중에 이런 친구들이 있어. 얼굴은 정말 예뻤는데 연기를 잘 못해서 밀리고 밀리다가 퇴출당했어. 몇 년 후에 홍콩에서 만났는데 사업을 크게 해서 성공했더라. 사업 수완이 있는 거야. 또 평상시에는 잘하다가 카메라 앞에만 서면 울렁증이 있어서 대사를 다 잊어버리는 후배도 있었어. 일을 관둔 그를 몇 년 후에 봤는데 백과사전 직판장을 하고 있었어. 30년 전에 당시 4억을 벌었다고 하더라고. 지금은 더 부자가 됐을 거야." 대학에서 석좌교수로 학생들을 가르칠 때도 이야기한다. "연기로 들어왔지만 연출이 더 맞는다는 확신이 들면 연출을 해라. 연기를 아는 연출과 모르는 연출은 다르다"고 했다고 한다.

그러면서 그는 진로에 대한 확고한 의지가 있다면 학력 등 외부 조건에도 신경을 쓰지 말라고 당부했다. "고등학교를 중퇴한 사업가가 나중에 사업이 '대박'이 나서 500억대 평가를 받는 기업으로 성장했다는 기사를 봤어. 고등학교 때 좀 공부 못하면 어떤가. 확실한 사업 아이디어를 가지고 의지를 가지고 임한다면 기회는 열려 있다고 봐. 정보기술(IT) 등 가능성이 많잖아."

매일 일정 꽉 차도 자기 전에 꼭 책 읽는 독서광

배우는 책 통해 간접 경험 지식 쌓아야 입체적인 연기 가능해

'가장 바쁜 현역' 배우 이순재가 '독서광'이라는 것은 이미 널리 알려져 있다. 카리스마 넘치는 재벌 회장, 엄격한 아버지, '야동' 보는 할아버지 등 어떤 배역을 연기해도, 그의 연기는 지적이며 대중들로부터 공감을 이끌어내는데, 이는 아마도 그가 읽어온 수많은 책 덕이 아닐까. 그는 스케줄이 고되더라도 꼭 책을 읽을 정도로 독서가 일상이다.

그는 배우 지망생을 비롯해 현역 배우들에게 꾸준히 독서할 것을 권하고 싶다고 했다.

"짧은 시간에 깊고 풍부한 경험을 주는 독서는 가성비 좋은 연기 선생이 아닐까 싶어. 다양한 인물을 연기해야 하는 배우에게는 독서를 통한 간접 경험은 필수라고 생각해"라며 "단순히 머리로 상상하는 것은 한계가 있으니 독서가 가장 좋은 방법이야. 농부를 연기한다고 해도, 그 농부가 갯벌 어촌의 농부냐, 산간 지방의 농부냐가 다른데, 어촌과 산간 지방의 농부의 차이를 알지 못한다면 자신이 연기해야 하는 배역의 이미지가 그려지지 않을 거야. 그런데 독서를 통해 많은 지식과 이미지가 머릿속에 저장된다면 배우로서 캐릭터를 구축하는 데 상당한 도움이 돼. 머리에 아무것도 없으면 제대로 된 연기가 나오지 않지."

실제로 그가 60년 배우 생활을 하면서 가장 큰 힘이 된 것은 예전부터 읽었던 셰익스피어, 몰리에르, 안톤 체호프 등의 희곡이라고 한다.

"짧은 시간 동안 깊은 경험이 가능한 것은 다름 아닌 책 읽기야. 다양한 인물을 연기해야 하는 배우에게 독서를 통한 간접 경험은 필수라 생

각하기도 하고. 단순히 머리로 상상하는 것은 한계가 있으니 독서가 가장 좋은 방법이라고 생각해. 그래서 평소 강단에 설 때면 캐릭터를 잘 만들 수 있는 비결로 소설책을 읽고 등장인물을 파악해 머릿속으로 상상하며 가상 연기를 해 보는 것이 중요하다고 이야기하는 편이야. '책 속 주인공이 나다'라는 생각을 가지라고 하면서 말이야. 심층적인 독서든, 훑어보는 독서든, 많은 양의 배경지식을 머릿속에 담고 있으면 좋은 연기가 가능해지지. 그래서 나 역시, 아무리 바빠도 시간 날 때마다 틈틈이 책을 읽어. 완독할 필요도, 꼼꼼하게 정독할 필요도 없어. 그냥 시간 날 때마다 조금씩 읽는 것이야. 예전부터 희곡을 많이 읽었는데, 셰익스피어, 몰리에르, 안톤 체호프 같은 작가들의 작품들을 즐겨 읽었던 것이 60년 연기 생활 동안 큰 힘이 됐어."

단역 배우로 힘겨운 시간 보낼 때 용기 준 《삼국지》 인생책
유비의 용인술, 덕치 배워야 할 덕목

그가 처음 연기를 시작하던 1950~60년대는 배우에 대한 사회적 인식이 좋지 않은 데다 벌이도 시원찮았다. 또 그는 당대를 대표하는 미남형도 아니었기에 뛰어난 연기력에도 단역에 머물며 경제적으로 정신적으로 힘겨운 나날을 보내기도 했다. 화려한 스포트라이트를 받은 주연만 배우는 아니지만 마음 한편에는 배역에 대한 아쉬움이 샘솟는 동시에 좌절하기도 했다. 이러한 순간에도 마음을 다잡을 수 있었던 것은 책 덕분이었다.

그는 우선 힘겨워하는 청춘들에게 "세월이 변해도 가치를 잃지 않는 덕(德)의 리더십이 담긴 《삼국지》를 추천한다"며 "시대가 모질어 세상 밖으로 나오고자 하는 많은 청춘들이 혹독하다 싶을 정도로 자신을 단련시킨다. 그럴 수밖에 없음을 이해하지만, 그 와중에도 '덕'이라는 인성을 놓치지 않았으면 하는 것이 인생 선배로서의 바람이기도 하다"고 말했다.

"베스트셀러를 살펴보면 시대의 고민이 보인다고들 해. 성공하기 위해 스스로를 계발해야 한다는 목소리가 높아졌을 당시에는, 별의별 자기계발서들이 등장하기도 했어. 요즈음은 청춘을 응원하는 도서들이 여럿 보이는데, 그들에게 인생의 길라잡이가 될 수 있는 책으로 《삼국지》 소개하고 싶어."

그러면서 그는 《삼국지》에 대한 이야기를 이어 갔다.

"중국 고대소설인 삼국지는 위, 촉, 오 삼국의 역사 속 300여 명의 개성 있는 등장인물들이 쟁투, 죽음, 전쟁, 음모, 지략을 펼치는 동양 최고의 고전이야. '역시는 역시'라는 요즘 말처럼 삼국지의 교훈은 오늘날까지도 계속해서 이어지고 있어."

이순재는 "삼국지에서 배울 점은 수두룩하지만, 그중에서도 유비가 가진 '덕의 리더십'을 꼽고 싶다"며 유비의 용인술을 설명했다.

"'덕의 리더십' 중심에는 유비만이 가지고 있는 용인술이 있어. 용인술은 다른 사람이 말이나 행동을 너그럽게 받아들여 인정하는 기술이나 재주를 뜻하지. 삶을 살아가는 데는 나의 능력도 중요하지만 상대를 인정하고 공감하는 능력이 때로는 더 큰 힘을 발휘하기도 하지 않나.

유비에게서 바로 그 점이 뛰어나다는 점을 확인할 수 있어. 인성에서 비롯되어 나타나는 상대에 대한 공감과 인정은 어느 능력보다 위대해. 이는 개인은 물론이고, 조직과 사회 모든 곳에서 빛을 발할 수 있지만, 쉽게 길러지지 않는 중요한 가치이지 않나. 사실 유비는 지략에서도 지식에서도 제갈량을 뛰어넘진 못하지. 싸움이나 용기는 관우나 장비에 비할 수 없어. 하지만 이 모두를 아우르고 이끄는 사람은, 덕으로 상대를 이해하고 포용하는 유비야. 그는 질서와 균형을 잃은 어지러운 시대에도 올바름을 갖춘 사람이었고, 인재를 중용하고, 백성들을 포용한 사람이었어. 백성들은 그와의 피난 생활을 자처했고, 목숨을 다해 함께하고 싶어 한 것은 바로 그가 가진 덕망이 사람들을 끌어 모으는 힘이었기 때문이었어."

이순재가 청춘들에게 《삼국지》를 적극 추천하는 이유는 그의 힘겨웠던 경험 때문이다. 젊은 시절 영웅호걸의 도전정신에서 힘과 용기를 얻고 계속해서 연기에 정진할 수 있었기 때문이다.

"《삼국지》를 좋아하는 사람들은 몇 번에 걸쳐 완독하기도 하는데 나역시 네다섯 번쯤은 읽은 듯해. 처음 접한 것은 초등학교 때(국민학교 때)였으나, 첫 울림은 배우 초창기 시절에 있었어. 처음 연기를 시작하던 50~60년대에 배우라는 직업은 인식도 좋지 않았고, 돈벌이 또한 변변치 않았어. 나 역시 그러했어. 내가 연기를 시작할 때는 지금까지도 유명한 신성일, 신영균, 남궁원을 비롯한 사람들이 대한민국 영화계를 주름 잡던 시절이었어. 그들이 영화 주연으로 수많은 흥행작을 낼 때, 나는 이름 없는 배역조차 어렵게 얻어내며 배우로서 고전을 면치 못했어. 왜인지 이때 《삼국지》를 꺼내 봤어. 그리고 책 속 수많은 영웅호걸을 보며 용기를 얻었고, 그들의 도진 정신을 보며 마음을 다잡곤 했지. 이후 마음이 심란하거나 혹은 깊은 고민이 있을 때면 다시금 삼국지를 펼쳤어. 《삼국지》에서 배운 열정, 도전 정신, 그런 것들이 나의 연기 생활에 크게 도움이 됐어."

이순재는 여전히 꾸준히 책을 읽는다. 평소에는 워낙 스케줄이 많아 움직이는 동선에서 가장 가까운 서점에서 책을 구입하거나, 매니저나 가족들이 책을 많이 사다 주기도 한다. 하루 스케줄이 고되더라도 꼭 책을 읽다가 자는 버릇이 있을 정도로 그는 '독서광'이다. 그가 '독서광'이라는 소문이 나 주변에서도 책 선물을 자주 받는데, 선물 받은 책을 그때 그때 읽는다. 이런 그가 꼭 선물하고 싶은 책은 《햄릿》이라고 한다.

선물하고 싶은 책은 《햄릿》
'고전 중의 고전, 문장의 힘 살아 있어"

"고전 중의 고전, 문장의 힘이 살아 있는 《햄릿》을 선물하고 싶어. 나 자신이 연기를 하고 있기 때문이기도 하지만, 누구든지 꼭 한 번은 읽어봐야 하지 않나 싶은 책이야. 오랜 기간 수많은 연극과 영화로 표현된 작품인 만큼 고전 중의 고전이며, 배우에게는 필수 서적인지라 후배들에게 늘 추천하고 있어. 기본적으로 문장에 힘이 있는 작품인데, 책만 읽어도 주인공의 고뇌가 머릿속에 그려지고, 그가 처한 심경을 고스란히 느낄 수 있어. 셰익스피어의 수많은 작품이 있지만, 그중에서 《햄릿》,《리어왕》,《맥베스》같은 고전 명작은 꼭 한 번은 읽어 봤으면 좋겠어."

네 살에 회령을 떠나 평생 서울에 산 '서울 사람'이지만 이순재는 작년부터 불기 시작한 남북 평화 바람에 대한 감회가 남다르다. 그가 살아 있는 동안 통일이 된다면 그는 일제 강점기, 분단국가, 통일 한반도를 모두 경험한 몇 안 되는 한국인이 될 것이다. "할아버지 따라서 운 좋게 넘어왔지. 너무 어려서 서울로 와서 고향에 대한 기억은 없지만 회령은 아름다운 도시이고, 문화도시라고 해. 밀이 많이 난다고 들었어. 두만강변에 있어서 영화의 발상지라고 보면 되지. 나운규 선생 등이 회령 출생이지 않은가. 거기서 작품도 많이 했어. 통일이 되면 당연히 가보고 싶지. 우리 종가가 있는 곳이야."

걸그룹 씨스타 출신 배우
보라

힘들어도 웃으며 질주하는 보라 보며 시청자 힐링

건강한 섹시미로 대중 사로잡은 씨스타 출신 배우 보라

K팝 걸그룹 중 씨스타는 독보적이고도 특별한 존재였다. 여성스럽거나 귀여운 콘셉트의 여동생 이미지가 아니라 '건강한 섹시미'로 남녀노소를 막론한 대중적인 팬덤을 만들어냈다. 보라를 비롯해 효린, 소유, 다솜 등 모든 멤버가 부담스럽거나 '위험한' 섹시함이 아니라 건강하고 편안한 이미지를 자연스럽고 적절하게 연출했기 때문이다. '영원한 핀업 걸'로 꼽히는 걸그룹 '핑클'의 이효리가 바로 이러한 건강하고 편안한 섹시함으로 대중을 사로잡았는데, 씨스타는 이효리 네 명을 모아 놓은 듯하다는 평가를 받기도 했으니 이들의 인기는 어쩌면 당연했는지도 모른다.

멤버 모두가 매력적이지만 씨스타에게 대중적인 인지도를 안겨 준 멤버는 누가 뭐라 해도 보라(본명 윤보라)다. 보라는 이제는 명절 특집으로 자리 잡아 올해는 과연 어떤 아이돌이 출연할지가 뉴스가 될 정도로 인기가 많은 '아이돌 육상 대회(아육대)'에 출연해 매 경기마다 최선을 다하는 모습으로 시청자들을 단번에 사로잡았다. 힘들어도 매 경기마다 보라 특유의 환한 미소를 지으며 최선을 다해 질주하는 모습은 시청자들에게 긍정적인 에너지를 선사했다. 보라가 활짝 웃을 때마다 시청자들은 아마도 자신의 고민과 시름을 잊고 힐링하고, 보라를 보고 다시 뛸 용기를 얻었을 것이다. 보라는 이렇게 당대 대중이 무의식 속에서 원하던 건강한 걸그룹의 이미지로 눈도장을 받고 시대의 아이콘으로 떠오른 것이다. 보라는 당시 상황을 이렇게 회고했다. "저희 씨스타는 운동을 잘하는 줄도 몰랐어요. 그냥 열심히 달리자는 생각에 달린 것이거든요. 앞만 보고 질주했어요. '출발 드림팀'에 출연했을 때는 양궁 등 여러 종목에 도전해야 했죠. 이런 종목은 '이렇게 해야지, 저렇게 하면 잘하겠지' 하면서 머리를 써야 했죠. '아육대'에서는 그냥 달리기만 하면 되니까 정말 열심히 달렸어요. (웃음)"

'체육돌' 보라의 반전 '독서돌'

누구에게나 혼자만의 시간 필요해요

'체육돌'이라는 별명까지 얻은 보라에게는 또 다른 반전의 카드가 있다. 보라는 씨스타 활동 시절부터 꾸준히 독서를 한 '원조 독서돌'이었다는 것이다.

보라는 시간이 날 때마다 서점에 들러 책들을 둘러보고 직접 만져가며 책의 촉감과 향기를 느끼며 읽을 책들을 고른다고 한다. 보라의 화려하고 에너지 넘치는 안무와 랩이 부담스럽지 않고 편안했던 이유는 아마도 이렇게 책을 직접 고르며 자신도 모르게 형성한 아날로그적 정서 때문이 아닐까라는 생각이 든다. 보라는 "단 한 번도 인터넷 서점에서 책을 산 적이 없을 정도로 서점에 가는 것도, 서점에서 직접 책을 사들고 오는 것도 즐겁다"고 한다. 그는 이렇게 직접 산 책들을 늘 곁에 두고 시간이 날 때마다 읽는다.

2017년, 씨스타는 해체됐고 멤버들은 이제 각자의 길을 걷고 있다. 보라는 간간이 출연하던 드라마에 본격적으로 뛰어들어 '배우 윤보라'로 시청자들과 만나고 있다. 씨스타가 한창 활동하던 2010년대 초중반까지만 해도 보라는 눈코 뜰 새 없이 바빴다. '초 단위'로 일정을 소화해야 할 정도였다고 해도 과언은 아니다. 당시에도 책을 아주 멀리 한 적은 없지만, 보라가 책과 더욱 가까워진 것은 씨스타 해체 즈음 혼자 보내게 되는 시간이 많아지면서부터였다.

"독서율이 점점 하락하고 있다고 들었어요. 성인 열 명 중 네 명은 1년에 책을 한 권도 읽지 않는다고 들었어요. 스마트폰도 독서율을 떨어뜨리는 요인이 될 수 있어요. 스마트폰에 모든 게 있어서, 스마트폰만 있으면 어떻게든 시간을 때울 수 있잖아요. DMB도 보고 영화도 보고 뉴스도 보고 친구들과 대화도 하고요. 그런데 대부분 혼자 보내는 시간을 견디지 못해 책을 안 읽게 되는 것 같아요. 저도 그랬거든요. 씨스타가 해체하고 혼자만이 시간이 많이 생겼고, 그 시간 동안 진득하게 책을 읽을 수 있게 됐어요. 누구에게나 혼자만의 시간과 혼자서 생각할 수 있는 시간이 필요하다고 생각해요. 그 순간을 책과 함께하기를 정말 추천해요. 책에는 저를 포함해서 세상 모든 것이 들어 있어요. 자신뿐 아니라 상대방을 그리고 세상을 들여다볼 수 있는 자기만의 시간을 가져봤으면 해요."

2010년, 스무 살이라는 어린 나이에 데뷔한 보라는 여느 스타가 그렇듯 인기의 속성을 그 누구보다 잘 알 것이다. 화려한 스포트라이트가 주는 희열부터 언제까지 화려한 스포트라이트를 받을지 모른다는 불안감까지 수많은 시간이 그를 행복하게도 불안하게도 했을 것이다. 그리고 홀로 되는 순간이 되면 찾아오는 외로움은 연예인이 아니더라도 느낄 수 있는 본능에 가깝다. 그 혼자가 되는 순간을 보라는 책과 함께 진득하게 견디며 아름다운 여성으로, 단단한 배우로 성장하고 있다.

보라는 지난 2014년 드라마 '닥터 이방인'에 조연 이창이 역으로 출연하면서 배우로서 차근차근 발을 내디뎠다. 이후 웹드라마 '아부쟁이 얍!' '고품격 짝사랑' '공항에서 생긴 일' '아이리시 어퍼컷' 등에 출연했고, 2017년에는 tvN '화유기', 2018~2019년에는 '신의 퀴즈: 리부트'에 잇달아 출연하면서 배우로서 안착했다.

배우로서 터닝포인트에 서서 찾은 것도 역시 책
'파리'라는 로맨틱함에 끌려 읽은 《파리의 아파트》 연기에도 도움

배우로서 터닝 포인트에 섰을 때도 보라가 찾은 것은 책이었다. 씨스타에서 랩을 담당했던 보라가 어떻게 하면 랩 가사를 더욱 잘 쓰고 전달할 수 있을까라는 고민을 할 때도 책을 찾았던 것처럼 말이다. 이번에 그가 찾은 책은 국내에도 팬이 많은 프랑스 소설가 기욤 뮈소의 《파리의 아파트》다. 보라는 소설을 자주 읽은 편은 아니지만 배우로서 장편소설을 읽을 필요성을 절감했을 때 우연히 접한 책이 기욤 뮈소의 소설이라고 한다. 뮈소의 책 중 처음 읽은 것이 《천사의 부름》이었고, 빠르게 전개되는 스토리에 매료돼 《파리의 아파트》도 읽게 됐다.

"소설을 자주 읽는 편은 아니었어요. 그런데 연기자로 변신하면서 장편소설을 읽어야겠다는 생각을 했죠. 장편소설에는 여러 인물이 나오고 관계들도 얽히고설켜서 복잡하잖아요. 제가 맡은 배역만이 아니라 상대방 혹은 주변 인물의 심리까지 이해하면 연기가 더욱 풍부해질 것 같았거든요. 등장인물이 왜 이런 대사를 했는지 상대방 혹은 주변인과의 관계 속에서도 파악된다고 생각해요. 특히 뮈소의 소설은 흐름이 빠르게 전개되고, 드라마를 대입해서 읽는 편인데, 《파리의 아파트》는 책 그대로 드라마나 영화를 만들어도 정말 재미있을 것 같았어요."

보라는 그를 사로잡은 《파리의 아파트》를 읽게 된 에피소드를 비롯해 줄거리에 대해 들려줬다.

"친구들이랑 함께 있다가 읽게 된 책이에요. 함께 집에서 수다를 떨고 있었는데 친구들이 영화 '서치'를 보고 싶어 했어요. 저는 당시 이

책의 반 정도를 읽은 상태였고 빨리 다 읽고 싶어 친구들에게는 영화를 보라고 하고 저는 책을 읽기 시작했어요. 한 시간 반 정도 되는 시간 동안 정말 집중해서 읽었어요. 저는 옆에 누가 있고 소리가 나도 집중해서 잘 읽는 편이거든요. 그런데 이번에는 오히려 영화 소리가 BGM처럼 들렸어요. 이 두 작품은 추리, 부성애 코드 등 일치하는 점이 많거든요."

《파리의 아파트》는 부동산 중개인의 실수로 전직 형사 매들린과 극작가 가스파르가 한 집에 살게 되면서 벌어지는 이야기를 그렸다. 매들린과 가스파르가 살게 된 집은 유명한 화가인 숀 로렌츠의 생가로, 화가는 심장병으로 죽었고, 그가 죽기 전에 아들 줄리안이 납치됐다. 매들린과 가스파르는 유품을 보면서 화가의 삶에 궁금증을 품게 되고 이를 추적하면서 굉장한 비밀이 드러난다.

보라는 《파리의 아파트》를 뒤적이며 책을 읽던 당시로 돌아간 듯, 줄거리를 비롯해 읽으면서 느낀 점들을 조근 조근 이야기했다.

"프랑스 사람들이라서 주인공 이름이 너무 어려웠어요. (웃음) 일단 머릿속에 인물도를 그려 넣느라 앞은 잘 안 넘어갔어요. 매들린과 가스파르가 죽은 화가의 삶과 그의 유괴된 아들에 관해 공동 수사를 해요. 중간쯤에 저는 '이렇겠네'라고 판단했는데, 계속 제 예상을 빗나갔어요. '그림을 찾으면 되는 거 아니었어?' 했는데, 그림만 찾으면 되는 게 아니라 그림을 찾고 나서 아들을 찾아야 했고, 아들을 찾다 보니 연쇄살인범을 찾아야 하는 거였어요. 또 연쇄살인범을 찾으니 죽은 줄 알았던 아들이 살아 있었고요."

보라는 《파리의 아파트》가 전하는 결론은 가족이라고 봤다.

"결국 매들린과 가스파르가 화가의 아들을 책임져요. 매들린과 가스파르가 이런 결정을 하게 된 이유는 이들의 인생 스토리를 보면 짐작하게 되죠. 매들린은 아이를 낳아서 키우고 싶어 했지만 남자들이 모두 떠나가서 꿈을 이루지 못했어요. 가스파르는 어린 시절 아빠를 만날 수 없게 된 슬픈 기억을 가진 인물이에요. 그래서 아버지에 대한 그리움이 가득하죠. 둘은 화가의 아들 줄리안도, 자신들도 행복해질 수 있는 방법을 택해요. 셋이 가족이 되는 거죠. 죽은 줄 알았던 아이가 살아 돌아왔다고 하면 세상의 스포트라이트를 받게 되고 엄마도 아빠도 죽어서 고통스럽게 살 게 뻔하잖아요. 그 결말을 가스파르와 매들린이 바꿔준 거예요. 이 둘도 행복하고 줄리안도 행복한 결론이라고 생각해요. 비극을 해결한 결말이라는 생각도 들고요." 뮈소가 국내를 비롯해 세계적으로 사랑을 받는 비결을 보라는 정확하게 파악하고, 느끼고 있음이 드러나는 대목이다. 반전을 거듭하며 빠르게 전개되는 스토리나 결국 따뜻하고 행복한 결말로 향하는 여정은 뮈소라는 작가의 특기다.

그림에도 관심이 있는 보라는 책을 읽으면서 뜻밖의 즐거움도 만났다. 바로 책이 묘사한 색깔을 상상하는 것이다.

"숀 로렌츠가 화가이기는 하지만 미술에 관련된 내용이 나올 줄은 몰랐어요. 제가 그림에 관심이 조금 있거든요. 그래서 상상하면서 더 흥미롭게 읽었어요. 색깔에 대한 디테일한 표현이 나와요. 예를 들면 흰색도 종류가 다양한데, '옅은 분홍빛을 띠는 색은 어디에서 가져온 것이고, 이것은 이렇게 그림을 그린다'는 설명이 나와요. 이런 대목을 읽으면 저도 모르게 상상을 해요. '어떤 하얀색일까' 하고요."

말 한마디에 위로받고 따뜻해지는
'말의 힘' 느끼게 하는 《언어의 온도》

보라는 또 출간된 지 3년 만에 누적 판매 부수 130만 부를 기록한 이기주 작가의 《언어의 온도》는 누군가에게 멘토와 같은 말을 해줘야 할 때 챙겨본 책이라고 한다. "《언어의 온도》는 어떤 프로그램에서 제가 코멘트를 해줘야 할 때 도움을 받고자 읽었어요. 일단 제목 자체가 마음을 끌었어요. 따뜻한 말 한마디가 주는 위로와 힐링, 차가운 말 한마

디로 받는 상처가 오롯이 제목에 표현된 것 같았어요. 제가 좋은 말로 따뜻한 위로를 해줄 수 있을까 하는 고민을 하면서 책을 읽었어요."

선물 많이 한 책은 《5가지 사랑의 언어》

사랑한다면 '사랑의 언어 맞춤'도 필요하죠

보라는 책을 읽고 감동을 받으면 친구를 비롯해서 지인들에게 선물하고는 한다. 그가 그동안 선물했던 책 중 하나가 《5가지 사랑의 언어》다. "사랑의 언어에는 '인정하는 말' '함께하는 시간' '선물' '봉사' '스킨십' 이렇게 5가지의 언어가 있대요. 사람마다 이 사랑의 언어 중 중요하게 여기는 게 다르죠. 제가 중요하게 여기는 것과 상대방이 중요하게 여기는 언어가 다름을 알아가고, 사랑한다면 상대방이 중요하게 여기는 언어와 맞추는 법도 알아야 하는 것 같아요. 단지 연인 사이뿐 아니라 나와 함께 하는 사람과 '사랑의 언어 맞춤'이 필요하겠구나 생각했죠." 톱스타 자리에 올랐어도 거만하지 않고 늘 상대방에 대한 배려가 넘친다는 게 윤보라에 대한 전반적인 평인데, 그의 말들을 통해 세간의 평가를 확인할 수 있었다.

보라는 의외로 고등학교 시절 이과생이었다. 그가 추리소설을 좋아하고 문제를 풀어가는 것을 즐기는 성향이 갑자기 생겨난 것은 아닌 것이다.

"정말 말도 안 되게 저는 이과생이었어요. (웃음) 수학, 과학을 좋아했고요. 특히 과학 중에서는 화학, 물리, 생물 순으로 좋아했어요. 이제

다 까먹기는 했지만 다시 공부하라고 하면 재미있게 할 수 있을 것 같아요. 책 읽기를 좋아하기는 하시만 국어랑 사회 과목은 별로 안 좋아했어요. (웃음)"

이제 배우 윤보라로 왕성한 활동을 벌일 계획이지만, 두려움이 앞서는 것도 사실이다. 두려움과 설렘 앞에 선 그는 여러 가지 감정과 각오를 진솔하게 털어놓았다.

"2018년 초에는 정말 방황을 많이 했어요. 가수로 데뷔할 때는 자신감이 넘쳤죠. 어떤 것을 잘하는지 너무나 잘 알기 때문에 그냥 꺼내 놓기만 하면 된다고 생각했어요. 물론 미흡한 점은 채워야 했지만요. 그런데 대학 입시를 연극 연기로 준비하고 뮤지컬도 배웠지만 막상 연기자로 나서니 두려움이 없었던 것이 아니에요. 아이돌 출신의 연기자라는 편견을 깨는 것도 제 몫이고요. 이제는 조급함이 덜해졌어요. 예전에는 하루 이틀 쉬는 시간이 주어지면 그냥 아무것도 안 했는데, 요즘에는 놀아도 시간이 남을 때가 있거든요. 그때는 드라마와 책을 보면서 연기 공부를 해요. 제가 차근차근 배우고 진중하게 연기자로 성장해가는 모습을 대중에게 보여드리면 저를 사랑해주시지 않을까 생각해요."

배우로서 롤모델은 상대 배려하기로 유명한 하지원 선배님

친구들에게는 외지가 되는 친구가 되고 싶어요

보라는 배우로서의 롤 모델로 하지원을 꼽았다. 하지원은 상대 배우가 신인이라 해도 시간을 쪼개 대본 리딩을 맞춰주고 현장에서도 밝은 분위기를 유도해 대부분의 배우와 스태프가 같이 일하고 싶은 배우로 꼽는데, 보라노 이 같은 배우가 되고 싶다는 것이다.

"저는 하지원 선배님처럼 되고 싶어요. 선배님께서는 상대 배우가 연기를 잘하도록 이끌어 준다고 들었어요. 내가 잘하는 것은 물론이고 상대방을 잘 이끌어 편하게 연기할 수 있도록 도와주는 역할을 하고 싶어요. 제 자신이 두드러지고 돋보이는 것도 좋지만 극을 위해선 조화가 더욱 중요하다고 생각해요. 물로 연기 역시 하지원 선배님처럼 자연스럽게 하고 싶지만요."

보라는 또 일뿐 아니라 친구 사이에서도 함께 고민해주고 의지가 돼주는 사람이 되고 싶다고 한다. 그는 '인성 보라'라는 평가를 재차 확인시켜줬다.

"저는 일뿐 아니라 친구에게도 그런 사람이 되고 싶어요. 나 혼자만 잘 보이고 잘되고 그런 게 아니라요. 연예인이 아닌 친구의 고민도 많이 들어 주려고 노력해요. 이 친구가 어떻게 하면 좀 더 행복해질 수 있을지를 고민해요. 물론 대답을 제가 주지는 못하죠. 답은 각자가 찾아가는 거지만, 그 고민의 과정에서 제가 힘이 되는 사람이 되고 싶다는 생각을 많이 해요."

뮤지컬 배우
김소현

일도 사랑도 가정도 모두 얻은

2030 여성들의 워너비 뮤지컬 배우 김소현

뮤지컬 배우 김소현은 학창시절 '알파걸'이었고, 뮤지컬 배우로 데뷔한 이후 결혼하고 아이를 낳고도 왕성하게 활동하고 있는 지금은 여성들의 '워너비'라고 할 수 있다. 서울대 성악과를 졸업하고 오페라 가수를 꿈꾸다 2001년 우연히 참가하게 된 한국 초연 '오페라의 유령' 오디션에서 크리스틴 역할을 꿰차면서 뮤지컬 배우로 데뷔한 그는 이후 '명성황후' '지킬 앤 하이드' '로미오 앤 줄리엣' '위키드' '마리 앙투아네트' '엘리자벳' 등 대극장 무대 주인공을 도맡았다. 남편이자 동료 배우인 손준호와 아들 주안 군과 예능 프로그램에 출연하면서부터 김소현 가족은 대중적 인지도가 한껏 높아졌다.

김소현은 '스타의 서재'에 초대된 첫 기혼 여성이자, 워킹맘이다. 올해 여덟 살인 아들 주안 군은 예능 프로그램 출연 당시 뛰어난 기억력은 물론 아이다운 귀여운 모습으로 시청자들을 사로잡았다. 이 때문에 김소현에게 주안 군과 어떤 책을 읽는지, 태교에 좋은 책은 무엇인지 등을 궁금해 하는 독자들의 물음이 많았다. 이에 '워킹맘'을 대표해 스타의 서재에 나와달라고 김소현에게 요청했더니 흔쾌히 응했다. "주안이가 책을 읽기 시작하면서 책에 관심을 가지고, 스스로 고른 책을 함께 앉아서 읽고 있는 나날이 특별한 추억이 되고 있다"면서 말이다.

아들 주안이와 함께 읽고 싶은 책은 《EQ의 천재들》《탈무드》

태교에 좋은 책은 《사랑해 사랑해》

인터뷰를 위해 기자와 마주앉은 김소현은 '워킹맘'과 '육아맘'에게 추천하고 싶은 책으로는 《EQ의 천재들》을 꼽았다.

"주안이가 자기 전에 많이 읽어주고 있어요. 책 속에는 심술, 화냄, 행복 등 다양한 감정을 주인공으로 한 에피소드가 펼쳐져 있는데요, 책 내용에 대해 주안이와 많은 대화를 나눠요. 저는 아이들이 자신의 감정을 스스로 느끼고 반성하게 해주는 책이 정말 좋았거든요. 그런 점을 감안한다면 《EQ의 천재들》이라는 책은 제게 정말 소중한 책이죠."

아들 주안이가 조금 더 크면 《탈무드》를 함께 읽고 싶다고 한다.

"아직은 조금 이를 수도 있는데요. 조금 더 성장하고, 자신의 생각과 가치관을 충분히 정립할 수 있을 때 탈무드에 대한 책을 함께 읽으면 좋겠다고 생각해요. 《탈무드》는 인생의 지혜를 독자로 하여금 스스로 깨우치게 하죠. 정말 물고기를 잡아주는 것이 아니라 잡는 법을 알려주는 책이라고 생각해요. 올바른 방향을 스스로 결정하고 전진할 수 있도록, 그런 지혜를 체득하게 해주고 싶어요."

예능 프로그램에 출연했던 주안 군은 방송 때마다 총명함으로 시청자들을 놀라게 하는 한편 커다란 사랑을 받았다. 나이답지 않게 똑똑한 주안 군을 김소현은 공부를 잘하는 아이뿐만 아니라 스스로 삶의 지혜를 터득하는 아이로 키우고 싶은 것이다. 웃음도 많고 명랑한 김소현은 현명한 엄마이기도 했다.

태교하면서 읽기 좋은 책으로는 《사랑해 사랑해》를 추천했다.

"전 가장 좋은 태교는 엄마의 편안한 심리 상태라고 생각해요. 태교를 위해 이것을 해야 하고 저것을 해야 한다는 것들을 정하면 스트레스를 받을 수 있거든요. 그래서 스트레스를 받지 않고 쉽게 읽을 수 있는 책이 좋았어요. 그런 책은 개인마다 다르기 때문에 추천을 드린다기보다는 제가 읽은 책을 말씀드리는 편이 좋을 것 같아요. 저는 《사랑해 사랑해》라는 책을 읽었는데요. 나중에 주안이가 태어나고 어느 정도 성장했을 때 그 책에 주안이의 얼굴, 손, 발 등을 넣어 만들어줬어요. 지금도 그 책은 자주 꺼내 봐요. 이런 것처럼 엄마가 읽어서 행복한 책, 마음이 편해지는 책, 그런 책이 태교하면서 가장 읽기 좋은 책이 아닐까 싶습니다."

육아 예능 프로그램 '오 마이 베이비'에 출연해 시청자들로부터 커다란 사랑을 받은 김소현, 손준호의 아들 주안 군은 올해로 여덟 살이 됐

다. 방송 출연 당시 아기답지 않게 똘똘하고 귀여운 모습을 기억하는 이들이 많다. 김소현과 손준호는 모두 성악과 출신으로 주안 군도 '음악 유전자'를 타고나지 않았을까 궁금해 하는 이들이 많다고 하자 김소현은 "너무나 힘들다는 것을 알기 때문에 뮤지컬 배우는 정말 시키고 싶지 않다"고 했다.

김소현의 생각은 이렇지만 남편 손준호의 생각은 조금 다르다. 뮤지컬 '명성황후'에 두 사람이 명성황후와 고종 역으로 출연할 당시 둘을 동시에 만난 적이 있는데 당시 손준호는 "주안이가 원하면 힘닿는 데까지 도와주고 싶다"며 "뭘 하든 저는 다 좋다고 할 것 같다"고 말했었다. 그는 이어 "사실 주안이가 돌 때 마이크를 잡으려고 하는데 소현 씨가 엎어서 다시 잡게 했다. 주안이가 결국 청진기를 잡았다"고 폭로해 웃음을 자아내기도 했다.

《어린 왕자》는 문장 하나하나가 한 편의 시

마음 복잡할 때 찾는 휴식과 같은 책이죠

주안 군과 함께뿐 아니라 평소에 책을 즐겨 읽는다는 김소현은 책에 대한 예찬론을 펼치기도 했다.

"책의 장르가 정말 다양한 만큼, 책 안의 세상도 정말 다채롭다는 생각이 들어요. 책 안의 세상을 통해 또 다른 내가 될 수 있는 것이 책의 가장 커다란 매력 아닐까요? 그처럼, 저 또한 뮤지컬 배우로 무대 위에서 많은 인물의 인생을 살아가게 되는데요, 다양한 극 중 인물들의 인생을 살다가 인간 '김소현'의 삶으로 되돌아오면 가끔씩 단조롭고 평범하다는 생각이 들 때가 있어요. 그때, 책을 읽으면 어느새 그 이야기의 주인공이 돼 무한한 상상의 나래를 펼치는 제 자신을 발견하게 돼요. 책은 제 인생을 좀 더 맛있게 만들어주는 친구 같은 존재예요. 정말 고마운 존재가 아닐 수 없죠."

엄마 김소현이 아닌 인간 김소현, 배우 김소현으로서 추천한 책들은 《안나 카레리나》와 《어린 왕자》다. 우선 그는 《어린 왕자》가 《성경》과 《자본론》 다음으로 많이 읽히는 전 세계 베스트셀러라며 책을 소개했다.

"250여 개 언어로 번역된 어린 왕자는 작가인 생텍쥐베리가 제2차 세계대전을 피해 미국으로 망명했기 때문에 1943년 4월 6일 미국 뉴욕에서 프랑스어판과 영어판으로 최초 출간됐어요. 비행기 고장으로 사막에 불시착한 조종사가 한 소년을 만나게 되고, 양을 그려 달라는 부탁을 받아요. 그 소년은 바로, 자신이 사는 작은 별에 사랑하는 장미를 남겨두고 세상을 보기 위해 여행을 온 어린 왕자였죠. 어린 왕자는 몇 군데의 별을 돌아다닌 후 지구로 와 뱀, 여우, 조종사와 친구가 되죠. 어느덧 여우와 어린 왕자는 서로를 길들여 '세상에서 하나밖에 없는 꼭 필요한 존재'로 남아요. 그리고 어린 왕자는 자신만의 특별한 존재인 장미를 떠올리며 떠나온 별로 다시 돌아가기로 결심해요."

차분하게 《어린 왕자》가 얼마나 인기가 있는지, 줄거리는 어떤지 설명하던 그는 《어린 왕자》는 누구나 한 번은 읽어봤을 친숙한 책이지만 아직 안 읽어본 분이나 과거에 읽고 다시 읽지 않은 이들에게도 권한다고 한다.

"《어린 왕자》는 정말 친숙한 책이죠. 심지어, 바오밥 나무, 보아뱀, 사막 여우 등 책 속에 등장하는 캐릭터도 너무 유명할 정도로 잘 알려진 책인데요. 저는 어린 왕자를 만날 때마다 다른 느낌을 받아요. 읽을 당시의 상황에 따라 다른 깨달음을 주기 때문에 계속해서 꺼내 보게 되더라고요. 무언가를 골똘히 생각하다 보면 마음이 지칠 때가 종종 있잖아요. 그럴 때는 마음에 여백을 선물해 줄 수 있는 무언가를 해야 하는데 저에게 그 무언가가 독서인 거죠. 배우를 직업으로 하다 보니 다양한 인물의 인생을 살게 되는데요, 전 그 인물에 대한 완벽한 이해를 바탕으로 무대에 오르려고 노력하는 편이예요. 그래서 그런지, 최근에는 인간의 심리를 심도 있게 서술한 책을 읽고 싶어요. 한 사람의 심리를 제대로 이해해야 비로소 그 사람을 잘 알고 있다고 말할 수 있지 않을까요? 제가 만나게 될 다른 누군가의 마음을 제대로 이해할 수 있도록 준비하고 싶습니다."

김소현은 《어린 왕자》의 문장 하나하나가 시처럼 와닿는다고 한다.

"《어린 왕자》는 문장 하나하나가 한 편의 시를 연상시키듯 감성적이고, 깊은 여운을 남기기 때문에 복잡해진 마음에 휴식을 선물해주는 기분이에요. 그들의 이야기를 따라가다 보면 저도 모르게 생각이 정리되어 있곤 한답니다. 복잡한 일상에서 잠시 휴식을 갖고 싶으신 분들께 적극 추천해요."

'행복한 가정은 모두 비슷하고, 불행한 가정…'으로 시작하는
톨스토이의 《안나 카레리나》도 마음 사로잡은 책이죠

김소현은 또 최근에 읽은 《안나 카레리나》에서 특히 마음을 사로잡은 문장을 꼽아줬다. 2019년 뮤지컬 '안나 카레니나'에서 타이틀롤을 맡았기에 원작을 읽고 있었던 것이다.

"최근 톨스토이의 《안나 카레니나》를 읽었는데 '행복한 가정은 모두 모습이 비슷하고, 불행한 가정은 모두 제각각의 불행을 안고 있다'는 첫 문장이 마음에 와닿았어요."

이 문장은 사실 '안나 카레리나'를 읽은 모든 사람의 마음을 사로잡은 문장이다. 모든 가족은 겉보기에는 평범하지만 저마다 아픈 사연 하나쯤은 있기 마련이기 때문일 것이다. 뮤지컬 배우로 성공하고 모든 여성들이 원하는 삶을 사는 그도 한 가정의 딸이었으며, 현재는 아내이고 엄마이기 때문에 가족과 결혼이 가지는 공통점에 공감하는 게 아닐까.

남편 손준호 한결같이 사랑해주고 의지가 돼요
남편과는 남녀 심리 차이를 다룬 책 읽고 싶어요

김소현은 2011년 배우 손준호와 결혼해 화제를 모았다. 김소현은 1975년생이고, 손준호는 1983년생으로 둘이 여덟 살 차이가 났기 때문이다. 여덟 살 차이가 나지만 두 부부는 마치 친구처럼 지내고 있었다. 오히려 손준호가 김소현에게 든든한 '오빠' 같았다. 2018년 뮤지컬 '명성황후'에서 김소현과 손준호가 명성황후와 고종을 각각 맡아 연기할 당

시 만난 그들의 모습은 그랬다. 실제 부부가 명성황후와 고종이라는 실존 인물이자 부부를 연기한다는 것이 부담스러웠다는 김소현은 관객의 반응에 상당히 민감하게 반응하고 있었다. 공연을 보고 소셜네트워크서비스(SNS)에 글을 남긴 관객의 반응을 하나하나 보면서 안절부절 하지 못하는 김소현을 다독인 사람이 손준호였다.

"남편이 제가 너무 SNS에 신경을 쓰니까, 저는 정말 하나하나 다 보거든요. 그때마다 '욕하는 거 없어요'라고 남편이 미리 보고 말해줘서 제가 안심했어요. 그리고 무대에 오를 때도 워낙 긴장이 됐고 이후에도 남편에게 계속 '어땠어요?'라고 물어봤어요. 그럴 때마다 남편이 '정말 좋았어요. 긴장하지 않았고, 목소리도 좋았어요'라고 말하면서 안심시켜 줬어요. 제가 강박적으로 물어 봤는데도 계속 진득하게 대답해 줘서 고마웠어요."

당시 만났던 손준호는 "소현 씨가 공연 후기를 일일이 찾아보고, SNS에도 해시태그를 달아 놓고 일일이 답변해주느라, 저와 이야기할 시간이 없을 정도"라고 전하기도 했다.

김소현과 손준호는 뮤지컬뿐 아니라 '불후의 명곡' 같은 예능 프로그램에 출연해 대중적 인지도가 높다. 또 방송에서 보여준 둘의 모습은 결혼 8년 차 부부의 모습이라기보다 연애하듯 유쾌하고 다정했다. 과거 인터뷰 당시 이 비결을 물었을 때 손준호는 "김소현 씨가 저를 굉장히 좋아한다"고 농담 어린 대답을 내놓았고, 이에 김소현은 "준호 씨가 정말 긍정적이고 에너지가 넘쳐요. 제가 계속 걱정하고 비슷한 질문을 해도 늘 한결같이 진심 어린 대답을 해줘요"라며 "남편이 여덟 살 어리지만 든든한 가장이고 좋은 에너지를 가진 남편이라고 생각한다"고 말해 다정한 부부금실을 자랑하기도 했었다.

김소현은 든든하고 한결같은 남편 손준호에게 남자와 여자의 다른 심리를 분석한 책을 읽어주고 싶다고 한다.

"저는 여자와 남자의 다른 심리에 대해 세세하게 나와 있는 책이 있다면 그 책을 읽어주고 싶어요. 남편이 그런 부분을 알아줬으면 하는 것보다는, 그런 시간을 통해 서로에 대해 이해하는 시간을 갖는 것이 좋을 것 같아요. 서로를 이해하고자 하는 마음가짐을 세우는 시작점에 책이 있었으면 합니다."

뮤지컬 배우로 성장한 15년간의 이야기 담은
《THINK OF ME》는 가장 사랑하는 책

김소현은 2016년 《THINK OF ME》를 출간했다. 뮤지컬 배우로서 15년의 이야기를 담은 이 책은 그가 가장 사랑하는 '최애책'이다. 서울대 성악과를 졸업하고 오페라 데뷔를 준비하던 중 그의 말대로 '아무것도 모르고' 2001년 뮤지컬 '오페라의 유령' 오디션을 보고 단번에 크리스틴 역에 합격해 뮤지컬 배우로 성장한 그의 이야기가 책에 드라마틱하게 펼쳐졌다.

"2016년에 무대 위에서 지낸 시간들을 기록한 《THINK OF ME》라는 책을 출간했어요. 제가 정말 사랑하는 뮤지컬에 대한 이야기를 많은 분들과 나누고 싶어서 부끄럽지만 책이라는 매개체를 빌리게 되었는데요, 처음으로 제 책이 나왔을 때의 설렘과 두려움 그리고 만감이 교차하던 그 감동은 말로 표현할 수 없는 것 같아요. 제가 책을 읽을 때 그러하듯이 제 이야기가 다른 분들께 잠시 마음의 휴식을 선물할 수 있다면 정말 기쁠 거예요. 그리고 에피소드는 아니지만 주안이가 책을 읽기 시작하면서 책에 관심을 가지기 시작하고, 스스로 고른 책을 함께 앉아서 읽던 날이 제게는 특별한 추억이에요."

서울대 성악과 출신인 김소현은 청아하고 맑은 음색이 매력이지만 뮤지컬에서의 가창은 성악 발성과는 달라 고생한 경험도 살짝 '맛보기'로 들려줬다.

"성악에서 뮤지컬로 진로를 바꾸면서 발성법을 바꾸는 데도 엄청난 노력이 필요했어요. 성악 전공자들은 '샤우팅'은 목이 상한다고 지르는 목소리로 안 넘어가거든요. '샤우팅'은 자동 차단돼요. 목소리를 유지하면서도 뮤지컬 발성으로 바꾸는 노력을 아직 하고 있어요. (웃음)"

김소현은 올해(2019년)만 해도 '엘리자벳' '안나 카레니나' 등에 출연하며 변함없는 티켓 파워를 과시하고 있다. 이처럼 '잘나가는 언니' '성공한 언니'로서 2030 여성에게는 그야말로 '워너비'다. 2030 여성들이 "김소현처럼 잘나가고 멋진 여자가 되려면 어떤 책을 읽어야 하나요?"라고 물었더니, 자존감을 높여주는 책을 읽었으면 한다고 답한다.

"제가 '잘나가는 언니', '성공한 언니'라고 말씀드릴 수 있을지 모르겠지만, 먼저 인생의 길을 걸어간 선배로서 '나 자신'을 사랑하고 '나'를 아끼고 살아가는 것이 매우 중요한 일이라는 것은 말씀드리고 싶어요."

네
번
째

아이돌 그룹 펜타곤
키노

아티스트 감성 충만한 펜타곤의 키노

독서는 취미를 넘어선 일상이자 의무죠

최근 연예인들 사이에서 독서가 '핫한' 취미이자 일상으로 자리 잡는 분위기다. 출근길 패션 아이템이 되기도 하고, 연예인이 읽은 책이 베스트셀러에 오르기도 해 출판계에서도 막강한 힘을 발휘하는 '인플루언서'로 주목하고 있다.

연예인과 책은 그다지 어울리지 않는 이미지라는 게 통념이다. 그러나 이는 단지 편견에 불과하다. 가수, 배우 등은 예술가이며, 예술가의 창외력과 감성은 오롯이 자신의 경험에서만 나오는 것이 아니다. 독서, 미술·영화·공연 관람 등 인문학이나 예술 체험에서 나오기 때문이다. 특히 요즘 아이돌은 작사, 작곡에 프로듀싱까지 참여하기 때문에 기획사의 기획력만이 이들을 성공시킨다고 보기는 어렵다. 연예인으로서의 인기라는 게 '끼'에서 나온나는 건 어쩌면 시대착오적이거나 대중문화 예술가를 폄하하는 시선일 수 있다.

아이돌 그룹 펜타곤(진호·후이·홍석·신원·여원·옌안·유토·키노·우석)의 키노는 안무를 비롯해 작사, 작곡까지 해내는 '아티스트'로 평가받는다. 고난도 댄스 실력뿐 아니라 그의 창조적인 안무는 전문가 수준이다. 펜타곤 활동 및 연습 시간을 제외하고 대부분의 시간을 작사·작곡하는 데 보내는 키노에게 독서는 취미를 넘어서 의무이자 일상이라고 해도 과언이 아니다. 그는 언제든 읽다 접어둔 책이 생각나면 꺼내 읽고, 헤어·메이크업을 받을 때도 어김없이 책을 꺼내 든다. 시끄러울 법도 한 공간에서도 그는 오히려 다른 것을 하기보다 책을 읽으면 집중이 잘된다고 한다.

키노가 출근길이나 대기실에서 책을 들고 있는 모습을 자주 목격했다는 관계자들의 '증언(?)'을 비롯해 출근길 사진 기사가 종종 눈에 띈다. 그의 손에 들린 책은 멋스러운 패션 '잇템'으로 보이기도 하지만 키노의 자연스러운 일상이다. 연출이 아닌 있는 그대로의 모습이라고 할수 있다.

"저는 인터뷰를 하거나 그럴 때마다 취미가 무엇이냐는 질문이 가장 어려웠어요. 저는 정말 곡 쓰고 연습하고 책 보고 영화 보고 이것밖에 안하는데, 좀 더 특별한 취미를 말해주기를 기대하시는 분들도 있잖아요. 그래서 저한테 '이미지 관리 하지 마시고요, 솔직하게 말해 주세요'라고 말씀하시는 분들도 있어요. 그런데 정말 저는 저거밖에 안 하거든요."

메이크업 받을 때도 시끄러운 곳에서도

책 읽을 때는 집중이 잘돼요

키노의 책 읽기는 비행기, 연습실, 대기실 등을 비롯해 헤어·메이크 업숍으로까지 이어진다.

"헤어·메이크업을 받을 때 귀에 이어폰을 끼고 음악을 들으면 선생 님들에 대한 예의가 아닌 것 같아요. 물론 헤어·메이크업을 하는 데 이어폰이 방해가 될 수 있고요. 그래서 저는 아무것도 안 하고 있기보 다 그 시간에 책을 읽어요. 시끄러운 데서도 이제 집중을 잘해요. 그리 고 멤버들이 옆에서 떠들어도 책을 집중해서 읽을 수 있어요."

키노는 책을 사랑하는 대표적인 아이돌이지만 어렸을 때부터 책을 좋 아한 것은 아니다. 그도 어릴 때는 책이 부담스러운 평범한 소년이었다.

"어렸을 때는 그냥 영어책 읽기 10분 이런 거 하는 정도였어요. 모든 부모님들이 그러하시듯 저희 부모님도 '책 많이 읽어라'라고 하셨지만 그 말씀을 잘 듣지는 않았어요. (웃음)"

어휘력 상상력 키우고 작사 작곡에도 도움 되고

'음악적 스피릿'의 원천이자 트리거가 독서에요

책과 그다지 가깝지 않던 그가 책을 가까이 하게 된 건 작사·작곡을 시작하면서부터다. 어휘력을 늘리고 상상력을 키우는 데 도움을 받기 위해 시작한 독서가 이제는 그의 '음악적 스피릿'의 원천이자 트리거이 자, 탈출구가 됐다. 키노는 책과 멀어진 이들에게 책과 가까워지는 법에 대해서도 이야기했다. 쉬운 책부터 시작하고, 부족한 부분을 느끼는 순간 책에서 답을 모색해 보라는 것이다.

"어떤 분야든 그렇겠지만 친해지는 게 우선이에요. 또 사이가 가까워지려면 흥미를 가져야 하고요. 제가 춤, 노래를 정말 열심히 할 수 있었던 것은 재미있어서였거든요. 어려운 책보다 정말 쉬운 책부터 시작하면 재미로 읽게 돼요. 그리고 나중에 좀 더 어려운 책을 볼 때 잘 이해가 안 가면 오기가 생길 때가 있어요. 책이 안 읽힐 때는 내가 뭐가 부족한지를 생각하게 되죠. 내가 집중력이 부족한가? 이 분야에 대해 모르는 게 나와서 어려우면 포기했다가 한 달 뒤에 다시 열어 봐요. 그때는 이해가 되기도 하고, 뭐 계속 이해가 안 되는 것도 있어요. (웃음) 이런 순간을 하나하나 경험하고 넘기다 보면 책이랑 '진짜' 가까워져요."

머릿속에 단어 떠오를 때마다 어플에 메모
곡 쓰고 멜로디 메이킹할 때 영감을 받죠

또 책은 키노에게 아티스트로서 영감을 주는 원천이다. 인터뷰 직전까지도 그는 책을 손에 들고 있었고, 책을 읽고 떠올랐던 단어들을 단어장에 메모해뒀다. 이를 보여주며 자신이 새로 만든 곡에 대한 이야기도 신이 나서 이야기했다.

"단어에서 영감을 받아요. 제가 스토리 만드는 것을 좋아해요. 만들어진 스토리를 받아들이는 건 별로 안 좋아해요. 책을 읽다가 좋은 단어나 구절이 있으면 메모장 어플에 적어둬요. 자기 전에 하나씩 꼭 적

어요. 그리고 나서 단어랑 연관을 지어서 스토리를 만들기도 해요. 가사를 쓰고 나중에 곡을 쓰고 멜로디를 메이킹하고 트랙을 메이킹하고 피아노를 메이킹하고 뭔가 그 노래의 분위기를 느꼈을 때 제가 써 놓은 몇 백 개의 단어를 보면 잘 어울리는 단어가 있어요. '이 노래에는 이게 좋겠네' 이러면서요. 가사를 써놓은 것도 있지만 가사가 없는 곡도 많아요."

키노는 최근에 적어둔 단어도 공개했다. 곰곰이 생각하면서 하나하나 단어를 꺼내 놓을 때마다 진지한 표정이 인상적이었다. 마치 '내가 이때 어떤 생각을 했지?'라며 당시 상황을 떠올리듯 말이다.

"'실수 따위'라고 적어 뒀네요. 왜 적은 거지? (웃음) '자유' '유영' '경멸' '초콜릿' '행복하게 살 거야' '굳이 굳이' '발레' 등등 되게 많네요. 아무거나 적어 뒀어요. 그냥 연관성이 하나도 없는데 그냥 다 적어 놓는 거예요. '겁쟁이' '으악' 이런 것도 있네요. 그런데 '으악'이라는 단어가 구어로는 잘 안 나오는 단어잖아요. 책에서는 문어체로 나오잖아요. 이걸 가사로 하면 재미있을 것 같아요. '으악'의 경우는 '키치한' 가사가 나올 거 같아요. 그런 단어에 집중할 때도 많아요. (웃음)"

키노는 자신이 적어둔 단어를 말할 때마다 집중했고, 고민하기도 했으며, 즐거운 기억이 떠올랐는지 미소를 짓기도 했다.

"어제 후영이랑 곡을 썼는데 진짜 슬퍼요. 'VIDA'라는 단어로 곡을 썼어요. 너무 꽂혀서요. 인생이라는 의미의 스페인어에요. 'VIDA' 이러면서 노래하는 건데요. 요즘은 누군가를 행복하게 만들어주는 곡을 쓰고 있어요. '내가 왜 이런 아름다운 인생을 모르고 살았을까'라는 내용을 쉽게 풀어낸 곡이에요. 'VIDA'라는 단어, 정말 맘에 들어요. 아, 그리고 어제 낮잠을 잤는데 자기 직전에 쓴 게 '자기 싫다'예요. 평범한 말인데 이게 왜 떠올랐냐면 지금 내가 잘 타이밍이 아닌데 자면 오늘이 끝날 것 같은 거예요. 밤부터 작업을 해서 오늘 12시 점심시간까지 작업을 했거든요. 밤을 새우고 바로 헤어·메이크업숍을 다녀왔거든요. 그 전날 낮에 자려고 하니까 뭔가 오늘 저녁부터 내일이 시작될 것 같은 느낌이 드는 게 너무 싫은 거예요. '자기 싫다' 이런 생각을 하면서 메모장에 적고 잤어요."

잠자는 것도 아까울 정도이고 그 감정을 풀어놓은 게 꼭 "예술가 같다"라고 하자 키노는 "근데 엄청 잤어요"라며 웃었다.

최소한 일 년에 15권 정도는 읽는다는 키노는 '스타의 서재'를 통해 소개하고 싶은 책도 고심 끝에 여러 권 골라왔다. 소설부터 인문·사회 분야까지 다양했다.

존 버거 《행운아》의 주인공이 사람 대하는 방식 인상적
독서는 작가의 의도도 중요하지만 독자의 해석도 중요

우선 키노는 1972년 소설 《G》로 부커상을 수상한 소설가이자 미술 평론가인 존 버거의 《행운아》를 독자들에게 소개하고 싶다고 했다.

"영구어 한 시골 마을에서만 25년 동안 진료한 사샬이라는 의사의 이야기에요. 사샬은 말투나 행동이 보통 사람들과는 조금 달라요. 그런데 의사로서 뿐 아니라 마을 주민의 한 사람으로서 보다 인간적으로 환자를 대하고, 그런 모습에 마음 사람들이 마음을 열어요."

작가의 의도뿐 아니라 독자의 해석이 중요하다는 키노는 《행운아》에 대한 키노 나름의 해석도 내놓았다.

"대다수 사람들이 불행한 현대사회에서 '행운아'로 은유되는 사샬이라는 한 의사를 통해 삶의 가치를 돌아보는 작품이죠. 그런데 저는 이보다는 제가 바라는 이상적인 인간관계를 구현하는 사샬의 방식이 가장 와닿았어요. 존 버거는 사회 비판적인 메시지를 담았지만, 저는 말하는 태도와 사람을 대하는 방식이 주는 메시지가 강하게 다가왔어요."

그러면서 그는 가져온 책을 뒤적이며 가장 인상적인 문장들을 읽어주었다.

"세 페이지 정도가 정말 감동적이었는데, 그중에서 추리고 추린 게 171페이지에 나와 있는 문장들이에요. '더 이상 토론의 주제는 알려지지 않은 예술가의 의도나 그의 혼란, 희망, 설득당할 수 있는 그의 능력, 변화의 능력 등이 아니다. 이제 주제는 우리에게 남겨진 작품을 어떻게 사용할 수 있을 것인가 하는 것이다. 그가 죽어 버렸기 때문에, 우리가 주인공이 되었다.'" 서브 보컬에 메인 댄서를 맡을 뿐만 아니라 작사·작곡을 하는 '아티스트 아이돌'로서 예술가와 예술 작품에 대한 언급이 그의 영혼을 뒤흔들었던 것이다.

'인생 책'은 팀 보울러의 《리버 보이》
돌아가신 할아버지가 선물한 마지막 책

키노는 '최애책'이자 '인생책'으로는 팀 보울러의 《리버 보이》를 꼽았다. 《리버 보이》는 《해리 포터》를 제치고 청소년문학상인 카네기 메달을 수상한 작품으로 15세의 눈을 통해 만남과 헤어짐, 삶과 죽음 뒤에 숨겨진 인생의 진실을 섬세한 필치로 아름답고 서정적으로 그린 작품이다.

"돌아가신 할아버지께서 주신 마지막 생일 선물이에요. 할아버지께서 편지도 자필로 영어로 써주셨어요. 할아버지와 손녀의 이야기여서 더욱 와닿는 게 많았어요. 두 번 세 번 계속 읽은 책이에요. 책을 보면 할아버지 생각이 많이 나요. 분당 본가에 갔을 때 책장에 꽂혀 있는 《리버 보이》를 보고 부모님께 '저거 가져갈게요' 하고 가져왔어요.

《정의란 무엇인가》 어렵지만 끝까지 읽었죠
《어린왕자》는 누군가에게 선물하고 싶어요

키노는 또 마이클 샌델의 《정의란 무엇인가》, 생텍쥐페리의 《어린 왕자》를 누군가에게 선물하고 싶을 만큼 좋은 책이라고 했다.

그런데 《정의란 무엇인가》는 그가 읽은 가장 어려운 책이라면서도 책을 이해하기 위해 노력했던 순간에 대해 들려줬다.

"《정의란 무엇인가》는 제가 읽은 책 중 가장 어려운 책이고, 아빠가 추천해 주셨어요. 워낙 이해가 안 가서 챕터별로 따로따로 읽어보고는 했죠. 제가 경험하지 못한 사회 문제를 정의라는 관점에서 정의하고 해석하는데, 스스로 생각하고 판단해야 할 문제들이 많은 것 같아요. 제가 다 이해는 못 했지만, 그냥 좋은 책 같아요. 앞으로 이런 유의 책을 많이 읽어 보고 싶어요."

키노는 《어린왕자》는 앞으로 나이대별로 읽어 보고 싶은 책이라고 했다.

"지금보다 더 어렸을 때는 《어린 왕자》가 왜 명작인지 이해가 안 갔어요. 그런데 나이를 먹으면서 경험이 생기고 제 인생도 달라지잖아요. 그때마다 다시 읽는데 제 경험이 더해져서 그런지 감동적인 포인트가 나이별로 달라지는 걸 느꼈어요. 어떨 때는 여우, 어떨 때는 장미, 코끼리 등등으로요. 앞으로 5년 후 6년 후에도 읽을 건데, 제가 무엇을 느낄지 궁금해요. 어렸을 때 이해하지 못한 것을 지금은 어느 정도 이해하게 되면서 '나도 발전을 했구나' 하고 느끼고요."

《미 비포 유》는 푹 빠져서 읽은 소설
주인공에 감정 이입해 다른 세계로 들어가는 느낌이었죠

로맨틱한 소설 《미 비포 유》는 키노가 푹 빠져서 읽은 작품이다.

"책이 진짜 두꺼워요. 그런데 스토리 안으로 빨려 들어가서 읽는 순간 몰입했죠. 주인공이 여자이기는 하지만 주인공에게 감정 이입하고 그 감정 느끼고 다른 세계를 느꼈어요. 내가 경험할 수 없는 다른 사람의 삶을 머릿속으로나마 살아 보게 하는 것이 소설의 장점이라는 것을

깨닫게 한 작품이기도 하죠. 순간 감정이 이입되는 작품이어서 '킬링
타임용'으로도 좋을 거 같아요. 영화로도 나왔는데 책으로 읽어 보시길
권해요. 후속작품인 《애프터 유》도 나와서 읽었어요. 전작에 비해 조금
아쉽기는 했지만, 그래도 재밌었어요."

'알쓸신잡' 유시민 작가의 《거꾸로 읽는 세계사》도 사랑하는 책

유 작가님은 행동도 우아하고 깔끔하고 정말 멋져요

키노는 또 예능 프로그램 '알쓸신잡' 등에 출연해 10대로까지 '팬덤'을 확장한 유시민 작가의 팬이었다. 《거꾸로 읽는 세계사》 역시 키노가 사랑하는 책이다.

"《거꾸로 읽는 세계사》는 사회주의의 몰락, 베트남전 등 현대사의 굵직한 사건들을 유시민 작가의 시선으로 분석한 책이에요."

책 이야기를 하다가 키노는 유시민 작가에 대한 '팬심'을 드러냈다. 키노는 지금도 그렇게 생각하지만 '세상에서 가장 똑똑한 우리 아빠'랑 시간을 보낼 때 본 '알쓸신잡'을 비롯해 유시민 작가에 대한 애정을 듬뿍 담아 설명했다.

"유시민 작가는 꼭 만나보고 싶어요. 정말 존경해요. 집에서 아버지랑 텔레비전을 틀어 놓고 술잔을 기울일 때 '알쓸신잡'을 봤어요. 저희 아버지도 워낙 똑똑하시거든요. 어렸을 때 뭘 물어보면 정말 척척 다 대답해 주시는 게 너무나 신기했어요. 그리고 유시민 작가도 정말 멋진 분 같아요. 나이에 비해 굉장히 젊으시고, 외모도 깔끔하시고 재밌으시잖아요. 그리고 인간적인 면모, 행동 하나하나가 우아해요. 그런 어른이 되고 싶다는 희망이 있어요."

《마당이 있는 집》《지독한 하루》
《왜 세계의 절반은 굶주리는가》는 앞으로 읽고 싶은 책

키노는 '스타의 서재'를 통해 소개한 책 말고도 관심이 있는 책들의 표지를 캡처해둔 사진을 비롯해 읽고 싶은 책들에 대해서도 애정을 가지고 하나하나 보여주고 설명했다.

"《마당이 있는 집》《지독한 하루》이런 책도 캡처해뒀고요. 아까 인터뷰 진에 교보문고에서 사진 촬영할 때 본《왜 세계의 절반은 굶주리는가》도 꼭 읽어 보고 싶어요. 사진 촬영하다가 책 표지가 눈에 들어왔어요. 사려다가 지갑이 없어서 못 샀어요. (웃음)"

"어릴 때부터 흥을 주체할 수가 없었죠"
가수가 된 건 너무나 당연한 일

이렇게 지적 호기심이 많고 감수성이 풍부한 키노가 아이돌이 된다는 것은 어쩌면 당연해 보이기도 하지만 다른 길을 갔더라도 뛰어난 성취를 했을 것 같다는 생각이다. 특히 이해가 되지 않는 부분을 포기하지 않고 끈질기게 붙잡고 있는 근성을 비롯해 늘 배우는 자세로 모든 경험을 즐기는 모습이 인터뷰 내내 인상적이었기 때문이다. 그렇다면 키노는 왜 가수가 됐을까?

"흥을 주체할 수가 없었어요. 유치원 다닐 때 장기자랑을 하면 다 나갔어요. 영어 유치원을 다녔을 때 선생님께서 '주인공 할 사람?' 이러시면 저는 무조건 한다고 했어요. 그때는 표범 분장을 하고 연기를 한 것 같아요. 단체 장기자랑 할 때도 제가 안무 따와서, 동선을 짰어요. '빅뱅' 선배님들 콘서트를 봤는데 진짜 멋있었고, 저도 콘서트를 해보고 싶어서 가수가 됐어요."

268

첫 콘서트의 감동은 평생 잊지 못할 것 같아요

선한 영향력 주는 아이돌 될래요. 그리고 펜타곤은 무조건 잘될 거예요

키노는 가수를 꿈꾸던 시절에서 실제로 꿈을 이뤘던 순간으로 기억을 옮겨가며 감격한 듯 말을 이어갔다.

"첫 콘서트 했을 때를 잊지 못해요. 너무 꿈같았거든요. 정말 행복한 순간이었어요. 그 경험은 해보지 않으면 몰라요. 콘서트 몇 시간을 하기 위해 저는 평생 살 거예요. 무대가 정말 좋아요. 제가 다섯 번 본 영화가 있어요. 바로 '보헤미안 랩소디'예요. 가수라면 정말 좋아할 수밖에 없는 영화죠. 무대 위에서의 희열과 감동은 설명하기 어려워요."

가수가 되고 싶다는 꿈이 생기고 나서 키노는 부모님과 진지하게 진로 상담을 했다. 그러나 처음부터 선뜻 응원하신 것은 아니었다.

"엄마와 아빠가 정반대의 입장에 서서 저를 설득하기도 하고 응원하기도 하셨어요. 그러나 못 이기는 척 하고 허락해주셨어요. 결정적인 계기는 중학교 1학년 때 담임선생님이 부모님께 '얘는 가수 시켜야 한다'고 하셔서 그게 힘이 됐어요. 그리고 아빠가 대형 기획사 들어가면 선물(터치폰 신제품인 '쿠키폰')도 사주신다고 하셔서 정말 열심히 했어요."

부모님의 허락을 받은 키노는 정말 미친 듯 춤을 추고, 미친 듯 연습했다.

"제가 원래 몸치, 박치였어요. 그런데 정말 춤이 재미있다 보니 8~9시간씩 춤을 추고 있더라고요. 버스 안에서도 추고 길에서 추고. 어디에서나 춤을 추고 연습을 했는데, 힘들기보다는 행복했어요."

이야기를 할수록 키노는 아티스트다라는 확신이 깊어졌고, 키노 개인에 대한 호기심도 커져 갔다. 실제 성격은 어떨지, 평소에는 '진짜' 무엇을 할지 말이다.

"성격은 외향적이에요. 그리고 기분파고요. 작은 감정도 크게 느끼는 듯해요. 기쁘면 정말 미칠 듯 기쁘고, 슬플 때도 미칠 듯 슬프고요. 화도 많기는 했는데 이제 억제할 수 있는 힘이 생긴 것 같아요. 그리고 중학교 때는 게임도 하고 축구도 하고 친구 만나는 것 좋아했어요. 곡을 쓰기 시작한 고등학교 1학년 때부터는 사람들이 많지 않은 곳이 좋아요. 혼자서 하는 걸 좋아하게 됐어요. 혼자 영화 보고, 혼자 밥 먹는 것도 좋아해요. 유일한 취미가 있어요. 제가 야행성이어서 밤 11시부터 아침 7~8시까지 곡을 써요. 그러다가 꼭 새벽 3~4시쯤 혹은 5시에 나가서 24시간 고깃집에 가서 소고기를 구워 먹어요. (웃음) 혼자 먹을 때도 있고 형들과 먹을 때도 있고요."

타고난 재능과 감수성 그리고 노력하는 자세 그리고 보이그룹은 걸그룹에 비해 상대적으로 팬덤을 형성하는 데 시간이 더 걸림에도 불구하고 데뷔한 지 3~4년 만에 팬덤을 확보한 펜타곤의 키노는 어쩌면 그가 처음에 소개한 책처럼 '행운아'인지도 모른다. 키노를 비롯한 멤버들의 피나는 노력과 재능이 만들어낸 결과이기도 하지만 말이다. 그래서 키노에게 물었다. 키노는 행운아인지, 그리고 어떤 아이돌이 되고 싶은지를.

"저는 행운아 맞는 것 같아요. 인복이 많아서요. 주변에 저를 도와주시는 분들, 함께 일하는 분들을 잘 만나서 여기까지 온 것 같아요. 저는 정말 이 분들을 위해서라도 더 잘돼야 한다고 생각해요. 잘될 거고요. 저는 펜타곤이 잘되지 못할 것이라고 생각해 본 적이 단 한 번도 없어요. 저는 선한 영향력을 주는 아이돌이 되고 싶어요. 그리고 저희 음악을 듣고 행복해졌으면 해요."

아이돌 그룹
원어스

포스트 방탄소년단 아이돌 그룹 원어스

"평범한 우리들이 모여 하나의 세상을 만들 거예요"

이제는 글로벌 팬덤을 거느리며 빌보드, 아메리칸 뮤직 어워즈, 그래미 등 미국 3대 음악 시상식 무대에 오른 방탄소년단. 데뷔할 때까지만 해도 이들은 주목받지 못했다. SM엔터테인먼트, JYP엔터테인먼트, YG엔터테인먼트, FNC엔터테인먼트 등 '빅4' 기획사가 아닌 빅히트엔터테인먼트라는 소형 제작사 출신이었기 때문에 마케팅력은 턱없이 부족했다. 그러나 국내는 물론 해외 팬들과 동시에 소통을 시작하며 팬덤을 형성한 방탄소년단은 이제 누구도 따라 하기 어려운 기록을 만드는 '기록소년단'이 됐다. 방탄소년단 덕에 K팝은 이제 아시아 변방의 음악이 아닌 주류 음악으로 진입했지만 포스트 방탄소년단이 나올 것인지

우려가 있는 가운데 올해 초 데뷔한 아이돌그룹 '원어스(ONEUS)'는 단연 돋보이는 '라이징 스타'다.

레이븐, 서호, 이도, 건희, 환웅, 시온 6인조 보이 그룹인 원어스는 2017년 11월부터 2018년 9월까지 기획사 RBW의 '데뷔하겠습니다'라는 프로젝트를 통해 실전 무대 실력을 쌓았다. 그리고 드디어 2019년 1월 9일 '라이트 어스(LIGHT US)'로 정식 데뷔했다. 데뷔 앨범의 반응은 놀랍도록 뜨거웠다. '라이트 어스'가 발매 즉시 4개국 아이튠즈 K팝 앨범 차트 1위를 기록한 것이다.

이처럼 화려하게 데뷔한 원어스에게는 벌써부터 '투문' '달님' 등 국내 팬덤이 형성됐다. 보이 그룹은 보통 걸그룹보다 팬덤 형성이 오래 걸리지만 탄탄한 실력과 뛰어난 외모 그리고 데뷔 전부터 버스킹 등으로 잠재적 팬들과 소통한 덕에 원어스의 팬덤 형성 속도는 매우 빠른 편이다. 이 때문에 업계에는 이들을 이미 '미래의 슈퍼스타'로 낙점한 이들이 상당히 많다.

스타의 서재를 통해 만난 원어스는 신인답게 긴장한 표정이 역력했지만, 또박또박한 목소리로 자신들을 소개했다.

"원어스는 '팬 한 명 한 명(ONE)의 힘이 모여 만들어진 우리(US)'라는 뜻과 '결국 평범한 우리들이 함께 모여 하나의 세상을 만들어간다'는 의미를 담고 있습니다."

연습생을 막 거치고 이제 막 데뷔한 이들이 과연 책을 읽을 시간이 있을까 싶었다. 지금까지 인터뷰한 아이돌 그룹은 연습생 시절 및 데뷔 초에는 너무 바빠서 독서를 할 여유가 없었다고 했기 때문이다. 그런데 이런 걱정은 그야말로 기우였다. 스타의 서재 인터뷰에 흔쾌히 응한 이유가 다 있었던 것이다.

어렸을 때는 논술학원 때문에 억지로 읽었던 책
지금은 감동 주는 책에서 여유로움 찾아요

원어스는 "책은 간접적으로 우리를 다양한 세계로 데려다 준다"며 "거기서 많은 것을 얻을 수 있고 배울 수 있다"고 책에 대한 생각을 이야기하기 시작했다. 이어 "어렸을 때는 논술학원 때문에 어쩔 수 없이 읽어야 했던 기억이 있다"며 "학생 때는 귀찮기만 한 일이었던 책 읽기지만 성인이 된 후 책이 주는 여유로움과 다른 어디서도 느껴볼 수 없는 책만이 가지고 있는 감동을 느끼고 나서 가끔 책을 읽고 싶어질 때가 있다. 이제는 책을 선물하고 받는 것 또한 큰 사랑의 의미가 됐다"고 덧붙였다.

원어스는 또 "3개월 전에 독서를 다시 하기 위해 서점에 가서 다섯권 정도를 샀는데, 모두 읽어서 미션을 성공했다"며 "어렸을 때 책을 좋아했고, 많은 책이 있는 서점이 신기했다. 내가 알고 있는 책보다 모르는 책, 또 다른 책들이 신기해서 집 주변 서점을 가족들과 매일 돌아다녔던 것 같다"고 전하기도 했다.

레이븐이 1995년생으로 맏형이고, 시온이 2000년생으로 가장 어린 막내다. 이렇게 어린 친구들이 '어렸을 때'라고 하니 우습기도 하고 귀엽기도 했다. 무엇보다 풋풋함에 미소가 절로 났다.

원어스라는 한 배를 탄 우리 팀

모두가 빛날 수 있는 팀이 되길

이들은 스타의 서재를 통해 소개하고 싶은 책으로 《리더의 7가지 언어》를 꼽았다.

"책에서 가장 인상 깊었던 문장은 바로 '조직을 살리는 배려의 언어'에서 '팀은 리더만 돋보이는 게 아니라 팀이든 리더든 배려로 인해서 모두가 빛나는 것이다'라는 대목이었어요. 저희는 솔로 가수가 아니라 팀으로 활동하는 그룹이기 때문에 '원어스'라는 한 배를 더욱 오래 오래 함께 하기를 원해요. 한두 명이 부각되는 게 아니라 모두가 빛날 수 있는 팀이 됐으면 하는 게 저희 바람이거든요."

레이븐, 건희, 환웅, 시온은 자주 가는 서점과 책 읽을 때의 버릇도 공개했다.

레이븐은 교보문고를 자주 가고, 읽은 게 기억이 안 나면 또 읽어 본다고 한다.

건희는 "'ㅅㄷ 반디앤루니스'를 자주 가며, 예전에 'ㅅㄷ'에서 보컬레슨을 했던 적이 있는데, 조금 일찍 도착할 때면 가서 책을 읽고 샀었다"며 "나름 저만의 추억의 장소"라고 말했다. 그리고 건희는 간식을 먹으며 책을 읽는 것을 좋아하고 한 문장씩 이미지화해서 상상하며 읽는 버릇이 있다고 한다.

환웅 역시 교보문고에 자주 가며, 인상 깊은 구절이 있다면 사진을 찍어두고 가끔 읽어보는 게 책 읽을 때의 버릇이다.

시온도 교보문고를 좋아하는데 특히 책 읽을 때의 버릇이 독특했다.

그는 책을 읽고서 정말 좋은 책은 소장용으로 새 책을 사서 소장하는 게 버릇이라고 한다.

이처럼 책을 가까이 하고 있는 원어스는 선물하고 싶은 책 리스트도 많을 것 같았다. 과연 이들이 선물하고 싶은 책은 무엇일까?

건희 《언어의 온도》는 소중한 사람 더 소중하게 지키는 방법 알려줬죠

어린 시절 엄마가 읽어 주셨던 《토마토 아저씨》는 추억의 책

건희는 밀리언셀러 《언어의 온도》를 선물하고 싶다고 한다.

"'말'이라는 하나의 수단이 그날의 기분을 바꾸고, 세상을 바꾸고, 누군가의 목숨을 살릴 수도 있을 정도로 매우 중요한 수단이라는 걸 알게 해준 책이에요. 책 덕에 제가 스스로 조금 더 강해질 수 있고, 누군가에게 더 힘을 줄 수 있고, 소중한 사람을 더 소중히 지킬 수 있는 방법에 대해 조금 더 알게 됐어요."

그리고 건희의 '최애책(가장 사랑하는 책)'은 《토마토 아저씨》다.

"어렸을 때 내용을 이해하지 못하면서도 매일 엄마한테 찾아가서 읽어달라고 한 책이에요. 저는 기억이 안 나지만 그 당시 쓸쓸하고 외로운 주인공을 위해서 나라도 매일 찾아가야 한다고 엄마한테 말한 적이 있다고 해요. 내용도 잘 기억이 안 나지만 내 추억 속 한 구석에 크게 자리하고 있는 책이죠. 지금은 인터넷에 검색하면 책 이름보다 음식점 브랜드가 먼저 나오는 것 같아 마음 한쪽이 아려요."

시온 "《바보 빅터》 이야기 신선해서 다섯 번 정도 읽었죠"

레이븐 "미래에 제 자서전 나오면 선물하고 싶어요"

시온은 '최애책'인 《바보 빅터》라는 책은 어렸을 때 다섯 번 정도 읽을 정도로 이야기가 너무나 신선하고 재미있었다고 한다.

레이븐은 "미래에 저의 자서전이 나오게 된다면 선물하고 싶어요"라는 당찬 대답을 들려줬다. 그의 꿈이 이뤄질 수 있기를, 그의 자서전에 K팝의 모든 기록이 쓰여 있기를 바라본다.

긍정적인 영향 주는 아티스트 되기 위해

앞으로는 많은 사람들의 감정 다룬 책 읽을래요

원어스는 그동안 에세이를 주로 읽었지만 앞으로는 많은 사람들의 감정을 다룬 책을 읽고 싶다고 한다. 이유는 기특하게도 많은 이들에게 긍정적인 영향을 주는 아티스트가 되고 싶어서란다.

"많은 사람들에게 긍정적인 영향력을 주는 아티스트가 되고 싶다는 꿈을 가진 만큼 많은 분들께 어쩔 때는 배가 되는 즐거움, 어쩔 때는 깊은 마음의 위로를, 어쩔 때는 힘나는 응원까지도. 더 효과적으로 공감하고 싶고 나누고 싶어요. 그리고 가끔은 '달달한' 연애소설 같은 책들도 읽어보고 싶어요. (웃음)"

앞으로 보여줄 것이 무궁무진한 원어스지만 이들은 과연 현재 어떤 아티스트일까. 멤버 한 명 한 명과 깊은 이야기를 나눠봤다.

우선 멤버 중 메인 댄서 환웅(여환웅)은 서울공연예술고등학교 재학

시절 3년 내내 댄스 실기에서 1등을 놓치지 않았으며 특유의 퍼포먼스로 데뷔 전부터 화제가 됐다. 메인보컬 서호(이서호), 건희(이건희) 또한 '프로듀스 101'을 통해 보컬 실력을 인정받았다. 맏형인 레이븐(김영조)은 작사, 작곡, 프로듀싱 실력까지 겸비한 멤버로 데뷔 전부터 믹스테이프 등의 작업을 통해 다수의 팬을 확보하고 있다. '데뷔하겠습니다' 다섯 번째 공연 '스파클링 피스(Spakling Piece)'를 통해 공개된 이도(김건학)는 매력적인 저음은 물론 작곡, 작사 실력을 보유한 멤버이며, 막내 시온(손동주)은 형제 그룹 '원위(ONEWE)'의 멤버 '동명'과 쌍둥이 형제로 수려한 외모로도 관심을 한 몸에 받고 있다.

레이븐 "자작곡 'HERO' 앨범에 수록됐을 때 행복"

서호 "재능이요? 그냥 특별해 보이게 연습을 많이 해요"

어린 나이부터 자신의 진로를 결정한 이들에게 나는 늘 궁금한 것이 있다. 가수로서 특별한 재능을 발견했을 때 과연 어떤 기분이었을지 말이다.

레이븐은 1집 앨범에 첫 자작곡 'HERO'를 앨범에 수록했을 때 행복했다고 한다.

"가끔 만든 자작곡들을 가지고 김도훈 작곡가 겸 대표님께 들려드렸는데 제게 솔직하게 칭찬과 피드백을 해 주실 때, 도훈 대표님께 음악을 들려드리는 것만으로도 최고의 기회인데 칭찬까지 해주시니 더욱 행복했어요."

서호는 "특별한 재능을 발견했다기보다는 스무 살 때 노래와 음악을 하고 싶다 생각했고 내가 가지고 있는 것들을 더 특별해 보일 수 있게 연습을 많이 했다"고 겸손하게 말했다.

이도 "가수란 꿈은 있었지만 기회 없어 운동만 했죠"

건희 "공감 능력 감수성 풍부한 게 저만의 특별함"

이도는 "딱히 언제 특별한 재능을 발견하고 그런 건 없는 것 같다"며 "그저 예전부터 가수란 꿈을 가지고 있었고 하고 싶었지만 기회가 없어 운동만 했었다"고 말해 웃음을 자아냈다. 그러면서 "그러던 중에 기회가 찾아온 덕분에 가수가 되는 길을 한 걸음 내디딜 수 있었던 것 같다"

고 덧붙였다.

건희는 "음악은 언제나 좋아했고 즐겼다"며 "하지만 '가수'가 되어야겠다고 마음을 먹은 건 바로 제가 음악에서 힘을 얻었을 때, 저도 그런 사람이 돼야겠다고 생각한 순간이었다"고 말했다. 그는 이어 "다른 사람들보다 공감 능력과 감수성이 조금 더 풍부한 것이 저만의 특별함이 아닐까 싶다"고 덧붙였다.

《언어의 온도》를 비롯해 《토마토 아저씨》에 대해 이야기할 때 이미 그에게서 풍부한 감수성과 공감 능력이 느껴졌는데, 이러한 장점을 스스로도 알고 있었던 것이다.

환웅 "중학교 때 장기자랑에서 처음 희열. 혼자서 가수 꿈 키워"
시온 "멤버들과 투문 덕에 못할 것 같은 일들도 척척 하고 있죠"

환웅은 "중학생 시절에 수학여행 장기자랑 무대에서 처음으로 매우 큰 희열을 느끼고 주변 친구들에게 인정을 받았을 때인 것 같다"며 "어렸을 적 마음속으로 나 혼자 키워오던 꿈을 당당히 주변인들에게 말할 수 있게 되고, 스스로도 확신이 생겨 행복했다"고 전했다.

시온은 "가수로서 특별한 재능이라기보다 제가 못하고 힘들어하는 부분에서 멤버들과 주변에서 많은 도움을 주시는 분들, '투문(팬덤명)' 덕분에 못할 것 같던 일도 어느새 해결해나가는 모습을 본 것 같다"고 말했다.

원어스는 언제 행복한지, 외로울 때도 있는지⋯

원어스에 대해 더 알고 싶은 것들

꿈을 향해 나아가는 원어스는 그 자체로 아름답다. 그래도 스스로는 어떤 면을 아름답다고 느낄까.

레이븐 "긍정적이고, 모든 새로운 도전을 할 때요."

서호　"상대방을 배려하는 습관적인 행동을 할 때요."

이도　"목소리가 아름다운 것 같아요. 낮은 목소리이지만 노래를 부를 땐 다른 미성의 목소리가 나와요. 그리고 가장 아름다운 면은 겉과 속이 다른 것이에요. 겉은 인상이 세고 날카로워 보이지만 속은 정이 많고 사람을 좋아해요."

건희　"마음씨요. 항상 남을 생각하는 제 착한 마음씨는 저 자신조차 감동하게 만들어요, 농담이에욧."

환웅　"뭐든지 시간이 오래 걸리고 느리더라도 최선을 다하려는 태도가 가장 아름다운 것 같아요. 아이 부끄럽다."

시온　"겉과 다른 모습인 것 같아요. 제가 무표정으로 있거나 그러면 차갑다라는 소리를 많이 듣는데 막상 알고 보면 장난도 많고, 말도 많고 친구 같은 존재입니다."

레이븐, 집중할 수 없을 때. 서호, 내가 피해 줄 수 있다는 생각 들 때

이도, 잠 못 잘 때. 건희, 일이 생각대로 안 풀릴 때 까칠해져요

모든 아티스트는 예민하고 까칠한 구석이 있다. 원어스도 그럴까?

아니면 혹시 털털한 인간적인 매력이 더 많을까?

레이븐 "작업물을 만들 때 정말 집중하기 때문에 예민해지는 것 같아요."

서호 "누군가 나에게 실수나 잘못을 했을 때는 그럴 수 있지 하며 털털하게 넘기고, 내가 누군가에게 피해를 줄 수도 있다고 생각할 때 예민해지는 것 같아요."

이도 "가장 털털할 때는 옆 사람들을 챙기거나 그럴 때 아끼거나 마다하지 않고 사주고, 사소한 잘못들은 그냥 웃고 넘어갈 때에요. 가장 예민할 때는 잠을 못 자거나 밥을 못 먹었을 때요."

건희 "가장 털털할 때는… 나만의 착각일지는 몰라도 저는 'always so cool'이에요. 아닌가? (웃음) 가장 예민할 때는 일이 생각대로 잘 안 풀릴 때 조금이나마 더 잘하고 싶은 마음에 하나하나 더 신경 쓰게 되다 보니 예민해질 때가 있는 것 같아요."

환웅 "제가 믿는 사람들과 있을 때 털털해요"

시온 "무대 바로 직전에 예민해져요"

환웅 "가장 털털할 때는 내가 가장 믿는 사람들과 있을 때, 제 본모습이 나오는 것 같아요. 예를 들어 멤버들. 가장 예민할 때는, 일할 때 예민한 편이어서 멤버들과 트러블이 가끔 있었는데, 최근 들어 긍정적인 분위기에서 오는 좋은 효과를 믿게 돼 바꿔나가고 있어요."

시온 "가장 털털할 때는 남에게 무언가 도움을 줄 때. 내 일처럼 하는 것 같아요. 아무래도 예민할 때는 무대 준비를 할 때, 무대 바로 전인 것 같아요."

서호 "겉으로는 인정하지 않는 고집스러운 면"

건희 "작고 사소한 것에도 신경을 많이 쓰다 보니…"

이어 원어스는 '찌질한 면'까지 공개했다. '찌질'하기보다는 '넘나' 귀여웠다.

레이븐 "사실 음악 중에 분위기나 가사가 센치하고 '찌질한' 분위기를 좋아하는데 가끔 그런 가사를 쓰는 것 같아요. 어떤 곡이 있었는지는 찾아보셔도 재미있을 것 같아요."

서호 "속으로는 알고 있고 인정하지만 겉으로는 인정하지 않는 고집스러운 면이 있어요."

이도 "나약한 모습을 감추려고 할 때요. 힘들거나 슬픈 일이 있어도 절대 티 내지 않고 혼자 끙끙 앓다가 끝내는 그런 면이 가장 '찌질한' 것 같아요."

건희 "무엇이든지 열심히 하려고 하는 편이라 작고 사소한 것에도 신경을 많이 쓰다 보니 약간 구질구질하게 느껴질 때가 가끔 있어요."

환웅 "새로운 것에 도전하기를 두려워하는 모습이요. 원래 습득이 느리기도 하고, 새로운 것에 두려움을 잘 느끼는 편이라 잘할 수 있을까 지레 겁먹다가 끝내 용기를 내지 못하고 피하는 경우가 있어요."

시온 "할 수 있는 일이 있어도 쑥스러워서 못한 적이 있어요. 고치고 싶은 부분이에요."

서호, 새벽에 혼자 방에 있을 때. 이도, 공허해질 때

건희, 내 편이 없을 때. 환웅, 감정 나눌 사람 없을 때 "외로워요"

아직 어린 친구들이지만 '언제 왜 외롭냐'고 물었다. 외로움은 그 사람의 가장 깊은 내면이기 때문이다.

레이븐 "가끔 느끼지만, 내 주위에 내 사람들이 있어서 이것마저 행복이에요."

서호 "새벽에 혼자 방에 있을 때요."

이도 "가끔 외로운 것 같아요. 힘들거나 슬플 때 아니면 가끔 왜인지는 모르겠지만 공허해질 때, 나도 모르게 외로워지는 것 같아요."

건희 "혼자 있을 때보다는 내 편이 없을 때. 어느 누구 하나 내 사람들이 없는 낯선 곳에서는 외로운 것 같아요."

환웅 "혼자 있는 걸 좋아하기도 하고, 즐기는 편이라 많지는 않지만 무슨 일이 생겨 기분과 감정을 나누고 싶은데 그 이야기를 나눌 사람이 얼마 없을 때 외로움을 느끼는 것 같아요."

시온 　“늦게 합류한 멤버인 만큼 실력적인 면이나 부족한 것을 많이 걱정하는데 그게 보일 때마다 남한텐 말 못하고 혼자 고민할 때인 것 같아요.”

건희 “팬들과 함께할 때 제일 힘나고 행복”
환웅 “일과 마치고 여유롭게 야식 먹거나 그네 탈 때 행복”
외로움에 대해 물었으니 이번에는 이들이 언제 행복한지 궁금했다.

레이븐 “매 순간 사소한 것들로부터 찾으려고 해요. 예를 들어 이렇게 글을 적을 수 있고, 생각할 수 있고 그저 건강하고 모든 걸 경험해볼 수 있는 매 순간이 제일 행복해요.”

서호 　“무대에 올라선 순간 감정을 잡으려 할 때요.”

이도 　“저에게서 가장 소중한 사람들에게 위로, 격려, 칭찬 등을 받을 때가 행복해요. 내 주위에 좋은 사람들, 내 사람들이 많다고 느껴질 때가 행복해요.”

건희 　“요즘은 팬분들과 함께할 때 제일 힘나고 행복해요. 저를 이렇게까지 응원해주고 사랑해주는 사람들이 있다는 사실만으로도 행복한 것 같아요. 팬클럽 ‘투문’들 사랑해요!”

환웅 　“가수로서 인정받을 때인 것 같아요. 이 질문을 받고 나니 명예를 위해 사는 사람인 것 같아요. 그리고 하루 일과를 마치고 여유롭게 야식을 먹을 때나 그네를 탈 때 행복해요.”

시온 "무대 위인 것 같아요. 무대 준비를 하면 많이 힘든데 무대 위에서의 그 짜릿함 때문에 너무 행복한 것 같아요."

투문과 함께 한 무대는 잊지 못해요

데뷔 쇼케이스도 영원히 잊지 못할 무대죠

신인이지만 원어스의 무대에 대한 열정은 이미 슈퍼스타 못지않다. 가수로서 잊지 못할 순간을 물어도 기막힌 대답이 돌아올 것 같았다. 역시 기대를 저버리지 않았다.

레이븐 "무대든, 어디든 팬분들(투문)과 함께라면 그 순간마저 역사고 소중한 추억이에요."

서호 "몰입했던 순간! 실수를 했던 순간! 그 순간을 잊지 않고 꼭 고치려고 해서 실수한 무대는 잊지 못하겠어요. 완전히 몰입했던 무대는 잊지 못할 감정들이 느껴져서 잊지 못해요."

이도 "매 순간 순간 잊지 못해요. 가족 같은 원어스와 우리 투문들 항상 함께 하는 매 무대를 잊지 못해요."

건희 "저는 바로 '데뷔 쇼케이스'요. 아직 데뷔한 지 6개월밖에 안되긴 했지만 영원히 잊지 못할 순간 중 하나에요. 그동안 꿔왔던 꿈이 이뤄진 거거든요."

환웅 "GEMSTONE 공연 때 '칠해줘' 무대요. 해야 할 일을 소화하지 못하고 있어 스트레스와 부담감을 크게 느끼며 공연을 준비했어요. 특히 노래에 자신이 없어서 '칠해줘'라는 곡이 제일

무서웠어요. 하지만 무대에서 팬분들이 환하게 비춰주는 모습에 감동을 받으며 행복해했던 게 기억에 남아요."

시온   "원어스 팀명을 공개하는 공연을 한 적이 있는데, 그때 '달님 (팬덤명)'들의 영상편지와 노래를 아직도 잊지 못해요."

아직 능수능란하게 대중 만족시키지 못한 것
꿈 꿔왔던 이 길 가는 게 맞는지 여전히 불안

원어스는 이어 신인으로서의 고민도 털어놨다.

우선 레이븐은 "더욱 계속 끊임없이 발전하고 싶다"며 "실력이든 전하려는 메시지든 대중 분들께 좋은 어필로써 인정받고 싶다"고 전했다.

서호는 "처음 접하는 것들이 많은데 이것들을 능수능란하게 못하더라도 잘하려고 하는 게 고민"이라고 말했다.

이도는 "내가 지금까지 꿈꿔왔던 길, 이 길을 가고 있는 게 맞는 걸까? 과연 잘하고 있는 걸까? 계속 해도 될까라는 고민을 가지고 있다"며 "부정적인 고민들이지만 지금까지 꿈만 꿔왔던 길을 막상 하고 있으니 불안해서인 것 같다"고 속내를 털어놨다. '이도 팟팅'이라고 위로를 해주고 싶은 마음이다.

건희는 더 많은 분들께 원어스를 어떻게 하면 잘 알릴 수 있을까가 고민이라는 속 깊은 마음을 전했다.

환웅은 "열심히 활동하고 있지만 무언가 부족하다는 생각이 계속해서 든다"며 "자꾸만 힘이 들어가고 더 하려고만 하는 것 같아 오히려 이럴 땐 힘을 빼야 한다는 말을 듣고 비워 내거나 우선순위에 대해 생각하고 고민하고 있다"고 전했다.

시온은 "완벽한 신인들이 많이 나오는 해인 만큼 내가 많이 부족한 것 같아 걱정"이라고 하지 않아도 되는 걱정을 내놨다.

게임하며, 맛있는 거 먹으며, 운동하며

번화가 쏘다니고, 잠 푹 자는 걸로 스트레스 풀어요

신인이지만 그리고 신인이기 때문에 스트레스는 더 많은 것도 같았다. 이들이 건강한 아티스트로 성장하기를 바라며 스트레스는 어떻게 푸는지 물었다. 스트레스 푸는 방법이 없다면 꼭 이번 기회에 하나 만들라고 조언도 할 겸 해서 말이다. 다행히 이들은 나름 성격에 맞게 스트레스를 해소하고 있었다.

레이븐 "맛있는 걸 먹거나 PC 게임을 하거나 친구를 만나거나 다양해요."

서호 "운동이나 게임을 해요."

이도 "운동으로 몸에 열을 내고, 머리를 비워서 풀거나 혼자 끙끙 앓다 풀거나 아니면 시원한 바람을 쐬면서 아무 생각을 안 해요."

건희 "먹어요. 맛있는 것을 먹으면 언제 무슨 일이 있었느냐는 듯이 기분이 풀려요."

환웅 "시간적으로 여유가 있다면 혼자 번화가 등을 걸어 다니면서 사람 구경을 하고, 시간이 없다면 주변 산책로를 혼자 혹은 멤버들과 뛰는 걸로 푸는 것 같아요."

시온 "잠으로 푸는 편이에요. 침대에서 안 벗어나고 쉬는 걸 좋아해요."

치킨, 피자, 족발, 마라탕, 타로밀크티

떡볶이, 삼겹살, 양꼬치, 찌개, 다 좋아해요

여자 아이돌들도 먹는 것으로 스트레스를 푸는데 남자 아이돌도 마찬가지였다. 그렇다면 이들이 좋아하는 음식은 무엇일까?

레이븐 "치킨, 피자, 족발, 닭발, 마라탕."

서호 "고기(소고기), 찌개(된장찌개), 키츠네우동, 타로밀크티."

이도 "고기(치킨, 삼겹살, 소고기, 양꼬치 등) 고기는 다 좋아해요. 단
백질 섭취가 몸과 운동에 좋기 때문이죠."

건희 "치킨? 떡볶이? 곱창? 삼겹살? 소고기? 파스타? 빙수?
빵? 피자? 못 고르겠다. 다 먹는 게 바로 제가 살이 찌는
이유에요."

환웅 "타피오카펄이 들어간 밀크티요. 요즘 푹 빠졌어요. 그 외에
도 육회, 닭발, 삼겹살 등등을 좋아해요."

시온 "삼겹살, 곱창, 김치볶음밥, 참치김밥, 매운 족발."

음식 말고 좋아하는 것은 무엇일까?

레이븐 "마블 히어로 시리즈를 좋아해요. 애니메이션 원피스나 피규
어, 옷 사기, 옷 리폼하기도 좋아해요."

서호 "게임을 좋아해요. 쉴 때면 항상 게임을 해요."

이도 "운동을 가장 좋아해요. 헬스를 많이 하는데, 주로 어깨와 가
슴, 등 운동을 많이 해요. 근육이 찢어질 때의 그 기분이 상쾌
해서 좋아하는 것 같아요."

건희 "영화나 드라마, 음악 등 듣고 생각하는 것도 좋아해요. 내 감
정의 변화가 생기고 이런 저런 생각을 하다 보면 내 자신이 조
금 더 알차게 인생을 산다고 느껴요."

환웅 "쉴 때 좋아하는 구제숍에 가서 아무 생각 없이 구경하다가
꽂히는 옷을 사는 걸 좋아해요. 정말 여유가 있을 땐(1년에 몇

번 안 됨) 걸어 다니다 아무 카페나 들어가 일지를 정리하거나 책을 읽기도 해요."

시온   "가장 좋아하는 건 뮤지컬이나 영화에요. 쉴 때마다 틈틈이 보려고 노력 중이에요."

각자 자신 있는 것에 대해 마음껏 어필해 달라고도 해봤다.

레이븐 "뭐든 열심히 긍정적으로 도전해보는 것이요."

서호   "웃는 거요."

이도   "힘(무언가를 들거나 부수는 것을 잘해요). 자칫하면 위험하거나 안 좋게 보일 수도 있지만, 그냥 운동을 좋아해서 힘에 자신 있는 것 같아요."

건희   "다리길이? 그렇다. 좀 긴 편이다. 하하."

환웅   "친한 친구가 해준 말이기도 한데, 무엇이든 내가 시작한 길의 끝을 보지 못하면 만족 못하는 피곤한 성격인 것 같아요. 앞으로도 나이가 들더라도 변하지 않고 쭉 가져갔으면 하는 제 모습이에요."

시온   "나보다 남을 더 챙기는 것을 잘하는 것 같아요."

레이븐 "끊임없이 성장하고, 행복한 사람"
서호 "솔직하고 당당하고 자신 있는 사람"

원어스는 앞으로 어떤 사람이 되고 싶을까.

레이븐은 멋진 사람, 다방면으로 인정받고 끊임없이 성장하는 사람,

건강하고 행복한 사람이 되고 싶다는 바람을 전했다.

서호는 "솔직하고 당당한 사람이고 싶다"며 "자신감이 있는 사람이 되고 싶다"고 말했다.

이도 "행복을 주는 사람" 건희 "좋은 에너지 전하고 싶죠"

환웅 "롤모델은 배우 이순재" 시온 "의지되고 힘이 돼주는 사람"

이도는 "누구에게도 피해를 주지 않고 슬프게 하지도, 힘들게 하지도 않는 그런 사람이 되고 싶다"며 "사람이 항상 그럴 순 없지만 그래도 슬프고 힘들기보다는 힘을 주고 행복을 주는 사람이고 싶다"고 설명했다.

건희는 좋은 영향력, 에너지를 전할 수 있는 사람이고 싶다고 한다. 그가 하는 말이, 눈빛이, 행동이, 노래가 누군가에게 좋은 영향력이 되었으면 한다는 게 그의 설명이다.

환웅은 롤모델로 배우 이순재를 뽑았다.

"이순재 선생님께서 한 예능 프로그램에 나오셔서 계속 배움에 도전하시는 모습을 본 적이 있는데, 그 연세에도 끊임없이 노력하시는 모습이 무척 멋있으시고 그 모습이 제 미래 모습이었으면 좋겠어서 언제나 멈추지 않고 발전하는 사람이 되고 싶어요."

시온은 "누군가에게 힘이 되고 의지가 되는 사람이고 싶다"고 말했다.

투문이들, 달님 뭉치면 매 순간이 역사

오래 오래 행복하게 함께 해줘요

올해 초에 데뷔했음에도 원어스가 커다란 인기를 끄는 데는 투문, 달님 등 팬클럽의 사랑이 주효했다. 원어스는 자신들을 스타로 만들어준 팬들에 대한 고마운 마음을 꼭 전하고 싶다고 했다.

레이븐 "투문이들! 매번 우릴 밝게 비춰줘서 항상 고맙고 우리 오래 오래 지구가 멈추고 달이 꺼질 때까지 항상 행복하게 함께 해 줘요. 역사를 만들어가요! 우리 원어스와 투문이 뭉치면 매 순간이 역사니까!"

서호 "항상 말해도 계속 말씀 드리고 싶은 말이 있는데 '고맙고 사랑합니다'라는 말인데요. 계속 말해서라도 꼭 전하고 싶은 마음이에요. 우리 '투문이들'이 주는 힘으로 힘들어도 항상 힘내서 무대를 할 수 있는 것 같아요. 나도 노래와 무대로써 조금이나마 투문이들에게 힘이 되고 싶어요. 앞으로도 함께해요!"

이도 "투문! 사랑하는 우리 달님들, 항상 저희 옆에서 힘이 되어줘서 그리고 응원해줘서 정말 고마워요. 투문들 한마디 한마디에 힘이 되고, 웃고, 행복해질 수 있어요. 이렇게 지금까지 받기만 한 것 같은데 앞으로 저희 원어스 더 좋은 무대와 행복드릴 때까지 열심히 하겠습니다!"

건희 "우리 투문이들~ 항상 원어스와 함께 해줘서 너무 고마워요. 자랑스러운 아티스트와 팬이 되기로 한 약속 꼭 지킬게요! 항상 사랑하고 앞으로도 잘 부탁드려용!"

환웅   "달님들! 이번 인터뷰를 통해 보여주지 못한 제 자신을 알려 드린 것 같아 부끄럽고 이색 이색하네요. 힝싱 저는 밥 질 챙겨먹고 안전한 무대를 하며 잘 살고 있으니 너무 걱정 마시고, 저란 사람을 좋아해주셔서 진심으로 감사합니다."

시온   "우리 투문들 항상 무슨 일이 있든 원어스 곁에 그리고 시온이 곁에 있어줘서 고마워요. 받은 사랑만큼 더 많이 행복하게 해드릴게요. 고맙고 사랑해요."

서호 "항상 발전하고 성장할 가수입니다"

시온 "많이 사랑해주세요"

이미 원어스 각각 멤버는 '매력 발산'을 했지만, 묻지 않는 바람에 대답하고 싶어도 말하지 못한 자신만의 매력을 어필하거나 전하고 싶은 말을 해달라고 마지막으로 청했다.

레이븐   "저는 정말 긍정적이고 열정 가득하고 야망이 넘치는 아이입니다! 항상 잘 부탁드립니다! 오래오래 함께해줘요."

서호   "저는 웃는 것을 좋아하고 잘 웃어서 그런지 웃는 게 예쁘단 말을 많이 들었어요! 항상 발전하고 성장할 가수 입니다!"

이도   "팀에서 메인래퍼와 목소리를 맡고 있는 만큼 목소리로 멋있는 랩과 작사, 작곡을 할 수 있습니다. 랩할 때와는 다르게 미성의 목소리로 노래도 하고, 춤도 오래 춰서 직접 안무도 짤 수 있습니다."

건희   "검색 창에 '원어스 건희'를 검색해주세요! (웃음)"

환웅   "혹시 저 환웅이나 원어스로서 보고 싶은 콘텐츠들이 있다면 말씀해주신다면 정말 감사할 것 같습니다. 요새 고민하고 있던 중에 달님들에게 직접 듣고 싶다는 생각이 들어서 조금 기대하고 있겠습니다!"

시온   "원어스에서 보컬과 연기를 맡고 있는 '매력둥이' 막둥이 시온입니다. 무대 위와 아래에서의 다른 점도 볼 수 있으니까 많이 사랑해주세요!"

무명 배우로서의 삶이 힘드니까,
자꾸 제가 부정적으로 변해가고 어두워지더라고요.
그 무렵에 아주 어렸을 때 동화책으로 읽었던
《젊은 베르테르의 슬픔》을 읽은 거예요.
막막하던 20대 후반에 심장에 펌프질을 해주던,
뜨겁게 살아갈 수 있는 에너지를 준 벅찬 글이었어요.

CHAPTER 4

현재를 버티게 하는 힘

아이돌 그룹 H.O.T.
이재원

H.O.T. 막내에서 진중하고 신중하고 지적인 남자로

진짜 이재원의 이야기는 이제부터

1996년 데뷔한 H.O.T.(강타 · 문희준 · 장우혁 · 토니안 · 이재원)는 '아이돌 그룹 시스템'과 K팝 그리고 한류의 원조다. H.O.T.가 없었다면 아이돌도, 글로벌 한류도 없었을지 모른다. 이뿐 아니다. 활동을 중단한 1세대 아이돌이 지난해 열린 H.O.T.의 '완전체 콘서트' 등에 힘을 얻어 다시 활동을 재개하기도 했다. 이 때문에 데뷔 24년 차의 '살아 있는 전설' H.O.T.는 '영원한 현역 아이돌'이라는 평가를 받을 수밖에 없다.

멤버들은 이제 뮤지컬, 디제이, 사업 등 활동 범위를 넓히고 있다. 팀의 막내인 이재원도 올해 한국 나이로 마흔이다. 과거에 마흔은, 아니 서른은 '청춘의 종료'를 의미했다. 그러나 요즘은 '새로 시작하기 딱 좋은 나이'로 여겨진다. 이재원은 올해 들어서며 많은 생각을 했다고 한다. 마음이 복잡하기도 했고, 좀 더 훌륭한 사람이 되자는 생각을 많이 했다는 것이다. 그러면서 책을 통해 새로운 도약의 방법을 모색했다고 한다. 스타의 서재를 통해 그가 소개하고 싶은 책들 역시 그의 현재와 미래를 위한 대비책들이었다. 이재원이 읽은 책들을 통해 독자들은 아마도 이재원과 H.O.T.의 과거·현재·미래를 엿볼 수 있을 것이다. 그의 과거와 현재에는 우리가 알아온 익숙한 모습도 있고 전혀 상상하지 못한 모습도 있었다. 이를테면 팀의 막내로서 '귀요미' 이미지가 강했다면, 실제 이재원에게 그런 모습은 분명히 있지만, 자신이 알고 싶은 것에 대해서는 치열하며 치밀하고 끈기 있게 공부하는 노력파이자 '연구파'로서의 면모는 새로웠다. 그리고 그 누구보다 팬에 대한 사랑은 극진했다. 서울경제를 찾은 날도 팬들의 사진 요청에 기뻐했고, 여전히 사랑을 해주는 것에 대한 감사의 마음을 표현했다. 그리고 그는 매우 진중했고 신중했다. 생의 터닝 포인트에 선 현재, 앞으로 어떻게 첫발을 내디뎌야 할지 그리고 어느 방향으로 가야 할지를 고심 끝에 결정하고 있었다.

어느덧 올해 불혹. 앞으로 어떻게 살지 고민하다

주식 공부 주식 투자 시작. 자기계발서에서도 도움받죠

스타의 서재를 통해 그동안 공부한 주식 관련 서적을 소개하고 싶다는 뜻을 전한 이재원. 인터뷰를 시작하기에 앞서 그는 "2퍼센트대로 폭락하니까 정신이 혼미하다"며 "그런데 단기적 변동성이라고 생각하니까 괜찮다"고 말해 그가 왜 주식 관련 서적을 이야기하고 싶다고 했는지 단번에 이해됐다. 이날은 코스피가 2퍼센트대 하락한 날로 중미 무역 전쟁이 점입가경으로 흘러가는 중이었다. 그러나 무역전쟁을 벌이며 미국과 중국이 '끝장'을 낼 것 같아도 결국 둘은 딜을 할 수밖에 없고, 이는 단기 변동성에 의한 하락이라는 것을 그는 이해한 것이다.

이재원이 주식 공부를 시작한 것은 작년부터다. 올해 마흔 살인 그는 서른아홉 살의 나이에 노후를 바라보니 걱정이 됐던 것이다.

그는 "공부는 작년부터 했고, 투자는 올해 초부터 했어요. 지금 장이 안 좋잖아요"라고 말하다가 뭔가 쑥스러웠는지 "아, 나 이상해. 괜찮아요?"라고 말하며 어색해했다. 그러나 곧 그는 그가 공부한 주식에 대해 차분하게 말을 이어갔다.

"올해 마흔, 불혹이 되다 보니까 앞으로 50대 60대는 어떻게 할 것인가 등을 생각해야 하는 나이가 됐다는 생각이 들었어요. 자연스럽게 재테크, 투자, 사업 등에 관심이 갔죠. 사업을 하고 싶은 마음은 있는데 자영업자들이 힘들어 한다는 뉴스를 많이 봤어요. 사업이 만만한 게 아니잖아요. 그러다가 안전하게 할 수 있는 게 뭘까 연구를 해봤죠. 부동산은 목돈이 들어가고 전문적인 지식이 있어야 해서 부동산보다는 소액으로 조금씩 소소하게나마 계속 모아갈 수 있는 주식을 시작하게 된 거예요."

한국의 워런 버핏으로 불리는 '주식 농부' 박영옥
《돈을 일하게 하라》 등 읽으며 투자 철학 공부

작년부터 재테크에 관심을 가진 그는 무턱대고 투자부터 시작하지 않았다. 유튜브 등을 통해 정보를 검색하고, 이것만으로는 안 돼서 주식 투자로 성공한 사람들을 찾은 것이다. 그러다 4500만 원으로 시작해 2000억대 자산가가 된 '주식농부' 박영옥을 알게 됐다. 그러고 나서 그가 집필한 《돈을 일하게 하라》《주식투자자의 시선》 등을 구입해 읽고 공부하고 연구한 것이다.

"박영옥 님은 '한국의 워런 버핏'이라고 하더라고요. 이 분의 노하우를 알고 싶었어요. 그래서 영상도 찾아보고 책도 샀어요. 그의 책들은 투자 마인드를 정립하는 데 도움을 줬죠. 투자라는 것이 기술적인 면보다는 80~90퍼센트가 철학과 마인드라고 하더라고요. '주식농부'는 요행을 바라지 않고 정석대로 투자해야 한다고도 강조하죠. 단기적 관점에서 카지노처럼 해서는 안 되고, 투자의 개념으로 안전하게 하면 주식은 정말 좋은 재테크 수단이 될 수 있어요."

이미 전문 투자자가 된 것처럼 보여 어느 정도를 투자한 것이냐고 묻자 "그냥 커피 값 아끼고 용돈을 아껴서 적립식으로 저축한다는 생각으로 투자한다"며 말을 아꼈다. 그러면서 그는 책에서 배운 대로 주식 투자를 하고 있다고 했다.

"책을 보면 몇 십 년 공부한 애널리스트보다 매일매일 장을 보는 주부들이 경기 흐름을 더 잘 알 수 있다고 해요. 실생활에서 투자처를 찾으라는 의미죠. 제가 도쿄 여행을 좋아하는데, 갈 때마다 공항에 사람이 많았어요. 불황이라고 하는데도 말이죠. 그리고 저가 항공을 이용해서 가려고 보면 티켓이 없어서 못 사는 경우도 많았어요. 그래서 관련주를 하나 살짝 담았고요. 또 몇 년 전부터 제가 사용하던 화장품이 있는데, 써 보니까 좋은 거예요. 내가 좋으면 남도 좋겠지 하는 생각으로 그 종목도 담았어요."

경기가 좋아지면 사업도 해볼 생각
이자카야, 북카페 등 여러 아이템 고민 중

주식 투자는 꾸준히 하겠지만 이재원은 앞으로 사업도 할 생각이 있다. 이미 같은 멤버였던 토니안은 교복 회사도 운영했고, 분식 프렌차이즈 스쿨스토어도 운영 중이다. 뛰어난 사업 감각으로 토니안은 이제 '토니안 대표'라고 불리는 게 전혀 낯설지 않은 사업가가 됐다. 이재원의 미래도 토니안의 모습을 닮아 있지 않을까 싶다.

"당장 사업을 하겠다는 건 아니에요. 경기가 좀 좋아지면 해볼 생각이에요. 4월 즈음에 일본에 여행을 갔었는데 굉장히 특이한 아이템이 있더라고요. 한국에는 그런 게 많이 없는데요. 로바다야끼라고 해서 이자카야 선술집 같은 거예요. 그 안에서 볏짚을 태우는 쇼도 하고 재미있더라고요. 그리고 북카페도 생각은 하고 있어요. 카페랑 도서관이 함께 있는 게 영국식 도서관이라고 하더라고요. '굉장히 좋은데? 내가 원하던 느낌이다' 이런 생각을 했어요. 아직 생각만 하고 있는데, 도전해보고 싶기는 합니다. 지금은 제가 바쁘진 않지만, 사업을 하면 또 엄청

나게 바빠지겠죠. 잘되면 몇 개씩 할 수도 있으니까요. (웃음)"

성공한 사람들 이야기 읽으며 늘 배워요
《타이탄의 도구들》 읽으며 명상도 시작했죠

이재원은 이미 연예인으로서 커다란 성공을 거뒀지만 성공한 사람들을 통해 배우고 싶은 게 많다고 했다. 주식투자 관련 서적을 추천했을 때도 의외였는데 그가 추천한 《타이탄의 도구들》이라는 팀 페리스의 베스트셀러 역시 상당히 의외였다.

"이 책은 자기계발서로 분류됐어요. 자기계발서는 읽을 때는 '와 이거야' 이러면서 전의가 불타오르고 파이팅이 넘치고 아이디어가 많이 떠오르지만, 6개월이나 1년이 지나면 '무슨 내용이지?' 하면서 다시 보게 되기는 해요. 그리고 어떤 분들은 자기계발서를 좋아하지 않지만 저는 좋아해요. 다 흡수하지는 못해도 어느 정도는 흡수하고, 꾸준히 실천해 나간다면 제 삶에 도움이 된다고 생각해요. 작년에 서점에서 《타이탄의 도구들》을 발견했어요. 아마존 1위라고 해서 봤죠. 팀 페리스가 팟캐스트에 유명인사 200명을 초대해서 인터뷰한 내용을 담은 책이에요."

그는 책에 나온 성공한 사람들, 유명 인사들의 습관을 따라 하다 보면 자신 역시 비슷하게라도 될 수 있지 않을까 하고 생각한다고 했다. 그가 그동안 언론을 통해서 단편적으로 보여준 이미지는 약간은 엉뚱한 모습이었다. 단편적으로는 그렇게 보일 수 있지만 호흡을 길게 그와

이야기하다 보면 그의 그런 면은 단지 '편집본'일 확률이 높다는 생각이 들었다. 그는 본받아야 할 대상이라고 생각하면 연구하고 그들의 삶을 지표로 삼고 있었다. 이런 모습이 단편적으로는 엉뚱해 보일 수 있다.

"타이탄은 거인이라는 뜻이고, 책에 등장한 성공한 분들을 가리켜요. 책에는 이들만의 성공방식이 나와 있어요. 사업을 위해 아이디어가 필요하신 분들이 있다면 일독하기를 권해요. 책에서 제가 감동을 받은 것은 성공하고 삶을 바꿔 나가는 게 거창한 게 아니라 우리가 일상에서 조금씩 실천해 가다 보면 성공할 수 있다고 하는 말들이었어요. 그리고 특히 책에 나온 인물의 80퍼센트는 명상을 한다고 하더라고요. 그래서 저도 명상을 시작했어요. 아직은 어떻게 하는지는 잘 모르지만, 생각을 가라앉힐 수 있는 방법인 것 같아서 계속 해 나아가고 있어요. 앞으로 평생 하고 싶어요. 아놀드 스왈제네거도 평생 명상을 한 사람이죠. 그는 1년만 명상을 꾸준히 하면 평생 명상을 하는 효과를 거둘 수 있다고 하더라고요. 오프라 윈프리도 하고 있고 스티브 잡스는 명상을 위해 인도까지 갔다고 하더라고요. 구글 등 실리콘밸리 회사들이 속속 명상 프로그램을 도입했다고도 하잖아요."

제가 성공했다고요? 에이, 아니죠!
사랑받은 만큼 사명감 갖고 사회에 공헌하고 싶어요

이미 성공한 사람이 성공한 사람들의 책을 읽는다는 게 신선하다고 하자 "에이, 아니죠"라고 하며 손사래를 쳤다.

"한참 멀었고요. 더 훌륭한 사람의 이야기를 본받아서 정말 훌륭한 사람이 되고 싶어요. H.O.T.로서 유명해지고 가수로서 영향력 있게 활동한 것은 맞지만 앞으로 사회를 위해서도 뭔가 일을 하고 싶어요. 그러려면 일단 개인적인 삶부터 차근차근 발전시키고 성장해야 할 것 같아요. (웃음) 글쎄요. 연예계에서는 활동을 많이 했고 이제는 20년 넘었어요. 연예계에서도 계속 활동을 하겠지만 앞으로는 조금 사명감을 갖고 공헌할 수 있었으면 해요. 너무 거창한가요? (웃음)"

어느 덧 데뷔 20년이 넘었어요. 이제 다시 도약할 시기

《시크릿》등 읽으며 '잘될 거다'라는 믿음 만들어요

이재원의 현재 화두는 아무래도 '성공'인 듯하다. 이제 다시 도약해야 할 때가 됐다고 생각한 듯하다. 《타이탄의 도구들》에 이어 추천한 책들이 바로 《시크릿 파워편》, 《2억 빚을 진 내게 우주님이 가르쳐준 운이 풀리는 말버릇》, 《달라이 라마의 행복론》 등이었다.

우선 그는 긍정적인 마인드가 운명을 바꿀 수 있다는 믿음이 확고했다.

"최근에 《2억 빚을 진 내게 우주님이 가르쳐준 운이 풀리는 말버릇》이라는 책을 재미있게 읽었어요. 38세의 일본 여성이 큰 빚을 지고 직장도 잃어요. 그래서 죽음까지 생각하는 절망적인 상태가 돼요. 그런데 어느 날 '하느님 도와주세요'라고 하니까, 우주님이 나타나요. 그러더니 이런 절망적인 상황에서 벗어나려면 말버릇부터 긍정적으로 바꾸라고 조언을 해요. 긍정적으로 말하는 습관을 갖고 모든 걸 뜯어 고쳐야 한다고 말이죠. 그래서 주인공이 속는 셈 치고 그대로 해봐요. 그런데 정말 삶이 바뀌어서 빚을 다 갚아요. 그리고 말할 때 이렇게 하라고도 조언해요. 돈을 지불할 때 돈에게 '고마웠다. 앞으로 친구를 10배 20배 데리고 다시 오세요'라고 말이죠. 《시크릿 파워편》과 비슷한 내용이지요. 두 책 다 좋은 생각, 긍정적인 생각이 우리 삶을 바꾼다는 메시지를 전해요.

가장 힘들 때 읽었던 《달라이 라마의 행복론》

인간관계에 대해 깊이 성찰한 계기 됐죠

이재원은 가장 힘들 때 읽은 책으로는 《달라이 라마의 행복론》을 꼽았다.

"예전에 힘들 때 영감 받은 책이 《달라이 라마의 행복론》이에요. 다시 보니 '오잉 이게 뭐지?' 하게 되는, 다른 느낌의 책이었어요. 책은 티베트의 영적 지도자 달라이 라마가 정신과 의사와 대화하는 내용을 담았어요. 자비, 인간관계에 대해 깊은 생각하게 만든 책이었어요."

이재원은 자신이 알고 싶은 게 있으면 꼭 찾아서 공부하고 연구하는 듯했다. 책도 많이 읽지는 않는다고 했지만, 꾸준히 그리고 공부해야 할 것이 있으면 꼭 책을 이용하는 것 같았다.

"사실 책을 많이 읽지는 않지만 알고 싶은 게 있으면 책을 찾는 편이에요. 마크 저커버그, 스티브 잡스 등 성공한 사람들은 전부 어릴 때부터 책을 달고 살았대요. 빌 게이츠도 '나를 바꾼 건 동네에 있는 작은 도서관'이라고 했잖아요. 책의 중요성은 항상 느끼고 있고 책을 가까이 하려고 하는데 이게 쉽지는 않아요. 의도적으로라도 가까이 해야겠다는 생각은 있어요. 아마도 다양한 지식을 쌓다 보면 발전하고, 더 나은 사람으로 바뀌지 않을까 하는 생각을 해요."

고등학교 1학년 때 데뷔. 책 읽을 시간이요?

하루에 공중파 3개 녹화. 잠 잘 시간도 없었어요

그가 어린 시절에도 책에서 답을 구했는지 궁금했다.

"제가 중학생부터 연습생을 시작했고, 고등학교 1학년 가을에 데뷔를 했어요. 책을 읽을 시간이 없었어요. 저희 멤버들끼리 '이렇게 성공할 줄은 몰랐다'고 이야기를 하는데, 정말 너무나 바빴어요. 하루에 스케줄이 대여섯 개였고, 공중파 방송을 하루에 세 개를 녹화하다 보니 진짜 엄청나게 바쁜 삶을 살았죠. 예능 나와서 농담 식으로 '자고 있는데 스타일리스트가 메이크업을 시작했다'고 말한 적도 있어요. 5년이라는 시간 동안 정말 너무 바쁜 삶을 살았어요."

겸손하고 소탈하고 똑똑하고 겸손한 '볼매' 이재원

"H.O.T., JTL 활동 때 이미지와는 조금은 달라요"

이야기할수록 이재원은 똑똑했고, 겸손하기 그지없었다. 엉뚱한 막내 '귀요미' 이미지와는 사뭇 달랐다. 슈퍼스타가 이렇게 겸손하고 소탈할 수 있을까 싶을 정도라고 하자 그는 이번에도 역시 겸손한 반응을 보였다.

"에이, 아니에요. 과찬이죠. 일단 H.O.T. 활동이 5년 정도 됐어요. 근데 그때의 임팩트가 굉장히 강했어요. 그리고 그때는 말수도 거의 없어서 그런 이미지가 강했어요. JTL 활동도 있었지만 5년 동안의 기억만으로 저를 기억하시는 것 같아요. 그런 이미지가 강렬해서 그런 것이지, 꼭 그렇지는 않은 것 같아요."

신인 시절 '삐삐 011 콘서트'에서 조연 역할 무대
강타형은 너무 서러웠는지 정말 엉엉 울었어요

이재원은 활동하면서 가장 기억에 남는 에피소드도 공개했다. H.O.T.에게 이런 시절도 있었나 싶을 정도였다.

"데뷔했을 때가 가장 기억에 남아요. 그때는 '삐삐 011 콘서트'가 있었어요. 전국 5대 도시를 돌면서 공연을 하는 대형 콘서트예요. 지금으로 따지만 '드림 콘서트' 같은 거예요. 부산, 대구 등 큰 도시를 돌고 마지막에 서울 잠실 종합운동장에서 하는 콘서트였어요. 데뷔를 하는 거의 첫 무대였죠. 부산, 대구 콘서트를 하면서 팬들이 생기기 시작했어요. 종합운동장에서 마지막 공연을 할 때쯤에는 앞에서 팬들이 플래카드를 들고 응원을 해줬어요. 그때 오프닝 무대를 했어요. 오프닝 무대는 보잘것없고 조명도 화려하지 않았어요. 메인 무대에 오르는 주인공을 빛내주는 조연 같은 역할을 저희가 한 거예요. 그때 '아이돌'이라는 팀이 인기가 많았어요. 그들이 메인 무대를 할 때는 폭죽이 터지면서 조명이 화려하게 빛이 나니까 저희가 상대적으로 작아지는 느낌이었어요. 멤버들도 의기소침했고요. 그때 강타 형이 정말 서러웠나 봐요. 정말 엉엉 울었어요. 그 공연이 굉장히 기억에 남아요."

당대 최고의 슈퍼스타인 만큼 힘들었던 점도 있었을 것 같다고 하니 "제가 힘들었다고 하면 미안한 거"라고 했다. 인터뷰 내내 느낀 겸손함

과 신중함이 그대로 드러나는 대목이었다.

"정말 좋은 분들과 일을 했고, 사랑을 받았어요. 데뷔하자마자 팬들의 사랑을 많이 받아서 제가 힘들었다고 하면 미안한 거예요. 그룹이 본의 아니게 해체돼서, 여러 가지 사정에 의해 JTL로 활동한 게 팬들에게는 죄송하죠. 멤버들도 힘들었던 순간이 아니었을까 싶어요. H.O.T. 활동할 때는 일정이 많아서 힘들었지만 감사한 기억이에요."

장충체육관서 생일 파티한 소중한 추억
냉장고 등 상상 초월한 선물이 무대에. 팬들에게 여전히 감사

이재원은 또 과거 팬들에게 사랑을 받았던 소중한 '추억의 이야기'도 꺼냈다.

"옛날에는 장충체육관에서 생일 파티를 했어요. 그때 팬들을 모시고 했는데, 선물을 정말 많이 주셨어요. 감사하죠. 냉장고, 텔레비전 같은 가전제품이 막 무대에 오른 적도 있고요. 정말 상상 초월한 선물들이 많았어요. 반려견도 선물받았는데 제가 군대 갔을 때 세상을 떠났어요. 제대해서 집에 왔는데 이상하게 집이 허전한 거예요. 가족들이 제가 슬퍼할까봐 말을 안 해줬던 거예요. 이름은 재롱이었는데, 정이 많이 들어서 슬펐어요. 적적해서 반려견을 키우고 싶기도 하지만, 나중에 죽으며 슬플 것 같아서 아직 키울 자신은 없어요. 강타 형은 강아지를 여럿 키우는데 정말 힘이 좋아요."

작년 최대 연예 뉴스는 H.O.T. 완전체 콘서트
멤버들은 잘 안 될 수 있다며 작전을 짜기도 했죠

작년 최대 연예 뉴스 중 하나가 H.O.T. 완전체 콘서트라고 해도 과언이 아니다. 방탄소년단 관련 뉴스를 제외하고는 가장 커다란 뉴스였다. 티켓이 없어서 못 팔 정도고 암표가 고가에 거래됐음에도 멤버들은 오히려 자신들의 '티켓 파워'를 의심했다.

"저희끼리 연습하면서 '표가 다 안 팔릴 수 있다'고 이야기했어요. 리스크가 있을 거라고 생각했죠. 절반만 나간다든지 그에 미치지 못하면, 어떻게든 잘된 것처럼 꾸며야 하는 거 아니냐는 걱정을 하기도 했어요. (웃음) 그런데 정말 티켓을 오픈하자마자 다 팔려 나간 거예요. 아직까지 팬들이 저희를 사랑해주시니 기분이 이상하더라고요. 예전에 좋아해 주시던 팬들이 15년이 지났는데도 잊지 않으시고 오래 기다리셨다가 다시 보러 와주시니 정말 기분이 이상했어요. 정말 이건 최선을 다해서 최고의 무대를 만들어 예전의 그 느낌을 보여드려야겠다는 사명, 마음으로 열심히 준비했어요. 근데 막상 공연하니, 잦은 기술적 실수 등이 있어서 좀 아쉬웠어요. 팬들께 죄송했어요. 그래도 공연은 저에게도 감동이었어요. 와주신 팬들도 행복한 순간이기를 바랐죠. 잊을 수 없는 감동이었어요. 너무 오랫동안 기다렸다 만난, 이산가족을 만난 기분이었어요. 지난 콘서트 때 2019년을 약속했으니 꼭 보여드릴 거예요. 올해도 계획 중이에요."

방탄소년단, 트와이스, 갓세븐 등 후배 보면
1세대 아이돌 스타로서 뿌듯하고 감사해

방탄소년단에 앞서 H.O.T.가 글로벌 한류의 원조다. 방탄소년단 뿐 아니라 트와이스, 갓세븐, 레드벨벳, 몬스타엑스, 빅스, 아스트로 등 아이돌이 글로벌 스타로 도약하는데 H.O.T.는 이미 20년 전 길을 터줬다. 후배 가수들이 글로벌 팬덤을 형성하고, 빌보드, 그래미, AMA(American Music Awards) 무대에 오르는 모습이 선배 가수로서 얼마나 뿌듯할까.

"요즘 아이돌 그룹을 보면 완벽해요. 각 팀만의 개성이 넘치고 색깔이 확실한 것 같아서 아주 뿌듯해요. 해외여행을 가서도 K팝에 대한 공감대가 형성되더라고요. K팝의 영향력을 확인할 수 있었죠. K팝으로 대화의 물꼬가 터져요. 제가 1세대 아이돌로서 후배들에게 좋은 영향을 줬다면 뿌듯한 일이지요. 후배들 덕에 오히려 저희 1세대 아이돌이 자부심이 생기는 것 같아요. (웃음)"

예전처럼 바쁘지는 않지만 하루하루 소소하고 즐겁게
이상형은 일단 저를 좋아해주시는 분!

이재원은 간간이 예능 프로그램 등을 통해 소소한 일상을 전하기는 했지만 그래도 팬들은 그의 또 다른 일상이 궁금할 것이다. 요즘 이재원은 무엇을 하며 보낼까?

"예전처럼 바쁘지 않아요. 그 와중에 그래도 하루하루 헛되이 보내지 않으려고 열심히 운동도 하고 있어요. 권투를 햇수로 3년을 했어요. 올해 초에 프로 라이선스도 땄어요. 몸이 건강해야 하고 싶은 일도 하고 마음도 건강해지는 것 같아요. 유약한 부분이 있어서 강인하게 저를 바꾸고 싶어서 운동을 시작했어요. 그리고 아까 말씀 드린 대로 금융, 투자, 사업에 관심이 있어서 계속 연구 중이에요. 제가 술과 친구를 좋아해요. 그래서 술자리도 좋아하고요. 20대 30대 초반처럼 공격적으로 마시지는 못해요. (웃음) 일본 여행을 좋아해서 최근에 오모테산도도 갔고요. 여기는 정말 산책하기 좋아요."

이재원은 최근 토니안과 유튜브 방송을 시작했다. 방송을 통해 그동안 보여주지 못한 모습을 팬들에게 보여주고 소통하고 싶어서란다. 팀에서는 유일하게 문희준만 결혼했다. 결혼 생각을 할 나이인 그에게 이상형을 물었다.

"일단 저를 좋아해 주시고, 제 눈에 예뻤으면 좋겠어요. 그리고 관심사가 달라도 마음이 잘 통했으면 해요. 제가 재미있는 스타일이 아니고 약간 '딥한' 부분이 있어서 밝은 분이었으면 좋겠어요. 그리고 청순하고 예뻤으면 좋겠네요. 근데 이렇게 말했다가 '정신 차려'라는 댓글 수백 개 달릴 것 같아요. (웃음)"

배우
한지상

결혼 자금 모으려 소처럼 일한다는 소문 돌 정도

'워커홀릭' 한지상에 팬들은 '지상홀릭'

한지상은 쉴 틈 없이 일하는 배우다. 그래서 업계 관계자와 팬들은 그를 '공무원' '소처럼 일하는 배우'라고 말한다. 언젠가는 그가 결혼 자금을 모으려고 이처럼 열심히 일한다는 소문도 돌았다. 2018년에도 뮤지컬 '모래시계'를 비롯해 '프랑켄슈타인' '젠틀맨스 가이드: 사랑과 살인편' 등에 잇달아 출연했다. 일 년 스케줄을 공연과 리허설로 채울 정도라는 게 과언처럼 들리지 않을 만큼 말이다. 탄탄한 연기력과 독보적인 작품 해석력 그리고 매력적인 음색으로 확고한 팬덤을 몰고 다니던 한지상은 '젠틀맨스 가이드'에서 1인 9역의 다이스퀴스 역을 맡아 그의 넓어진 연기 스펙트럼만큼이나 팬층을 확대하며 제3회 한국뮤지컬 어워즈에서 남우 조연상을 수상했다. '젠틀맨스 가이드'는 1900년대 영국을 배경으로, 가난한 청년 몬티 나바로가 어느 날 자신이 고귀한 다이스퀴스 가문의 상속 서열 순위 중 여덟 번째라는 사실을 알게 되면서, 자신보다 서열이 높은 다이스퀴스들을 한 명씩 죽음에 이르게 만드는 이야기를 그린 블랙코미디다. 한지상은 이 작품에서 자신보다 서열이 높은 상속자들을 제거하는 1인 9역의 다이스퀴스 역을 맡아, 그야말로 '8색조'의 매력을 한껏 뽐낸 동시에 "한지상이 보여주지 못할 역할은 없다"라는 극찬을 받았다.

또 올해에도 이미 영화 '메리포핀스 리턴즈'의 한국어 더빙판에서 점등원 잭 역을 맡아 환상적인 가창력을 뽐냈고, 3월부터 오른 '킹아더'도 성황리에 공연을 마쳤다. '킹아더'는 자신의 진짜 신분을 모른 채 살아가던 아더가 우연한 기회에 바위에 박힌 검 엑스칼리버를 뽑고 왕으로 즉위한 이후의 이야기를 담고 있는 작품이다. '킹아더'에서 한지상은 순수한 청년에서 진정한 왕으로 거듭나는 아더 역을 맡아 청년 아더의 순수했던 모습부터 주어진 운명을 받아들이고 왕으로 성장해나가는 인생여정을 드라마틱하게 표현해 호평받았다. 그리고 7월 30일부터는 왕용범 연출의 '벤허'로 관객들과 만난다. 한지상은 이 작품에서 귀족 가문의 자제에서 하루아침에 노예로 전락한 기구한 운명의 유다 벤허 역으로 출연해 한층 깊어지고 넓어진 연기의 스펙트럼을 선보인다.

한지상을 만난 건 그에게 '한국 뮤지컬 어워즈'에서 남우조연상을 안겨준 '젠틀맨스 가이드'의 마지막 공연을 앞둔 날이었다. 강남구 논현동에 위치한 한 카페에서 만난 그는 만감이 교차하는 표정이었다. 수상의

기쁨과 함께 이제는 다이스퀴스를 떠나보내야 한다는 아쉬움이 뒤섞인 듯 복잡해 보였다. 축하 인사를 건네자 그는 "팀에게 주는 상이라고 생각해요"라며 "혹시라도 다음 시즌에 참여하게 된다면 좀 더 발전시켜보고 싶은 욕심이 나요. 모든 면에서 이 작품이 앞으로 더 잘되기를 바랍니다"라고 작품에 대한 극진한 애정을 드러냈다.

블랙 코미디라는 장르도 국내 뮤지컬에서는 낯설지만 1인 9역 역시 그동안 만나보기 쉽지 않은 캐릭터다. 물론 한지상은 '프랑켄슈타인'에서 1인 2역(앙리와 괴물)을 맡아 '앙리 장인'이라는 평가를 받을 만큼 한 무대에서 극과 극의 캐릭터를 완벽하게 연기했지만 1인 9역에 대한 부담은 없었을까? 그는 오히려 이런 것들이 작품을 선택한 이유가 됐다고 했다.

"장르의 다양성을 통해 제 연기뿐만 아니라 뮤지컬계의 스펙트럼을 확장하는 데 기여하고 싶었어요."

그는 이어 여전히 빠져 있는 1인 9역 다이스쿠스, '한지상이라는 창조주'가 만들어낸 피조물인 캐릭터들에 대한 설명을 진지하게 이어 갔다.

"저는 1인 9역의 시작인 '골반맨'부터 천시까지 모든 캐릭터를 똑같이 다 사랑했어요. '골반맨'(에스퀴스 주니어)은 특유의 향락과 유흥에 젖어 사는 한량의 모습을 보여주고 싶었어요. 아무렇지 않게 골반을 돌리면서도 허리춤을 출 수 있는 그런 사람이요. 그리고 에제키엘 신부는 영롱한 미적 취향에만 젖어서 그것에 집착하는 모습을 '오조오억' 개의 습관을 통해 '오조오억'의 뉘앙스로 표현하고 싶었어요. 에덜버트 백작은 게임의 왕인 것처럼 모든 것을 포괄하고 (다이스쿠스) 가문을 대표하는 '묵직한 파괴력'을 말이죠. 다른 인물들은 단편적으로 이해가 되는 캐릭터라면, 에덜버트 백작에게는 서사와 굴곡 그리고 감정이 있는, 나름 입체적인 인물이에요. 헨리(시골 대지이자 양봉 마니아)는 무지가 숙청의 이유가 돼요. 헨리의 무지할 정도로 순수한 바보 같은 캐릭터를 보여주고 싶었어요. '똥연기'를 일삼는 레이디 살로메는 다른 배우들과 함께 머리를 싸매고 '똥연기' 스타일을 개발해서 한국식으로 신선하게 보여주려고 노력했죠. 천시(청소부)는 가장 '노멀'하게 연기했어요. 다른 캐릭터들은 다 어딘가 한심한 부분이 있고 어불성설인 귀족이라면 천시는 생각도 소박하고 서민적이죠. 호흡도 아무것도 주지 않고 그냥 평범하게 연기했어요. 천시는 환경이 얼마나 인간을 지배하는지를 보여주는 캐릭터예요. 정상적으로 자랐지만 환경 때문에 정상적인 것이 악으로 재탄생하는 과정을 보여주기 때문이죠."

"박소현 좋아하는 이유는 왠지 가능성 있어 보여서" 등 엉뚱한 말로 실검 장식

엉뚱하고 코믹한 줄 알았는데 만나보니 '진지 진지'

예능 프로그램 등에서 그는 재치 있는 입담으로 팬들에게 귀여움(?)을 받았는데 막상 만나보니 굉장히 진지했고, 의식의 흐름이 모두 연기와 캐릭터 분석으로 귀결될 만큼 '워커홀릭'이었다. 실제 성격이 어떠냐고 묻자 그는 "많이 진지하지만 발칙한 상상을 하기를 좋아한다"며 1인 9역의 다이스퀴스의 캐릭터들을 만들던 때에 대해 이야기했다.

"1인 9역을 하면서 아홉 명이 나오는 스포츠가 뭐가 있을까 생각했어요. 그러다 축구를 생각했어요. 물론 축구는 11명이 하지만요. 캐릭터들로 포지션을 꾸리는 거예요. 슈팅은 누가 하고, 미드필더로는 어떤 캐릭터를 하고, 골키퍼는 누구로 하고. 이런 포지션들이 합체가 됐을 때 좋은 작품이 나와요. 다양한 포지션들이 조화를 이루는 합주 같은 게 뮤지컬이라고 생각해요."

이렇게 일 년 내내 일하기로 유명한 그를 '스타의 서재'에 초대하는게 맞나 싶을 정도였다. 이렇게 바쁜데 과연 책 읽을 시간은 있을까 하는 생각에서 말이다. 예상한 대로 그는 "책 읽을 시간이 없다"고 했다. 그런데 역사에는 관심이 있어서 틈이 나면 역사서에 손이 간다고 했다. 출판계의 통계에 따르면 여성들은 에세이와 소설을, 남성들은 역사, 경제서 등에 관심이 많다. 이러한 통계 결과를 알고 있음에도 한지상이 역사에 관심이 많다고 했을 때 의외라는 생각이 들었다. '한지상은 웃기다'라는 생각 때문이었다. 물론 이 생각은 선입견이라는 것이 이번 인터뷰를 통해 밝혀졌지만 말이다.

특히 좋아하는 책은 역사서

반복되는 역사에서 현재와 미래 읽어요

우선 한지상은 역사서를 좋아하는 이유가 "반복되는 역사를 보며 현재의 역사가 앞으로는 어떻게 펼쳐질지를 예측하는 재미 때문"이라고 했다. 그러면서 "특히 삼국시대 역사서를 읽으면서 역사는 반복된다는 것, 지역과 시대가 달라질 뿐이라는 것을 느낀다"며 "한강을 차지하기 위한 각국의 국력 대결 같은 상황은 시대를 두고 계속해서 벌어지는 일"이라고 설명했다. 한강이라는 가장 좋은 입지를 차지하기 위한 투쟁은 역사에서 늘 반복되기 때문에, 이것으로 현재에도 벌어지는 이러한 국가 간 대결, 권력 투쟁 등을 재해석할 수 있다는 것이다.

역사에 관심이 많다는 것을 증명이라도 하듯 인터뷰 내내 그는 역사에 관해 '알쓸신잡' 출연자 못지않은 지식의 향연을 펼쳤다. 그러면서 최근에 다시 펼쳐 본 《먼나라 이웃나라》 미국편에 대해 이야기했다.

미국에 대해서는 '알쓸신잡'인 한지상

미국 알기 위해 《먼나라 이웃나라》 읽은 덕

"뮤지컬을 비롯해 영화, 드라마, K팝 등 우리 대중문화에 가장 커다란 영향을 미친 나라가 미국이라는 생각에서 옛날에 읽은 이 책을 다시 꺼내 들었어요. 우리나라 대중문화에 가장 많은 영향을 준 나라를 정확하게 알아야 할 필요가 있다고 생각해요. 우리는 언제 어디에서나 '미국스러움'을 만나요. 현실적으로 일상적으로 가장 가까운 나라가 미국이죠. 이건 우리나라뿐만 아니라 전 세계가 그럴 것 같아요. 대체 미국이라는 나라의 정체성이 무엇인지, 그 문화의 힘이 얼마나 대단하기에 세계적으로 영향을 미치나 궁금했죠."

그러면서 그는 대본을 암기하듯 눈을 지그시 감고 책을 통해 얻은 미국에 대한 '깨알' 같은 정보를 일일이 열거해 미국 공부를 정말 열심히 했다는 것을 보여줬다.

"캘리포니아를 나라로 치면 국내총생산(GDP)이 세계 9위에요. 우리나라는 11~12위인데 말이죠. 또 텍사스주는 면적이 프랑스보다 커요. 미국에서 가장 작은 주인 로드아일랜드만 해도 서울 면적의 네 배에 달하고, 알래스카의 면적은 한반도의 여덟 배, 남한의 20배죠. 남한 인구는 5000만 명가량인데, 알래스카에는 70만 명이 살아요. 미국이 클까요? 중국이 클까요? 중국이 클 것 같지만 미국이 더 넓은 나라죠." 실제로 2017년 캘리포니아의 GDP는 2조7470억 달러(약 2960조 원)로 영국을 제치고 세계 5위에 올라섰으며, 텍사스주 면적은 약 70만 제곱킬로미터이며, 프랑스의 면적은 64만3801제곱킬로미터다.

캐릭터와 작품을 분석하는 디테일은 한지상을 따라올 수 없다는 업계의 평가가 독서를 통해서도 확인됐다. 그는 미국 문화를 규정하는 요소 중 하나인 다양성에 대해서도 말을 이어 나아갔다.

"미국은 다민족 국가로 다양성이 정체성이기도 해요. 백인이 72퍼센트를 차지하지만 엄연히 12퍼센트는 흑인이죠. 또 이민자들의 나라라서 다양한 문화가 혼재돼 있습니다. 멜팅 팟이라고도 하잖아요. 또 미국 대중문화의 달콤한 맛에만 젖어 살기보다는 미국 문화를 끊임없이 객관적으로 분석할 필요도 있죠. 분석하기 전과 후에 분명 미국에 대한 다른 생각을 가지게 되거든요."

지금이야 인터넷을 통해 전 세계 어느 나라에 대해서든지 알 수 있다. 그러나 1980년 초에 집필되고, 1987년 처음 책으로 출간된 《먼나라 이웃나라》는 당시 초등학생부터 성인에게까지 커다란 인기를 끌었다. 미지의 세계와 같은 유럽 등 선진국의 역사와 현재를 만화로 설명한 점이 인기 비결 중 하나였다. 한지상 역시 어린 시절 《먼나라 이웃나라》를 읽었고, 자신이 알고 싶은 나라가 있으면 이 책을 통해 다시 공부하고 있다. 30년 동안 1500만 독자들로부터 선택을 받은 '베스트 & 스테디셀러'의 저력은 바로 이런 게 아닐까 싶다. 평생 생각나서 다시 펼쳐 보며 의지하게 하는 이끌림 말이다.

균형감각 탁월한 역사인식 돋보이는
유시민의 《나의 한국현대사》도 읽고 있어요

한지상은 최근에는 유시민 작가의 《나의 한국현대사》를 읽고 있다고 했다. 유 작가는 예능 프로그램 '알쓸신잡'에 출연해 요즘은 10대에게 도 인기가 있다. 그의 인기는 '스타의 서재'를 통해서도 종종 확인된다. 한지상을 비롯해 아이돌 그룹 펜타곤의 키노 등이 유 작가의 책을 읽고 있다고 했기 때문이다. 한 지상은 유 작가의 책이라고 하면 왠지 한쪽으로 치우쳐 있을 것이라는 편견을 가질 수 있지만 그가 읽고 있는 《나의 한국현대사》는 상당히 균형감각을 지닌 책이라고 평가했다.

"역사 인식에서 균형감각을 잃지 않으려는 노력이 돋보이는 책입니다. 한쪽으로 치우침이 없는 것 같다는 생각이 들었어요. 대북 정책의 경우도 김대중이나 노무현 전 대통령뿐만 아니라 노태우 전 대통령 때의 정책도 계승해야 한다고 보고 있더라고요. 그리고 굉장히 논리적이죠."

집은 휑하고, 반려동물도 안 키워요, SNS는 중독될까봐 안 해요
삶은 단순하고 심플. 연기하고 시간 나면 좋은 사람들 만나는 게 전부

내가 한지상을 만나기 전에 안 것은 무대 위의 완벽한 연기와 가창력 그리고 방송 리뷰 기사를 통한 게 전부였다. 뛰어난 가창력과 코믹과 진지함을 오가는 배우, '열일 하는 배우', 그리고 예능 프로그램에 출연해서 '배우 박소현을 좋아하는데, 이유는 왠지 가능성 있어 보여서'라는 엉뚱한 대답을 해 실시간 검색어에 오른 배우라는 것 정도였다. 유튜브, 페이스북 등에 올린 무대 영상에는 '지상이 끼 부리는 모습' 등의 제목이 달려 있어 코믹한 이미지가 확고했다. 드라마 '워킹 맘 육아 대디'에서는 아내 눈치만 보는 민호 아빠로 출연해 무기력하면서도 코믹한 연기를 선보였기에 더더욱 그의 코믹 이미지는 강력해졌다. 무대 위에서는 진지하지만 무대 밖에서는 방송 등을 통해 보이는 모습대로 엉뚱하고 발랄하리라 생각했지만, 그는 무대 위의 모습이 딱 본래 모습이었다.

"저는 집을 꾸미지도 않고 반려견이나 반려묘도 안 키워요. 그냥 집이 휑해요. 일 안 할 때는 보고 싶은 사람들 만나서 이야기를 해요. 만나서도 딱히 뭔가를 하는 게 아니라 술 마시고 맛있는 거 먹으면서 이야기를 나눠요. 물론 연기 이야기를 많이 하기는 해요. 저는 그냥 심심하게 사는 사람이에요. 일터에서 재미를 느끼는 사람이에요. 소셜네트워크서비스(SNS)도 안 해요. 계속 업데이트를 해야 하는데 그게 자신이 없어요. 팬들 몰래 할까도 생각해 봤는데, 안 하는 게 속 편한 것 같아요. 그리고 하게 되면 제가 너무 중독될 것 같아서도 안 해요."

연기 외에는 딱히 마음을 쏟아서 하는 일이 없었다. 그리고 한지상은 꾸밈이 없었고, 무엇이 좋고 싫은지에 대한 이유가 구구절절하지 않은 담백한 사람이었다.

뮤지컬 배우
김호영

"우리 슈퍼스타 호이 언젠가는 알아줄 거야"

'포텐' 터지도록 늘 희망가 불러준 엄마 덕에 이 자리에

학창 시절 같은 반에 한 명은 꼭 있는 분위기 메이커, 요즘 말로 하면 '핵인싸'(아주 커다랗다는 의미의 '핵'과 잘 어울려 지내는 사람을 의미하는 '인사이더(insider)'의 합성어) 같기도 하고, 수다스럽고 입담 센 아줌마 혹은 '사이다' 발언으로 속을 시원하게 해주는 '친근한 언니' 같아 보이기도 하는 배우 김호영.

이런 캐릭터 때문인지 김호영은 인기리에 공연 중인 뮤지컬 '광화문연가'에서 연기한 월하 역이 마치 그를 위한 맞춤복 같다는 평가를 받았다. 죽기 1분 전, 다시 돌아가고 싶은 순간을 찾아 떠나는 중년 명우와 그를 돕는 추억여행 가이드인 월하를 맡은 배우들은 많다. 그러나

수다스럽지만 정 많은 아줌마와 카리스마 넘치는 환상의 존재인 월하를 아무런 장벽 없이 자유자재로 오가며 자신감 있게 연기를 선보이는 김호영은 이 작품에서 단연 독보적이라고 할 수 있다.

김호영은 공연에서뿐만 아니라 예능 프로그램, 홈쇼핑 호스트로도 활동하며 가장 '핫한' 스타이자 '패셔니스타' '트렌드세터'로 대중에게 사랑받고 있다. 예능 프로그램에 출연해서 화려한 입담을 과시하는 한편 자신만의 인터넷 방송에서는 뷰티 노하우 등을 전수하고 있고, 홈쇼핑 방송에서도 소비자들이 알고 싶어 하는 것에 대한 궁금증을 쏙쏙 풀어줘 섭외 '0순위'의 진행자가 된 것이다. 자신만의 브랜드를 갖고 싶다는 김호영의 꿈이 하나하나 이뤄지고 있는 중이다.

김호영은 한국에서는 흔치 않은 남성 배우다. 독특한 캐릭터가 극에 자연스럽게 녹아드는 것은 어려운 일이다. 이 때문에 그는 다재다능했음에도 상당 기간 무명 시절을 보냈다. 그럼에도 불구하고 김호영이 자신의 가능성을 믿으며 언젠가는 슈퍼스타가 될 것이라는 꿈을 놓지 않은 것은 순전히 그의 엄마 덕이다. 김호영의 어머니는 김호영을 부를 때 단 한 번도 '아들' '김호영' 이렇게 부른 적이 없다고 한다. 그의 엄마가 김호영을 부르는 호칭은 '슈퍼스타 호영' '슈퍼스타 호이(김호영의 별칭)'다.

"저희 엄마는 저를 '호영아' 이렇게 부른 적이 없어요. 늘 '슈퍼스타 호영'이라고 부르시고는 '슈퍼스타'의 진가를 곧 알아봐 줄 거라고 용기를 주시면서 '포텐'을 이끌어 주셨어요. 그 덕에 무명 시절에도 저는 늘 자신감이 있었어요." 늘 당당하고 자신감 넘치는 '애티튜드'의 원천은

김호영 자신의 재능이 바탕이 됐겠지만, 늘 곁에서 김호영을 지지해준 그의 엄마 덕이 컸다. 엄마라는 존재 자체가 '피그말리온 효과'였던 셈이다.

김호영은 최근 《소년기》를 읽으면서 엄마에 대해서 그리고 자신에 대해서 이런저런 생각을 하게 됐다고 한다. 30대 후반의 나이지만 우주의 나이에 비하면 아직 소년인 것처럼 엄마 앞에서는 나이를 먹어도 늘 소년이 자신과 그런 그를 늘 따뜻하게 보듬고 아들을 위한 '희망가'를 끊임없이 불러주는 엄마가 생각났다는 것이다.

우선 김호영은 "1954년에 일본에서 출간된 이 책은 열네 살부터 열

여덟 살까지 아들 이치로 엄마와 나눈 편지를 담은 책"이라고 《소년기》를 소개했다. 그러면서 "책을 원래 많이 읽은 편은 아니고 쉽게 술술 읽을 수 있는 책을 좋아하는데 이 책이 바로 그런 책"이라며 《소년기》의 장점을 '쉽게 읽힘'으로 꼽았다. 실제로 편지 쓰는 것을 좋아한다는 김호영은 "학창 시절 싸울 때도 편지를 이용했다. 아무래도 글로 쓰다 보면 언어를 순화하고 생각을 정리하게 된다"며 편지의 장점이 그대로 느껴지는 것도 《소년기》의 매력이라고 설명했다. 김호영은 어린 시절부터 편지로 의사소통하는 것을 좋아하는 섬세하고 예민한 감성의 소유자였다.

김호영은 계속해서 '소년기'를 읽으며 오버랩되던 자신과 엄마의 이야기를 섞어가면서 이야기를 이어갔다.

"이치로와 엄마는 심지어 같은 집에 있으면서 그냥 말로 해도 되는 말들을 편지로 써서 감정을 전달하는데 왜 그렇잖아요, 편지로 전하는 감정이 주는 또 다른 느낌. 그게 다 전달이 되는 거예요. 책의 시대적 배경과 현재 우리가 살고 있는 곳은 거리가 있죠. 그럼에도 제 모습을 투영해볼 수 있는 책이더라고요. 주고받은 편지 그대로를 옮겨 놓았어요. 웃음을 자아내기도 하고 생각해 볼 내용도 담겨 있고요. 저는 어머니와 관계가 좋아요. 예를 들어 누군가 저에게 '김호영 씨는 자신감이 넘쳐요?' '일을 많이 해도 지치지 않아요?' '어떻게 그렇게 늘 밝아요?'라고 물으면 저의 원동력 중 큰 부분이 엄마라고 말을 해요. 책의 주인공과 어머니가 주고받은 이 편지가 그래서 제게는 와닿더라고요. 바쁘게 돌아가는 시대지만 가족에 대한 사랑과 애정 그리움, 어머니라는 존재가 있어서 힘을 얻는 분들은 저뿐 아니라 많을 거라고 생각해요. '엄마'는 그 이름 하나만으로 위로가 되지만 사실 선을 넘어서 짜증도 많이 내는 대상이기도 하잖아요. 아마도 세상에서 제일 편해서 그런 것 같아요. 책을 읽으면서 그런 것에 대해 반성했어요. 정말 남의 집 일상이야기를 보고 많은 생각을 하게 됐죠."

또 김호영은 책에서 편지의 맺음말들이 특히 마음을 움직였다고 한다.

"강하면서도 약한 이치로가 약하면서도 강한 어머니께" (66쪽)

"하루 만에 좀 더 어른이 된 이치로 올림" (105쪽)

"소중한 어머니에게" (132쪽)

"자식들이 커 가는 모습에 흐뭇한 엄마가" (166쪽)

다정한 아들 다정한 조카 김호영

가방 살 때는 엄마 것 이모들 것 합쳐서 다섯 개 패키지로 구입해요

책 소개 말미에 김호영은 이렇게 자신감 넘치고 밝은 사람으로 키워낸 엄마에 대한 뭉클한 에피소드도 전했다. 그의 성공담은 그야말로 '기승전엄마'라고 해도 과언은 아니다.

"엄마는 저에게 카톡을 보낼 때도 '아들아' '호영아' 이렇게 보내지 않는다고 말씀드렸잖아요. '슈퍼 호영' 이게 항상 들어가요. 그래서 제 자존감이 커진 것 같아요. 이번에 대한민국 퍼스트 브랜드 대상에서 2019년 기대되는 남자 예능인으로 상을 받았어요. 본격적으로 매체활동을 한 지 1년 만의 '쾌거'다 보니까 굉장히 급속도로 성장한 것으로 보이

죠. 그런데 이 업계에는 제가 고등학교 1학년이던 1998년에 연극을 하면서 뛰어들었어요. 그때부터 어머니는 제 모습을 보며 늘 안타까워하셨어요. '우리 아들은 옷도 잘 입고 말도 잘하는데 사람들이 모른다'고 하시면서 안타까워하셨죠. 회사 없이 혼자 일했거든요. 그때 저희 엄마는 '우리 아들 데려가는 회사는 대박 터질 텐데, 사람들이 왜 모를까' 이런 말들을 하셨어요. 그냥 편하게 말씀하신 줄 알았는데, 그만큼 많이 기대하고 기다리셨나 봐요. 어디 출연하면 바로 잘될 것 같은 기대감을 저뿐만 엄마도 가지셨던 것 같아요. 그런데 그게 쉽지 않았고, 엄마는 제가 힘들어 할까봐 내색을 하지 않으셨던 거예요. 이번에 제가 퍼스트 브랜드 대상을 받았는데, 그 전에도 인터뷰 때 이야기했지만 저는 늘 제가 브랜드가 되기를 바랐어요. 그냥 저의 목표는 배우를 넘어서 제가 브랜드가 되고 제가 아이콘이 됐으면 좋겠다고 말하거든요. '김호영' '호이' 자체가 브랜드가 됐으면 좋겠어요라고 하면 어떤 분들은 '사업을 하시게요?'라고 물어봐요. 구체적으로 굿즈, 옷, 상품 등은 중요하지 않아요. 일단 나 자체가 브랜드가 돼야 한다고 생각해요. 사업을 하는 건 나중 문제예요."

김호영은 또 엄마뿐 아니라 이모들도 챙기는 가정적이고 자상한 조카이기도 하다.

"이번에 상을 받고 엄마하고 이모님들이 무척 기뻐하셨어요. 그래서 저도 엄마랑 이모랑 시간을 많이 보내려고 해요. 요즘은 제가 가방을 사더라도 다섯 개를 사요. 내 것, 엄마 것, 이모들 것, 이렇게 패키지로요. (웃음)"

"없는 티 내면 더 무시하는 게 세태, 나 자신부터 소중히 해라"
세상 이치 깨달은 '만렙' 선배 같은 조언

김호영은 꿈을 이루기 위해 방황 중인 청춘에게는 《지금 당장 롤렉스 시계를 사라》《시크릿》 두 권의 책을 추천했다.

《지금 당장 롤렉스 시계를 사라》라는 책은 돈을 모으기만 하고 쓰는 즐거움을 외면할 게 아니라 과감하게 욕망을 충족시키면서 부자가 되라는 메시지를 담고 있다고 한다. 배우는 화려한 직업이기는 하지만 이름과 얼굴이 알려지기까지는 이처럼 '배고픈 직업'도 없는데, 못 나가더라도 기죽지 말고, 자신을 소중히 여겼으면 하는 김호영의 조언이기도 하다.

"후배나 선배들에게 벌이가 시원치 않은데도 '사치를 하라'고 말하는 게 아니에요. 상황이 어려우니까 끼니도 대충 때우고 아무거나 걸치자는 이런 생각은 좀 바꿔야 한다는 거예요. 어떤 사람들은 공감하지 않을 수도 있지만, 요즘은 마냥 겸손하고 마냥 근검절약 정신으로 사는 사람들을 깔봐요. 그래서 저는 항상 '척하라'고 해요."

한참 '썰'을 풀던 김호영은 자신이 외제차를 산 이유를 들려줬다.

"제가 외제차를 샀을 때 주변에서 '돈 많이 벌었나 보다' 이랬죠. 그래서 제가 '아니, 나 돈 더 벌려고, 이 차 산거야, 이 차를 유지하기 위해 내가 더 열심히 일하려고' '나 이 차 타고 행사 엄청 뛸 거야'라고요. 욕망이 생기면, 그걸 하기 위해 행동한다는 거죠. 동의 안 하시는 분들도 계시겠지만, 저는 이런 마음이 오히려 부자가 되는 원동력이 되는 것 같아요. 저는 후배들에게도 돈 없다고 말하고 다니지 말라고 해요. 불쌍해서 도와주는 게 아니라 오히려 얕잡아 본다고. 돈 아낀다고 대충 끼니도 거르거나 때우는 건 하지 말라고 해요. 늘 제대로 잘 입고 잘 먹으면서 내 가치를 보여줘야 좋은 기운이 생기고 성공도 하는 것 같아요. 그런데 또 그 쓰는 즐거움으로 무턱대고 사라는 게 아니에요. 그거 하나 사지 않고, 이렇게 막 입는 게 저는 싫다는 거죠. 한 번 쓰더라도, 한 끼 먹더라도 내가 좋아하는 거 입고, 좋은 거 먹자는 거예요."

그의 이런 말들은 어린 나이에 데뷔한 이후 '세상 무서운' 인심이 무엇인지 세태가 무엇인지 일찌감치 정확하게 간파한 이가 들려주는 현실적인 조언처럼 귀에 박혔다.

늦은 나이에 입대해 '관심 사병'으로 피폐한 나날 보내

힘들 때마다 적은 '드림 노트'가 무려 네다섯 권

김호영은 생각한 대로 된다는 게 무슨 의미인지, 긍정적인 생각의 중요성을 일깨워준 책인 《시크릿》에 대한 이야기를 이어나갔다. 그는 늦은 나이게 간 군대는 생각보다 힘들었고, 힘들 때마다 미친 듯이 '드림 노트'라는 일기장에 생각나는 대로 글을 썼다고 한다. 그렇게 미친 듯이 쓴 노트가 제대할 즈음에는 네다섯 권이나 됐다. 밝기만 하고 힘든 일쯤은 위트와 재치로 가볍게 손끝으로 튕겨낼 것만 같은 그의 군대 이야기는 이렇다.

"2012년 12월 말, 서른한 살이라는 늦은 나이에 입대했어요. 군대가 힘들다는 건 안 가보신 분들도 아실 거예요. 그런데 가보니까 생각했던 것보다 훨씬 '하드코어'였어요. 체력적으로 하트코어가 아니라 나이가 너무 많아서 간 게 힘들더라고요. 저랑 기본적으로 열 살은 어린 동기들과 훈련을 받아야 하는 게 힘들었어요. 그게 너무 미칠 것 같더라고요. 그걸 극복하려고 글을 쓴 거예요. 처음에는 누구에게도 하지 못하는 말들을 일기 형식으로 썼는데 쓰다 보니 그게 제가 바라고 원하는 걸 쓰는 '드림 노트'가 되더라고요. '드림 노트'를 쓰다 보니까 제가 단단해졌어요. '드림 노트'는 대부분 '기승전뭐든잘된다'더라고요. 지금 현재 나에게 안 좋은 일이 벌어져도 결론적으로는 '나에게 잘된다'라고 계속

334

적었죠."

김호영은 '드림 노트'에 가장 많이 적은 문장들에 대해서도 들려줬다.

"항상 마음 달래던 문구가 뭐냐면 '나는 지금 물에 발을 담근 상태다. 내가 물에 발을 담갔기 때문에 양말이 젖고 발이 젖고 차가운 거다. 옷에 물이 튀는 게 당연하다. '왜 이렇게 발이 차가워' '양말이 젖어'라고 해봐야 무슨 소용인가. 물에서 발을 빼면 그만인데. 나는 지금 군대라는 물에 발을 담그고 있는 상태다. 그런데 이건 영원한 게 아니다. 어차피 물을 담그고 있으니 즐겨라. 담근 물에서 물장구도 치고 옷도 젖게 하자. 이러다 또 다른 물로 가면 상황은 달라질 거다.' 이런 식이에요."

김호영은 또 자신이 《시크릿》이라는 책이 말하는 기적을 직접 체험한 산증인"이라며 꿈과 소원을 비는 방법에 대해서도 조언했다.

"'쓰면 다 이뤄진다'라는 말을 믿으세요. 정말 '관심사병'으로 피폐한 나날을 보내다 간절히 바라는 것들을 비롯해 막 쓰고 싶은 것을 쓰는 '드림 노트'를 만들었다고 했잖아요. 그때는 정말 저의 탈출구였는데 어느 날 그 '드림 노트'를 다시 보니 '사업을 한다' '회사를 차린다' '호이(김호영의 애칭) 토크쇼' '잡지' '매거진' '호이 스타일' 이런 게 쓰여 있는 거예요. 근데 제가 '호이 스타일 매거진 쇼'라는 극장 토크쇼를 했어요. 정말 신기했어요. 제가 그냥 끼적댔던 것들을 조합한 게 저의 토크쇼 이름이었던 거예요. 저도 완전히 까맣게 잊고 있었는데 말이죠. 그러니까 구체적으로 자신의 꿈을 적으세요. 저희 어머니도 이런 말씀을 하셨어요. 저희 집은 천주교인데 기도를 할 때 '성공하게 해 달라' '논 넓이 빌게 해 달라' 등 막연하게 빌지 말고 구체적으로 빌라고 하셨어요. '하느님은 네가 무엇으로 어떻게 성공하고 싶은지 모른다. 다들 그렇게 기도를 많이 하는데 어떻게 아냐. 누가 소원을 빌었는지 헷갈린다.' (웃음) 자신이 하고 싶은 일이 있다면 구체적으로 적으세요."

앞으로 김호영은 하정우의 에세이 《걷는 사람 하정우》를 읽어 보고 싶다고도 했다. 배우 하정우의 다른 점이 궁금하고 무엇보다 자신도 언젠가는 책을 내보고 싶기 때문이라고 한다.

"최근에 출간된 하정우의 《걷는 사람 하정우》가 궁금해요. 배우 하정우가 보기와는 매우 다른 것 같아요. 그냥 보면 마초 같은데, 그림도 그리고 영화도 제작하고 '아티스틱'한 것 같아요. 섬세함을 그림으로 표현하고 사진도 찍고 글도 쓰시잖아요. 배우가 낸 책이라는 선례를 보면서 저도 책을 쓰는 방향에 대해 생각해 보려고요." 책을 쓰게 된다면 그는 자신의 '드림 노트'를 바탕으로 독자들에게 힘을 주는 글을 담을 것이라고 했다. "책 제목은 '비밀리에《시크릿》 지금 당장 롤렉스 시계를 사라' 이런 거 어때요? (웃음)"

지금 이 순간 '드림 노트'에 적고 싶은 건 '건물 사는 것'

건물도 이미 결정. 지인들에게는 이미 호영이 건물

지금 이 순간 '드림 노트'에 적고 싶은 것은 무엇이냐고 물었더니 1초의 망설임도 없이 유쾌하게 "건물을 사는 것"이라고 대답했다. 그러더니 곧바로 또 그의 구체적인 꿈과 목표에 대해 이야기했다. 김호영은 스스로 말한 대로 그리고 보이는 투명한 사람이었다.

"지금 당장은 할 수 없지만 늘 바라는 건데 빌딩을 사고 싶어요. 그리고 심지어 제가 봐둔 빌딩이 있어요. 그걸 목표로 하고 있어요. 강남구 청담동 버버리 매장 뒤에 있어요. 무척 마음에 들어요. 일단 그 건물을 딱 봤을 때, 알 수 없는 끌림이 있었죠. 척박하고 삭막한 청담동 뒷골목인데 그 건물만 뉴욕인 거예요. 심지어 보니까, 1층에 고가의 남성 편집숍이 있더라고요. 그 숍의 분위기가 완전히 뉴욕 스타일이었어요. 친한 웨딩드레스 업체 누나가 그 건물 4~5층으로 이전해서 축하 겸 놀러 가서 처음 그 건물을 봤어요. 들어가면서부터 뉴욕인 거예요. '섹스 앤 더 시티'에 나올 법한 느낌이요. 그런데 땅 주인이자 건물주의 '라이프 터'가 뉴욕이더라고요. 더 웃긴 건 제가 늘 사람들에게 건물 사는 게 목표라고 말하는데요, 친한 어떤 분에게 드디어 사고 싶은 건물이 생겼다고, 버버리 매장이 있는 어디라고 하니까, 그거 자기 친구 건물이라고 그 친구 만나러 가자고 하셔서 그 사람을 만나기도 했어요. 그 분께 '당신의 건물을 사겠다. 섬데이'라고 말했어요. 현재 건물 가격만 200억 정도래요. '10년 안에 꼭 산다' 이러고 있어요."

그는 또 자연스럽게 엄마와 건물에 관련한 이야기도 전했다.

"또 웃긴 건 우리 엄마의 영혼은 이미 거기에 살고 있어요. 벌써 빨래 널고 있어요. 진짜 소름 돋았던 게, 건물 외관을 찍어서 휴대폰에 갖고 있었어요. 엄마한테 사진을 보여주면서 '아는 누나가 쇼룸을 여기로 이전했어'라며 보여주니, 엄마가 '이거 아들 거네' 이러는 거예요, 말도 안 했는데. 우리 엄마랑 나는 참 이렇게 잘 통한다 그러면서 웃었어요. 변정수 누나, 개그우먼 김진화 씨 등등 저희 친한 사람들

은 그 건물 이미 '김호영 거예요'라고 말해요."

학창시절이나 지금이나 '인싸'
인정받지 못할 때는 '나댔다' 솔직 고백

김호영은 성별과 나이를 초월해 동료들 사이에서 인기가 좋다. 특히 그와 함께 일해 본 이들은 김호영이 현장 분위기를 편안하게 만들어주는 리더 역할을 한다고 입을 모은다. 그는 학창시절부터 리더십이 있는 학생으로 학급에서 조율할 일이 생기면 늘 앞장섰다. 그는 갈등을 좋아하지 않고 불편한 분위기를 못 견뎌 스스로 나서서 분위기를 화기애애하게 만든다고 했다.

"10대부터 저는 민망하지만 학교에서 저를 모르면 간첩이라고 할 정도로 인기가 많았어요. 그리고 제가 굉장히 자유분방하고 프리스타일이고 제멋대로 살 것 같은 느낌이지만, 어른들 말을 거역하지 못하는 스타일이에요. '하지 말라'고 하시면 '정말 안 되는 거구나'라고 생각하는 말 잘 듣는 아들이자 학생이었죠. 학교에서도 대외 활동을 많이 했어요. 방송반도 하고 교내 지휘자도 하고 선도부도 하고 늘 좀 '인싸'였죠. 체육대회 운동회 하면 대표로 나서서 응원단장하고요. 마스게임 같은 거 할 때도 앞에서 시범 보이고 그랬죠. 또 초등학교 6학년 때 반에서 남학생이랑 여학생이 엄청 싸웠어요. 여자 애가 막 집에 간다 만다 난리가 났어요. 부반장이었는데, 선생님에게 부탁해서 수업 하나를 온전히 우리만의 시간을 달라고 하고, '또래 법정'을 만들었어요. 목적은 서로 화해시키기는 거였는데, 각자의 입장을 이야기하고 대변하고 그런 거였어요. 그래서 친구들 사이에서도 인기가 있었고 이런 저를 선생님들은 신기해하고 재미있어 했어요."

'광화문 연가' 출연 당시에도 그의 리더십은 빛을 발했다. '광화문 연가' 출연 배우들의 90퍼센트가 서로 처음 작업을 하는 것이기 때문에 서먹서먹했다. 그러나 김호영은 이런 분위기가 작업에 도움이 되지 않는다고 생각해 자청해서 분위기를 '업'시키기 위해 노력했다.

"어릴 때는 속된 말로 나댔어요. 제가 하는 것만큼 인정받지 못해서 그런 것 같아요. 그런데 결국 팀워크가 가장 중요하다는 걸 깨달았죠. 서른 넘고 중반 가면서 결과적으로 좋은 게 좋은 것이라는 걸 깨닫게 됐어요. 결국 공연을 잘 올리는 게 목적이고 서로 하모니가 좋아야 하는 거니까요. 연출과 배우, 배우와 배우 사이에 이상한 기류가 있으면 확 깨주는 역할을 많이 해요. '호이 월하' 아니었으면 연습 분위기도 안 좋을 뻔했는데, 잘 넘겼다는 말도 들었죠. 누굴 위해서라기보다 저도 그 공간에 있는데 어색한 기류가 흐르면 불편하니까요. 그래서 많이 리프레시하려 하던 게 어느 순간 몸에 배었고, 그러다 보니 의무감 아닌 의무감이 생긴 것 같아요."

애드리브 많이 할 것 같지만 대본에 충실
관객 평가 호불호 갈려도 '내 갈 길 갑니다'
톡톡 튀는 이미지 때문에 김호영은 애드리브를 많이 할 것 같아 보이지만 대본에 충실하다는 것도 김호영의 빛건 매력이자 능력이다. 그리고 김호영은 보기보다(?) 머리가 상당히 좋은 배우다.

"'광화문 연가' 함께 한 안재욱 선배님이 제가 애드리브를 하나도 안 해서 놀랐다고 하셨어요. 생각보다 머리가 좋다는 말도 많이 들어요. 안재욱 선배님께서는 제가 별 생각 없이 연기하는 줄 아셨대요. 연출적인 입장에서 바라보고 연기하는 걸 보고 놀라셨대요. 근데 기대치가 0이었기 때문에 더 놀란 것도 같아요. (웃음) 형이 사람들을 만날 때마다 제가 애드리브를 안 해서 놀랐다고 계속 이야기를 하세요. 형 눈에 비친 제 모습은 수다 떨고 막 시끄럽고 그런 애니까, 그냥 쟤는 갖고 있는 끼와 탤런트로 무대를 그냥 즐기는 스타일이라고 생각하셨던 것 같아요. 사실 애드리브는 상황이 있을 때는 극대화되지만 주어진 대사로 배우가 표현을 못하기 때문에 하는 거거든요. 대사만으로는 자기가 목적한 연기를 보여줄 수 없으니까 하는 거예요. 그래서 거기에 살을 가져다 붙이는 것이죠. 애드리브도 나쁘다고 볼 수는 없어요. 애드리브 역시 나름대로 자기의 감정과 목적을 찾아가는 방법 중 하나겠죠."

애드리브 없이 대본에 충실한 그의 월하 연기를 보고 객석에서도 감탄이 쏟아졌다. 관객석에서 "김호영 진짜 잘한다"라는 찬사가 계속해서 나오는 것을 나 역시 들었다. 그리고 관객과 마찬가지로 감탄했다. '맨 오브 라만차' 때도 김호영 캐스팅 회차를 보지 못한 나는 '광화문 연가'를 통해 그의 명성을 확인할 수 있었다. 그는 무대를 완전히 장악하고, 관객과 무대 사이에서 가이드를 하는 월하 역할을 그민의 헤석으로 관객들을 완전히 납득시켰다.

"사실 '광화문 연가' 스타일이 관객 입장에서 따라가기 쉬운 구조는 아니에요. 영화였다면 컴퓨터그래픽(CG)를 써서 기억 속으로 들어가는 것을 입체적으로 보여주지만 무대 위에서는 한정적인 여건상 쉽지 않아요. 심지어 이 작품은 이영훈 작곡가의 명곡이 주는 힘이 있어서 어떤 분들은 공연을 편하게 볼 수 있지만, 어떤 사람들은 이영훈 노래를 그냥 온전히 듣고 싶은데 드라마와 연결 지어 가다 보니 그들이 원하는 스타일대로 안 나올 수 있어요. 그들이 원하지 않은 장면들이 삽입돼 있을 수 있다고 생각해요. 다행히 월하라는 캐릭터가 사회자이자 내레이터에요. 명우의 기억으로 들어가는 추억 여행의 가이드죠. 저는 월하를 '광화문 연가' 공연 자체의 가이드라고 봤어요. 그래서 작품과 관객이 소통하는 마당놀이 콘셉트를 생각했어요. 마당놀이는 원형 무대고, 무대 세트가 없어요. 관객과 직접 소통하는 인물이 등장해서 '자, 드디어 우리는 어디로 가게 되는데' 이렇게 말하면, 관객은 그냥 믿고 보게 되잖아요. 그런 롤을 생각했어요. 월하라는 캐릭터 자체가 극에서 이명우의 기억을 열고 닫고 정리해요. 모든 큐를 하는 대사가 제가 하는 대사거든요. 그러다 보니 관객 음악감독, 오케스트라, 배우들에게도 '자이 다음 장면은 무엇입니다'고 사인을 보내주는 게 월하 캐릭터의 큰 목적 중 하나라고 생각했죠."

연기와 캐릭터 분석에 대해 이야기하는 김호영은 어떤 말을 할 때보다 진지했고 자신의 이야기에 집중했다. 자신이 얼마나 만족한 연기를 하든 모두를 만족시킬 수는 없다고 했다. 이 때문에 관객의 평가에 일희일비하지 않고 오직 '호이의 길'을 간다고도 했다. 꿋꿋하게.

"연기 평가는 다분히 주관적이죠. 저는 잘 흔들리지 않으려고 해요. 저는 '내가 하는 걸 보기 싫으면 보지 마라' 주의에요. 난 이대로 할 테니, '내가 생각하는 월하가 싫으면 보지 마' '내가 아닌 다른 배우를 보려고 왔는데 내가 나온 거면 그건 어쩔 수 없고'. 그러니 저는 '나랑 하기 때문에 당신이 좋아하는 배우도 잘 살지 않을까?'라는 마음을 갖고 사는 스타일이에요. 저는 공연의 질을 높이기 위해, 관객들의 이해를 높이기 위해 맞춰가는 스타일인데, 그런 것들이 잘 맞으면 어떤 분들은 '속이 시원하다' '저 역할이 없었으면 무슨 재미로 보니' 이러면서 만족하시죠."

네
번
째

아이돌 그룹
아스트로

맨투맨 셔츠를 입은 '청량돌'

아스트로의 등장은 신선했다

2016년 데뷔 당시 아이돌 그룹 아스트로(ASTRO · MJ, 진진, 차은우, 문빈, 라키, 산하)는 신선했다. 짙은 눈화장에 강렬한 퍼포먼스로 무장한 '전사'가 아닌 맨투맨 티셔츠에 청바지를 입은 친근한 콘셉트였기 때문이다. 아스트로는 단번에 '청량돌' '청량한 사이다돌'이라는 별칭을 얻으며 빠르게 1020 여성 팬들을 확보했다. 또 국내에서 먼저 인기를 끌고 해외로 진출하는 방식 대신 국내 데뷔와 동시 해외로 진출해 글로벌 팬덤을 형성했다. 데뷔 해에 일본, 중국, 태국, 인도네시아 등에서 쇼케이스를 열어 이름을 알리며 글로벌 스타로서 입지를 다졌다. 이들은 2019년 1월에는 첫 정규 앨범 '올 라이트'(All Light)의 타이틀곡 '올 나이트(전화해)'로 가요 순위 프로그램에서 처음으로 1위에 올라서며 국내 최고의 아이돌 중 하나로 꼽히고 있다.

아스트로는 지난 3월 시작한 첫 월드투어 '더 세컨드 아스트로드 투어('ASTRO The 2nd ASTROAD TOUR [STAR LIGHT])'를 4월 27일 마무리했다. 아스트트로는 3월 16일 대만에서의 공연을 시작으로 19일부터 26일까지 미주 4개 도시와 30일 홍콩을 거쳐 4월 27일 태국 방콕까지 총 7개의 도시에서 투어를 진행하며 전 세계에 퍼져 있는 '아로하(아스트로 팬클럽)'와 만나 팬덤을 공고히 했다.

특히 투어의 매 공연마다 아스트로는 완벽한 무대 매너로 팬들을 사로잡았다. 첫 정규 앨범의 타이틀곡 '올 나이트(전화해)'와 'MOONWALK(문워크)' 등의 수록곡뿐 아니라 '고백', 'BABY(베이비)' '숨가빠' '니가 불어와' 등 데뷔 때부터 최근 히트곡까지 완성도 높은 무대를 선보이며 현지 팬들을 열광시켰다. 아스트로는 콘서트에서만 볼 수 있는 커버 무대를 선보여 확실한 팬서비스를 보여줬다.

첫 월드투어를 성황리에 마친 멤버들은 팬들에게 감사의 인사를 전했다. 차은우는 "여러분과 함께한 투어가 드디어 마침표를 찍었다"며 "하나하나 무척 소중한 시간이었고 이 모든 건 아로하가 있기에 가능했다"고 밝혔다. MJ는 "끝까지 함께 즐겨주셔서 감사하다"며 "아로하가 있기에 우리가 있는 것"이라고 말했다. 문빈은 "여러분들께 많은 에너지를 받고 간다"며 "정말 즐거운 시간이었다"고 전했다. 진진과 산하는 "다음에 더 좋은 공연으로 빨리 다시 오고 싶다"라고, 라키는 "이번 투어를 통해 팬들의 진정한 사랑을 느낄 수 있었다"고 말했다. 이들은 또

공식 소셜네트워크서비스(SNS)에 "아스트로와 ASTROAD를 함께 걸어주신 세계 각지의 아로하 여러분들 사랑하고 너무 감사하다"라고 고마움을 전해 팬들을 감동시켰다.

아스트로는 월드 투어를 통해 글로벌 영향력을 높이는 데 성공했다. 판타지오에 따르면 미주 공연 중 빌보드 소셜 50 차트 7위에 이름을 올리는가 하면, 투어 중 성공적인 일본 데뷔로 오리콘 위클리앨범 차트 3위, 타워레코드 주간 앨범 차트 정상을 차지했다.

첫 월드 투어를 뜨겁게 마무리하며 차세대 글로벌 아이돌로 거듭나며 연초부터 이들의 히트곡 제목대로 '숨 가쁘게' 활동하고 있는 아스트로를 스타의 서재에 초대할 수 있을지, 그리고 이렇게 바쁜데 과연 책 읽을 시간은 있을지 걱정했지만 역시 스타는 스타였다. 이들은 바쁜 와중에도 짬을 내서 한 장이라도 책을 읽으며, 각자 설정한 목표에 다가서기 위해 노력하고 있었다.

'얼굴 천재' 차은우 감명 깊게 읽은 책은 《몰입의 즐거움》
진짜 나를 위해 쓰는 시간에 몰입하는 건 진정한 행복

우선 '얼굴 천재'라고 불리며 '내 아이디는 강남 미인' 등 드라마에 출연해 커다란 사랑을 받고 있는 차은우는 《몰입의 즐거움》을 소개하고 싶다고 했다. 책은 1997년 국내에 처음으로 번역 소개된 이후 꾸준히 독자들의 사랑을 받고 있다. 《몰입의 즐거움》은 미국 시카고대학에서 40년간 교수로 재직한 미하이 칙센트미하이가 저자다. 그는 현재 피터 드러커 경영대학 교수 및 '삶의 질 연구소' 소장으로 있다. 그는 창의성과 행복이라는 주제를 지속적으로 연구했으며, 창조적인 사람의 세 가지 요건으로 전문지식, 창조적 사고, 몰입을 꼽았다. '몰입(flow)'이란 삶이 고조되는 순간에 물 흐르듯 행동이 자연스럽게 이뤄지는 느낌을 의미하며, 저자는 "자기만족을 즐기기 위해서는 집중력, 즉 몰입이 필요하다"며 '몰입'은 세상을 바꾸는 계기가 된다고 주장했다.

가수와 배우는 창조력을 무한히 요구받는 대중예술가다. 가수로서 무대 위에 오르고, 배우로서 카메라 앞에 서는 순간의 만족스러운 몰입감은 아티스트에게 최고의 성취감일 것이다. 정해진 시간 내에 성과를 내서 승부를 가리는 운동선수를 비롯해 순간의 몰입으로 명장면을 만드는 배우, 가수는 '지금 이 순간'에 가장 집중을 잘하는 이들이라는 이야기를 들은 적이 있다. 차은우가 《몰입의 즐거움》을 소개하고 싶다고 했을 때 바로 이 이야기가 떠올랐다. 그렇다면 과연 차은우는 《몰입의 즐거움》을 어떻게 읽었을까. '얼굴 천재' 차은우는 또 어떤 '몰입 천재'일까.

"《몰입의 즐거움》은 살아가는 데에는 일 말고 여가와 쉼도 필요하고, 여가 시간을 보낼 때도 시간을 효율적으로 쓸 줄 알아야 하고, 진짜 나를 위해 모든 시간을 즐겁게 활용해야 한다는 내용을 담고 있어요. 저는 사실 나는 데뷔 때부터 지금까지 쉼 없이 달려왔어요. 그런 내게 조금의 숨통이 되어주고 앞으로 어떻게 노래를 부르고 춤을 추고 연기를 할지 깨달음을 준 책이죠."

차은우는 《몰입의 즐거움》을 처음부터 끝까지 정독했다기보다는 눈

길을 끌고 마음에 와닿는 부분을 읽었다고 했다.

"'한 사람의 삶이 알차려면 자유 시간을 어떻게 쓰느냐에 달려 있다' 라는 문장에 끌렸어요. 평소에 자투리 시간을 어떻게 활용하느냐가 굉장히 중요하다고 생각했어요. 여러 가지 자격증을 따는 공부를 해보고 싶은 저에게 용기를 줬거든요. 또 '중요한 것은 자기에게 어울리는 전략이 무엇인지를 발견하는 것이다'라는 문장도 눈길을 끌었어요. 굉장히 공감이 되고 '똑똑한데'라고 느낀 문구였어요."

차은우가 자주 가는 서점은 강남역에 위치한 바로 그곳
다른 생각 들어올 수 없도록 빠져드는 소설도 읽고 싶어요

그는 책을 읽고 나서, 그룹 활동을 비롯해 개인 활동으로 바쁘지만 자투리 시간을 활용해 공부하고 싶은 분야에 도전해봐야겠다는 용기도 얻었다고 털어났다.

또 차은우는 강남역에 있는 서점에 가고는 한다며 차은우만의 '시크릿 서점'을 공개했고, 책을 읽을 때 활용하고 인용할 수 있을 만한 것들을 메모하는 습관이 있다고도 했다. 앞으로 시간이 좀 생긴다면, 다른 생각이 들어올 수 없도록 푹 빠질 수 있는 소설을 꼭 읽어 보고 싶다는 차은우에게 얼른 휴식 시간이 잠깐이라도 있었으면 하고 나는 바랐다. 그의 진정성 담긴 말에서 어린 나이부터 연습생 생활을 하고 데뷔 후에도 역시 자신의 목표를 향해 달려가는 K팝 아이돌의 노력과 고민이 느껴졌다.

'얼굴 천재' 차은우는 사실은 '마음 천재'

"내 주변 사람 행복해주는 게 행복"

차은우의 매력은 '천재적인 외모'만이 아니다. '얼굴 천재' 차은우는 사실 '마음 천재'라고 해도 과언이 아니다. 독보적인 외모 외에도 1997년생으로 어린 나이임에도 불구하고 주변 사람들을 생각하는 마음이 어른스럽기 때문이다. 그는 한 인터뷰에서 "내가 진지하게 주변 사람이나 팬들에게 자주 하는 이야기는 '내 주변 사람을 행복하게 해주고 싶다'는 거다. 나에게 그럴 수 있는 힘이 생기면 좋겠다"고 말한 바 있다. 또 "시간이 흐른 후에는 차은우가 어떤 사람이라는 게 어느 정도 드러날 것"이라며 "그 단계 이후에는 내가 '어떤 사람'이라는 것을 넘어 '아, 차은우는 왠지 믿음이 가는 사람이구나' 하는 생각까지 들게 만드는 인물이 됐으면 한다"고도 했다. 수많은 아이돌을 보면서 내가 느낀 건 '아이돌은 그저 기획사가 찍어내는 상품'이 아니라는 것이다. K팝 아이돌 육성 시스템은 세계의 주목을 받기도 했지만 동시에 비판을 받기도 한다. 그러나 내가 만난 아이돌들은 자기 자신을 철저하게 객관화하고, 자신의 내면을 들여다보며 다음 단계를 항상 생각하는 주도적인 인물들이었다. 차은우도 예외는 아니었다.

차은우는 '내 아이디는 강남 미인'에 이어 7월부터는 MBC 드라마 '신입사관 구해령'에 출연한다. 그는 극 중에서 '고고한 모태 솔로 왕자' 이림 역을 맡았다. 그는 "이림은 궁에 갇혀 살면서 책에 둘러싸인 삶만 사는지라 필명으로 책을 쓰는데, 그게 한양을 들었다 놨다 하는 인기 절정의 연애 소설로 등극한다"며 "극 중 자기가 쓴 문장에 도취

하는 재밌는 장면도 있다"고 전했다.

랩, 댄스 담당 라키 "작사에 관심 있다면 《김이나의 작사법》 추천"

창작자가 어떻게 대중과 소통하고 공감 이끌어내는지 담겨 있죠

랩과 댄스를 담당하고 있는 라키는 작사에 관심이 있는 이들에게 《김이나의 작사법》이 소중한 책이라고 꼽으며 누군가에게 선물하고 싶다고 했다. 김이나 작사가는 아이유의 '좋은 날' '잔소리' 브라운아이드걸스의 '아브라카다브라' 등 아이돌 음악부터 이선희의 '그중에 그대를 만나' 조용필의 '걷고 싶다' 등 국내 최고 가수들의 음악에까지 감성적인 노랫말을 입혔다.

"'스타 작사가' 김이나 작가가 그동안 발표한 곡들을 어떻게 썼는지에 대한 노하우를 담은 책이에요. 창작자가 어떻게 대중과 소통하고 그들로부터 공감을 이끌어내는지에 대한 표현법과 영감을 얻는 방법이 담겨 있어요."

책을 마치 아기처럼 감싸서 읽는 버릇이 있다는 라키는 앞으로 시간이 되면 판타지 소설을 읽어보고 싶다고도 했다. 판타지 소설을 통해 상상력을 얻고 싶은 바람 때문이다.

'만능 엔터테이너' 리더 진진의 '최애책'은 《미 비포 유》

'오늘 밤 같이 있어요. 클라라'라는 대사 기억에 남아요

리더 진진은 랩뿐만 아니라 작사, 작곡에도 재능이 있는 '만능 엔터테이너'다. 진진은 "작사, 작곡을 할 때 항상 영감을 받는다"며《미 미포 유(Me before you)》가 '최애책(가장 사랑하는 책)'이라고 했다. 그는 "마음을 닫고 있던 남자 주인공이 여자 주인공에게 마음을 열고 '오늘 밤 같이 있어요. 클라라'라고 이야기하는 대목이 가장 좋았다"며 "소설을 원작으로 한 영화도 봤는데, 영화에서도 역시 그 장면이 명장면이었다"고 소설과 영화를 통해 받은 감동을 전하기도 했다.

그는 남자 주인공의 한마디가 많은 것을 표현하는 것 같다고 했다. 책을 읽을 때 장면마다 이미지를 떠올리며 시각화하는 버릇이 있다는 진진에게 이 장면은 얼마나 '달달'하고 로맨틱했을까.

그림 있는 책들을 좋아하는 진진

영화화된 소설 읽고 싶고, 감동적인 시집도 선물하고 싶어요

진진은 친구들과 도서관에 가서 항상 그림이 있는 책들을 많이 봤으며, 신논현 역에 위치한 교보문고에도 자주 들른다고 한다.

진진은 시간이 된다면 영화화된 소설 등을 읽어 보고 싶고, 감동적인 시집을 발견하면 누군가에게 선물하고 싶다고도 한다.

"영화화되는 작품을 굉장히 좋아해요. 만약 제가 아직 보지 않은 영화라면 책을 먼저 읽고 영화를 보고 싶어요. 그리고 시집도 선물해

보고 싶어요."

학교 다닐 때 '독서왕' MJ
《마시멜로 이야기》 누군가에게 꼭 선물하고 싶어요

안정적이고 감성적인 음색으로 메인 보컬을 담당하고 있는 MJ. "학교 다닐 때 '독서왕'이 되고 싶었지만, 책을 많이 읽는 친구들이 워낙 많아서 그렇게 되지는 못했다"는 그는 '최애책'으로 《마시멜로 이야기》를 꼽으며 누군가에게 꼭 선물하고 싶다고 한다. MJ는 "어떻게 해야 성공할 수 있을지, 성공한 사람이 되려면 대체 얼마나 어마어마한 일을 해야 하는지를 궁금해 하는 이들이 있다면 꼭 이 책을 읽어 보라"며 "책에는 우리가 생각하는 것보다 훨씬 단순하고 명확한 성공의 원칙이 담겨 있다"고 설명했다. 그는 시간이 생기면 '나로 살기로 한 뜨거운 조언이 담긴' 《나는 나로 살기로 했다》를 읽을 것이라고 한다.

막내 산하 "판타지 소설, 외국어 원서도 읽고 싶어요"
문빈 "책 읽을 때는 같은 장을 두 번 읽는 버릇 있죠"

감미로운 음색으로 리드 보컬을 담당하는 팀의 막내 열아홉 살 산하는 "아직 책을 많이 읽지 않았다"며 "재미있는 판타지 소설을 읽고 싶기도 하고, 나중에 외국어를 배워서 원서도 읽어 보고 싶나"는 독서 계획(?)을 밝혀 웃음을 자아냈다.

보컬과 댄스가 훌륭한 문빈은 책을 추천하는 대신 "같은 장을 두 번 읽는데, 처음에는 속독으로 두 번째는 천천히 읽으면 이해가 잘 된다"며 자신만의 독서법을 전했다.

　올해 첫 월드 투어를 마치고 글로벌 팬덤을 확고히 하고 있는 아스트로의 앞날이 기대된다.

배우
이범수

어떤 작품이든 치열하게 완벽하게 '이범수화'

30년 차 베테랑 배우 이범수

1990년 영화 '그래 가끔 하늘을 보자'로 데뷔한 이후 오랜 무명을 거친 이범수는 1999년에 영화 '러브'에서 처음으로 주연을 맡았다. 이후 '일단 뛰어'(2002) '몽정기'(2002) '싱글즈'(2003) '오! 브라더스'(2003) '슈퍼스타 감사용'(2004) '음란서생'(2006) '짝패'(2006) '고사:피의 중간고사'(2008) '신의 한 수'(2014) '인천상륙작전'(2016) '출국'(2018) '자전차왕 엄복동'(2019) 등 다양한 장르와 캐릭터를 넘나들며 연기의 스펙트럼을 넓혔다. 또 드라마 아이리스2'(2013) '자이언트'(2010) '외과의사 봉달희'(2007) '샐러리맨 초한지'(2012) 등으로 안방극장을 사로잡았다.

이범수는 매 작품마다 그에게 딱 맞는 맞춤복을 해 입은 듯 캐릭터를 소화해내는 독보적인 배우라는 평가를 받는다. 1대9 가르마를 하고 미키 마우스 캐릭터가 그려진 티셔츠를 입는 좀 모자란 형이 됐다가, 언제 그랬냐는 듯이 군복으로 갈아입으면 또 카리스마 넘치는 군인이 됐다가, 의사 가운을 걸치고 '내 여자에게는 따뜻한 남자'로 변신해 정말 어울릴 것 같지 않은 멜로까지 소화해내기 때문이다. 이처럼 매번 다른 옷을 맞춤복처럼 완벽하게 소화해내는 그는 그래서 좀처럼 파악하기 힘든 배우로 여겨지기도 한다. 서민적인(?) 외모의 그가 슈트를 즐겨 입는다는 사실이 이범수는 '알 수 없는 배우'라는 이미지를 내 안에 강하게 만들기도 했다.

최근 서초구 잠원동에 위치한 셀트리온엔터테인먼트에서 그를 만나기 전 나는 그가 슈트를 입고 나올 것이라고 예상했다. 170센티미터의 다소 작은 키에 보디라인을 강조한 슈트를 입고 영화 홍보에 나선 그를 자주 본 데다 그가 어디에선가 한 말이 기억났기 때문이다. 그러나 그는 요즘 유행하는 헤지고 페인트가 군데군데 프린트된 청바지에 니트를 입고 나왔다. 그에게 "상대방에 대한 예의, 만남에 대한 예의를 갖추기 위해서도, 또 슈트를 입으면 마음가짐이 달라지기도 하고 멋져 보이기 때문에 슈트를 즐겨 입는다는 말을 들었는데 오늘은 어떻게 캐주얼 차림이냐"고 묻자 "늘 슈트를 입는 건 아니고, 역할에 따라 다르다"며 웃었다.

일주일에 서너 번은 서점에 꼭 들르고
가방에는 늘 전공서적 등 읽을 책 잔뜩

책을 많이 읽기로 유명한 배우 이범수는 일주일에 서너 번은 꼭 서점에 들르고 그의 가방은 늘 무겁다. 가방에는 늘 언제 어디에서나 읽을 책 네다섯 권은 넣고 다닌다. 그가 가지고 다니는 책은 역사서부터 자기계발서를 비롯해 연기 전공에 관한 서적들로 다양하다고 한다. 1990년 영화 '그래 가끔 하늘을 보자'로 데뷔해 올해로 연기 경력 30년 차 베테랑 배우이자 2017년부터는 셀트리온엔터테인먼트의 대표로 재직 중인 그는 여전히 책을 통해 연기를 배우고 있다고 한다. 배우는 세상과 소통하는 직업이고, 전공서적은 물론 책은 과거부터 현재를 담고 있고 이를 토대로 미래를 예측할 수 있기 때문에 가장 좋은 스승이라는 게 그의 설명이다. 코믹 배우인 줄만 알았는데 진중하고 묵직한 배역부터 부성애 넘치는 아빠, 철두철미한 군인 등 다양한 역할을 그에게 꼭 맞는 슈트처럼 잘 소화해낼 수 있었던 원천은 아무래도 독서인 듯하다.

스타의 서재를 통해 《로마인 이야기》《십자군 이야기》 등 역사서를 소개하고 싶다며 잔뜩 책을 가져온 그에게 일단 배우란 무엇인지에 대해 물어봤다. 경력 30년 차 배우는 과연 배우라는 직업을 어떻게 생각하고 있을까. 탄탄하고 견고하고 입체적인 캐릭터들을 만들어 낸 배우 이범수에게 과연 배우란 무엇일까.

배우는 한마디로 세상과 소통하는 일

그래서 늘 대중과 사회를 이해하려고 하죠

"배우는 한마디로 세상과 소통하는 일이에요. 그래서 대중들을 이해하려고 합니다. 또 사회를 이해해야 한다고 생각해요. 우리가 속해 있는 사회가 나아가는 방향에 대해서도 관심을 가져야 해요. 과거 문헌들을 보면 배우를 심오한 존재로 설명합니다. 신과 인간을 연결하는 제사장으로서의 역할도 했고요. 그래서 배우라는 존재가 무거워지는 것 같아요. 의미는 좋지만 이를 너무 많이 강조하다 보면 너무 심각해질 수 있어요. 고귀하고 훌륭하고 완벽한 사람만 배우를 할 수 있다고 오인하게도 할 수 있는 것 같아요. 못난 사람, 그다지 대단하지 못한 사람은 그럼 배우를 할 수 없느냐는 생각도 들고요. 결국 배우는 인간을 이야기하고 연기하는 것인데 '왜 커트라인이 높냐'라는 것이죠. 축구로 이야기하면 기골이 장대한 사람만 축구를 해야 하는 건 아니잖아요. 그렇게 선택받은 사람만 잘하는 것도 아니라는 거죠. 연기도 마찬가지 같아요."

일 통해 존재감과 필요성 확인하기 때문에 완벽주의

"저를 믿고 일하는 사람에 대한 신뢰 버릴 수 없죠"

코믹 배우 이미지가 강함에도 이례적으로 이범수는 완벽주의자 이미지도 동시에 갖고 있다.

"저는 일할 때 누군가에게 정말 누를 끼치면 안 된다고 생각해요. 지금 하는 일에 대해서는 세월이 흘러서도 나약한 변명을 하고 싶지 않아요. 저도 그동안 살아오면서 후회가 있었죠. 그럼에도 매번 최선을 다해 살자고 다짐했어요. 저와 일을 함께 한다는 것은 저를 신뢰하고 믿는 거거든요. 제 일에서 존재감이라면 존재감, 저라는 사람의 필요성이라면 필요성을 재확인하고 싶은 그런 것도 있습니다." 일을 통해 자신의 존재감과 필요성을 확인하기 때문에 완벽주의를 택할 수밖에 없다는 의미다.

어린 시절부터 역사서에 관심
'인생책'은 《로마인 이야기》

이범수는 어린 시절부터 역사서에 관심이 많았다. 《초한지》는 어린 시절부터 인연이 많았고, '인생책'은 《로마인 이야기》일만큼 이범수의 역사서에 대한 애정은 각별하다. 그는 어린 시절 접한 카르타고의 명장 한니발에 대한 이야기가 인상 깊었는데, 어느 날 《로마인 이야기》라는 책이 눈에 들어와서 '한니발 편'인 2편만을 처음에 읽었다고 한다.

"코끼리와 4만 명의 부대를 이끌고 로마의 심장을 향해 가는 한니발이 무척 멋있었어요. 《로마인 이야기》도 처음에는 가장 좋아하는 한니발의 시작과 끝을 담은 2편만 읽었다가 약 10년 후에 전권을 읽었죠. 2편의 399쪽에 나오는, 누가 가장 뛰어난 장수인지를 묻는 한니발과 스피키오의 대화가 가장 기억에 남아요. 둘의 대화에서 나라의 지원을 받지 못하는 한니발의 고군분투, 당시 최고였던 한니발을 무찔렀던 스키피오의 인성 등을 엿볼 수 있어요."

초등학교 때 생일선물로 받은 《초한지》
어린 시절의 저 자신과의 추억이죠

그는 초등학교 5학년 때 생일선물로 받은 《초한지》와도 인연이 깊다. 어린 시절 감명 깊게 읽어 자신과의 추억이 담겨 있는데, 그는 2012년 SBS 드라마 '샐러리맨 초한지'에 출연해 마라톤이 특기인 유방 역을 맡았다. 유방 역은 그의 '인생 캐릭터' 중 하나로 꼽는다.

"당시 선물로 받은 《초한지》를 아직도 가지고 있어요. 어릴 때라 항우, 유방 이런 주인공들의 이름이 웃겼는데, 한 나라의 흥망성쇠, '왕후장상의 씨가 따로 있나' 등의 말들이 마음을 울렸어요. 어릴 때는 항우라는 인물에 매력을 느꼈죠. 그는 너무 잘났기 때문에 실패한 인물이고 유방은 백수건달이었잖아요. 그런데 1~2년 전에 책을 다시 읽었는데, 유방이 가진 부드러움이 매력적으로 보이더라고요. 강함보다 포용력이 다가오는 나이라는 생각도 들면서 다시 읽은 《초한지》는 가슴 깊이 남아 있는 어린 시절의 저 자신과의 추억이었어요."

무명 시절 읽은 《젊은 베르테르의 슬픔》
읽을 때마다 눈물 그렁그렁 힘든 시절 버틸 수 있는 힘 줬죠

이제는 누구나 아는 배우지만 그에게도 무명 시절은 있었다. 그 시절을 버틸 수 있게 해준 책은 당시 무려 네 번이나 읽은 괴테의 첫 소설 《젊은 베르테르의 슬픔》이다. 책을 읽을 때마다 눈물이 그렁그렁했다는 그는 당시 이야기를 들려줬다. 그러면서 배우를 꿈꾸는 이들에게 《젊은 베르테르의 슬픔》을 일독할 것을 권했다.

"전공책에 대한 이야기는 딱딱할 것 같아요. 배우를 꿈꾸는 분이 아니더라도 학생 때든 아니든 사회인이든 세계적인 문호의 글은 읽어봤으면 해요. 《죄와 벌》《노인과 바다》《젊은 베르테르의 슬픔》 등은 세월이 흘러도 무게감이 변하지 않는 것 같아요. 《젊은 베르테르의 슬픔》은 실제로 나폴레옹도 전쟁터에 갈 때마다 들고 가서 읽었다고 하죠. 저와 《젊은 베르테르의 슬픔》에 관련된 이야기를 들려 드릴게요. 저도 배우를 꿈꾸던 무명 시절에 네 번은 읽은 것 같아요. 베르테르라는 젊은이의 뜨거운 사랑이 이 작품의 매력이고, 이게 바로 저를 사로잡았거든요. 배우가 안 되면 어쩌나 하고 기회가 없어서 힘들어 하면서 가슴이 메말랐죠. 무명 배우로서의 삶이 힘드니까, 자꾸 제가 부정적으로 변해가고 어두워지더라고요. 그 무렵에 아주 어렸을 때 동화책으로 읽었던 《젊은 베르테르의 슬픔》을 읽은 거예요. 막막하던 20대 후반에 심장에 펌프질을 해주던, 뜨겁게 살아갈 수 있는 에너지를 준 벅찬 글이었어요."

책 한번 잡으면 빠르면 몇 시간 만에 완독

베스트셀러보다는 역사, 인문학 서적에 관심

가방에 전공서적을 비롯해 다양한 책들을 네다섯 권을 넣고 다니는 이범수는 책을 한 번 잡으면 빠르면 몇 시간 길게는 이틀이면 다 읽는다고 했다. 연기를 하든 무엇을 하든 집중력을 발휘하는 그는 독서에서도 마찬가지였다. 그는 독서 취향도 확고했다.

"소설 베스트셀러보다는 역사 서적, 인문학 서적에 관심이 가요. 그러다 보니 서점에 가면 앞쪽 현관 부근에 쌓아놓은 책에는 손이 잘 안 가요. 최근에 관심이 가는 건 일단 시진핑 중국 국가 주석 관련 서적이었어요. 고생 많이 하신 분이죠. 아버지 때문에 고생을 해서 그런지 인내심이 강한 인물이에요." 마오가 자신의 정적들을 제거하기 위해 불붙인 문화혁명이 본격화된 직후인 1968년 시진핑은 15세였다. 그는 아버지 때문에 수사 당국에 불려가서 조사를 받느라 신체가 망가져 허약해지고, 온몸에는 이가 들끓었다고 알려져 있다.

이범수는 또 카를 포 클라우제비츠 독일 장군의 《전쟁론》도 읽고 있다고 했다.

"책 세 권을 합쳐 놓은 듯한 두꺼운 책으로 사전만 한데 매우 흥미롭게 읽고 있어요."

이처럼 이범수는 전공서적을 제외하고는 역사서를 주로 읽는다. 그는 특히 역사서를 좋아하는 이유로 과거를 통해 미래를 내다볼 수 있는 혜안을 키울 수 있기 때문인 점을 꼽았다.

"과거의 이야기를 만나는 게 역사서의 매력이에요. 현재는 과거가 될 수밖에 없어요. 지금 당장 현재가 그러니까 '최신'이죠. 이 최신도 옛것이 됩니다. 현재가 과거가 되는 것처럼 말이죠. 역사서를 통해 만나는 과거는 당시에 최신이었어요. '당시의 최신'을 역사로 만나는 게 흥미로워요. 시간 여행을 떠나는 기분이기도 합니다. 그리고 무엇보다 과거와 현재를 통해 미래를 생각해보고 예측해보는 재미가 있어요. 다 들어맞지는 않지만 역사는 어느 정도 판단의 근거가 됩니다."

딸 소을과 아들 다을과 함께 읽고 싶은 책은
용기 가득한 《톰 소여의 모험》과 《허클베리 핀의 모험》

어린 시절의 아버지와 책은 이범수에게 소중한 추억이자 언제나 힘이 돼주는 버팀목이다. 이 때문에 딸 소을, 아들 다을과 책을 함께 읽기도 하고 책을 직접 골라주기도 한다.

"요즘 아이들에게 책들 골라주다 보면 정말 책이 다양해지고 많아졌다는 걸 느껴요. 저희 때는 《이솝 이야기》《안데르센 동화집》《벌거벗은 임금님》 정도였던 것 같아요. 새로운 작가들이 요즘에는 어마어마하게 많더라고요. 그런데 좀 읽어 보려고 하면 비닐로 덮혀 있어서, 어떤 책인지 보고 사주고 싶은데 좀 아쉽죠. 아들딸과 함께 용기 가득한 모험을 통해 역경을 뚫고 헤쳐 나가는 실천 의지와 지혜를 느낄 수 있는 《톰 소여의 모험》과 《허클베리 핀의 모험》을 함께 읽고 싶어요."

치사하게 얻은 점수보다 친구가 왜 더 소중한지
함께 하는 공동체 사회가 왜 중요한지는 가르쳐야죠

그는 이어 "인생은 정말 계획대로 되는 게 아니지 않느냐"며 "공부를 잘한다고 해서 행복한 것도, 공부를 못한다고 해서 불행한 것도 아니다. 왜 공부를 하는지 왜 노력을 해야 하는지를 알고 아이들이 공부를 했으면 한다"며 교육관을 밝히기도 했다.

"아이들이 함께 하는 공동체 사회가 왜 중요한지, 그런 것이 왜 미덕인지, 타인에 대한 관용이 왜 필요한지를 어릴 때부터 배우고, 또 누군가는 이것들을 가르쳐줘야 하지 않을까요. 공부를 잘하고 못하고는 행복의 절대 기준이 될 수 없어요. 미래의 우리 청소년들이 건강했으면해요. 몸도 마음도요. 내가 왜 살아가야 하고, 이 삶이 왜 기쁘고 의미가 있는지 생각하고 느꼈으면 해요. 공부를 열심히 하고 잘하는 건 좋아요. 하지만 옆의 친구를 밟고 올라서는 그런 경쟁은 1등을 해도 슬픈 것 같아요. 이런 일이 슬픈 일이라는 것을 누군가는 알려줘야 해요. 또 왜 공부를 하는지에 대해서도요. 왜 치사하게 더 얻은 1점보다 친구가 소중한 것인지를 누군가는 알려줘야 하고 청소년들도 스스로 느껴야 해요. 함께 하는 공동체 사회가 중요하고, 관용과 배려가 미덕인지를 가르쳐 줘야 해요. 그리고 왜 지금 현재 최선을 다해야 하는지도 청소년들이 알았으면 합니다. 최선이라는 미덕이 왜 중요한지를요."

피천득의 《인연》은 바쁜 일상 속 한줄기 바람 같은 기쁨 선사

《정의란 무엇인가》는 개인, 사회, 우리 생각하게 하는 책

이범수는 독자들에게 피천득의 아름다운 수필 《인연》과 2010년 신드롬을 일으켰던 마이클 샌델의 《정의란 무엇인가》를 추천했다.

"《인연》은 바쁜 일상 속 한 줄기 산들바람 같은 기쁨을 줄 거예요. 멋지게 바쁜 일상을 보내고자 하는 분들께 삶의 쉼표 같은 이 책을 추천합니다. 그리고 《정의란 무엇인가》는 언제나 노력하는 삶이지만 불완전하고 미숙한 현대인들에게, 진지하고 의미 있게 인생과 개인, 사회와 '우리'를 생각해보는 시간을 가지고 싶을 때 일독하시기를 권합니다."

그는 또 힘들 때마다 꺼내 보는 책은 이중톈의 《사람을 말하다》라고 한다. 고전에서 느낄 수 있는, 오늘을 살아가는 삶의 지혜가 담겨 있기 때문이다.

이범수는 인터뷰 말미에 책은 그에게 친구 같은 존재라고 말한다.

"마치 미지의 세계처럼 미리 겪어보지 못한 하루하루를, 낯선 삶을, 당장 내일을 알 수 없는 삶을 살면서 힘들고 고민스러울 때나, 때론 심심하고 따분하거나, 잠깐 토막 시간이 생겼을 때, 매번 진지하고 통찰력 있게 곁에서 나의 삶을 마주하게 해줄 수 있는 친구가 책이 아닐까 생각해요."

언제인가는 책을 한번 내보는 게 어떻겠느냐고 제안하자 그는 싱긋 웃으며 일기는 아직도 쓰고 있다고 했다.

"초등학교 1학년 때부터 일기를 썼어요. 중학교, 고등학교, 대학교, 군 복무 시절, 무명시절의 일기가 아직도 다 있어요. 버려지지가 않아요. 애매하기는 해요. 어떻게 하지도 못하겠고요. 그런데 다시 읽어 보면 새록새록 해요. 그 당시에 저의 순수함, 그 당시의 바람 등 저만 느낄 수 있는 글들이에요. 궁극적인 바람, 욕망을 적기도 했고, 소소한 일상을 적기도 했죠. 저의 아픔, 슬픔, 기쁨들의 기록이죠. 단순한 기록으로 일기를 적은 날도 있고, 거창한 말 같아서 부끄럽기는 하지만, 철학적 사고를 통해 저의 느낌을 되새기는 글들도 있어요. (웃음) 정말 부끄럽네요."

얼마 간 시간이 흐르면 그의 일기장이 아닌 그의 책을 독자들에게 소개할 날도 있을 거라는 기대감으로 이범수와의 인터뷰를 마쳤다.